Inhalt

1 Lukrativer Eintrittskarten-Handel – mit Sex und Drogen ist nicht so viel zu verdienen	**7**
1.2 Vergessen Sie Aktien und Dividenden – Tickets bringen viel mehr	14
1.3 Zockerei und Leerverkäufe – es läuft wie an der Börse	17
1.4 Veranstalter schlagen selbst schon kräftig zu	22
1.5 Wir zocken mit Tickets aller Art	25
2 Ein Blick hinter die Kulissen	**33**
2.2 Photoshop-Einsatz, um Ticketsperren zu vermeiden	34
2.3 Absatzmärkte – so werden die Karten angeboten	39
2.4 eBay verdient gut mit	47
2.5 Viagogo – die Profi-Plattform	55
3 Das lukrative Event Fußball	**65**
3.2 FC Bayern München	70
3.3 Borussia Dortmund	80
3.4 FC Schalke 04	95
3.5 Hamburger SV	107
3.6 Eintracht Frankfurt	112
3.7 Werder Bremen	116
3.8 Borussia Mönchengladbach	119
3.9 Böse Verkalkulierungen	122
3.10 DFB-Pokalfinale	126
3.11 WM 2006 in Deutschland	131
3.12 EM 2008 in Österreich/Schweiz	144
3.13 WM 2010 in Südafrika	148

3.14 EM Polen/Ukraine 2012	156
3.15 WM 2014 in Brasilien	162

4 Das gigantische Geschäft mit Konzerten   174
    4.2 Spezialveranstaltungen und Randsportarten –
        die heimlichen Goldgruben   191
    4.3 Wenn Veranstalter zu Schwarzhändlern werden   199

5 Aus dem Nähkästchen geplaudert   202
    5.2 Der Eurovision Song Contest 2011 in Düsseldorf –
        das größte Reselling-Desaster aller Zeiten   210

6 Profit und Schaden   222

7 Recht und Moral   234
    7.1 Die rechtliche Lage – was ist eigentlich erlaubt?   234
    7.2 Die moralische Lage   262

8 Die interessantesten Schwarzmarktverkäufe   277

Anmerkungen   290

Literatur   293
    Grafikverzeichnis   293

1 Lukrativer Eintrittskarten-Handel – mit Sex und Drogen ist nicht so viel zu verdienen

Es gibt nur wenige Produkte, die extrem margenstark sind. Porsche zum Beispiel verdient an einem verkauften Auto von allen Herstellern am meisten. Der Stuttgarter Konzern erwirtschaftet jährlich einen Milliardengewinn, weil die Fahrzeuge mit einer Gewinnspanne von 20 Prozent verkauft werden können.

In China hergestellte Damenunterwäsche kostet beim Textil-Discounter drei Euro. Abzüglich Herstellungs- und Importkosten lassen sich damit lassen sich bloß ein paar Cent Gewinn erzielen. Solche Ware wird in Massen angeboten. Verkauft Frau die Wäsche im Internet jedoch getragen, kann sie durchaus ein Vielfaches des Einkaufswerts erzielen. Denn diese Ware wird nicht in Massen angeboten. Und wer den Verkauf verwerflich findet, ist bloß einfach nicht geschäftstüchtig. In Japan konnte man getragene Damenhöschen sogar aus Automaten ziehen, bis der Verkauf verboten wurde. Güter werden teuer, sobald sie entweder knapp sind oder aber ein Hype um sie entsteht. Und besonders teuer werden sie, wenn beides gleichzeitig zutrifft.

Wer allerdings nicht das Geschick hat, einen Porsche zu produzieren oder einen Abnehmer für seine getragene Wäsche findet, und auch sonst ein geringes geregeltes Einkommen hat, muss zwangsläufig andere Einnahmequellen auftun, wenn er zu viel Geld kommen will. Mit legalen Mitteln geht das nämlich immer schwieriger. Für 1 500 Euro im Monat buckeln gehen, bedeutet zwar ein ehrliches Auskommen, aber Luxus ist davon nicht drin. Das reicht ja kaum für die Altersvorsorge! Selbst wenn ich einen Job annehme für 2 000 Euro brutto, was habe ich denn davon? Das ist netto ein Hunderter über dem Mindestlohn.

Ich hatte früh konkrete Vorstellungen, was ich vom Leben erwarte. Dazu gehörte definitiv nicht, am Monatsende den Cent zweimal umdrehen zu müssen oder darauf zu hoffen, ob man am Jahresende Weihnachtsgeld erhält. Mein Ziel war ein Porsche Carrera! Also habe ich mich früh für eine Maßnahme entschieden, die Politiker und Wirtschaftsbosse tagtäglich tun: Seine Schäfchen ins Trockene bringen und der Gesellschaft den Mittelfinger zeigen.

Alles hat seine Zeit. Um solche hochgesteckten Ziele zu erreichen, musst Du zum richtigen Zeitpunkt Chancen ergreifen und Gelegenheiten nutzen, wenn du nicht als einfacher Arbeitnehmer mit kargem Auskommen im Mühlrad gefangen sein willst. Mit mehreren hunderttausend oder gar Millionen auf dem Konto bist du frei und unabhängig. Kein Wohnen mehr zur Miete, genug Mittel, um im Alter abgesichert zu sein und ob die Währung Euro oder Neuro heißt, kann Dir auch schnuppe sein. Deswegen sind meine Hemmungen deutlich niedriger, den Weg des Legalen zu verlassen. Doch selbst diese Variante ist noch kein Garant für ein prall gefülltes Bankkonto.

Lange Zeit galt der Drogenhandel als das gewinnträchtigste illegale Geschäft. Doch die Zeiten sind längst vorbei. Ließ sich früher Gras einigermaßen lukrativ verticken, erhält der Konsument heute ein Gramm für zwei bis fünf Euro. Ein Schuss Heroin ging in den neunziger Jahren für einige hundert D-Mark an den Junkie. Heute liegt das Gramm bei ungefähr 50 Euro. Die Niederlande bieten Coffee-Shops für den Konsum weicher Drogen an – völlig legal. Je legaler ein Produkt ist, desto weniger Grau- oder Schwarzmarkt-Marge bleibt. Wirklich lukrativ ist ein Verkauf, wenn Gewinnspannen von einhundert, zweihundert oder sogar fünfhundert Prozent erzielt werden. Aus genau diesem Grund wechselten sogar mehrere Größen aus dem Rotlicht-Milieu zu einem deutlich profitableren Geschäft: Dem Schwarzhandel von Eintrittskarten! Ja, hier winken zehntausende Euro pro Monat, je nachdem, welche Events anstehen. Ob Fußballspiele, Top-Konzerte oder Live-TV-Shows – hier lässt sich richtig Geld verdienen. Die Spekulanten mischen mit. Oft geht es gut und es hagelt Gewinne. Geht es schief, sitzt man auf einem Haufen teurem Altpapier.

Drogenverkäufe, »Dienstleistungen« im Bordell und Eintrittskarten-Reselling haben noch eines gemeinsam: Bei allen Deals erhält der Kunde in der Regel keine Rechnung. Und wo keine Rechnung mit Rechnungsnummer existiert, wird logischerweise keine Steuer abgeführt.

Eintrittskarten-Handel ist sowohl ein Grau- als auch ein Schwarzmarkt. Diverse professionelle Agenturen verkaufen die Tickets tatsächlich mit Rechnung zum höheren Preis weiter. Auf den Mehrerlös wird also die Mehrwertsteuer abgeführt. Die dürften rechtlich kaum belangbar sein, höchstens über die Allgemeinen Geschäftsbedingungen (AGB) der Veranstalter, die einen gewerblichen Weiterverkauf ausschließen. Und dann gibt es die Schwarzhändler. Sie stecken sich die Differenz komplett ein.

Es wäre allerdings falsch zu behaupten, dass es sich bei Ticketschwarzhändlern um eine Mafia handelt. Mafia bedeutet, dass mehrere »Familien«, die womöglich untereinander spinnefeind sind, das Marktgeschehen kontrollieren und sogar Gewalt gegenüber anderen Marktteilnehmern anwenden. Dem ist nicht so.

Schwarzhändler findet man in unterschiedlichen Ausprägungen vor. Sie unterscheiden sich im Wesentlichen durch die Summe an Tickets, die sie einkaufen und dem Erlöszweck. Zahlreiche Einzelschwarzhändler refinanzieren auf diese Weise lediglich ihre Fußball-Dauerkarte. Sie verkaufen die eigene Karte zum teuren Preis bei den Top-Spielen weiter und schauen sich statt 17 nur 14 Bundesliga-Heimspiele an. Manche gewinnen unverkäufliche Ehrentickets und bevorzugen lieber das Bargeld aus dem Verkauf, anstatt selbst zum Spiel zu gehen. Oder Mitarbeiter und Kunden von Sponsoren erhalten so genannte Incentive-Tickets als Dankeschön beziehungsweise Prämie und nehmen ebenfalls lieber das Bargeld mit, weil sie an dem Event gar kein Interesse haben. Das alles ist im Grunde nicht unbedingt verwerflich. Diese Gruppe ist für den Markt uninteressant und in der Regel unschädlich.

Anders sieht es schon bei den Gelegenheitsdealern aus. So mancher Student schwänzt morgens die Vorlesungen, geht in dieser Zeit zum Ticketshop und erwirbt eine zweistellige Anzahl an Karten, um mit dem Erlös den Lebensunterhalt aufzubessern. Schließlich ist am Monatsanfang die Miete fällig, man will sich abends auch mal was gönnen und nicht jeder Student hat neben dem Lernen die Zeit, einen 400-Euro-Job auszuführen. Um nicht alle paar Abende in einer Bar zu kellnern, stehen die Studiosi lieber zwei Stunden an irgendwelchen Vorverkaufsstellen an, ergattern ein paar Karten, verkaufen sie teurer weiter und sparen sich so jeden Monat etliche Arbeitsstunden.

Und es gibt die Gruppe der Profihändler. Sie legen an einem Tag tausende Euro Bargeld in Tickets an und verdienen ein Mehrfaches der angelegten Geldsumme. Die Profis sind Zocker, Trader, Spekulanten. Wie an der Börse. Wie im Casino. Die Zuschauertribünen im Stadion bilden das »Tischlimit«. Manche machen das haupt-, manche nebenberuflich. Es ist ein risikoreiches Geschäft, aber extrem gewinnträchtig, wenn es klappt. Ohne Risiko kein Profit.

In diesem Buch werden Sie in das dunkle Geschäft des professionellen Karten-Reselling eingeführt. Dabei geht es nicht nur um ein paar Bundesliga-Spiele, sondern eine unglaublich hohe Anzahl an Events verschiedenster Art, bei denen Profi-Weiterverkäufer ihre Finger drin haben.

Der Einstieg ins Ticket-Reselling

Sie werden sicher zunächst die Frage stellen: Wie wird man eigentlich Ticket-Schwarzhändler? Geschieht das allein aus einer wirtschaftlichen Not heraus? Nein, nicht unbedingt. Um in den Weiterverkauf einzusteigen, braucht es gewiss ein wenig Kapital – die Karten müssen ja erst eingekauft werden. Ein Gründungszuschuss wird für solche Zwecke nicht bewilligt. Gute Freunde von mir und ich haben erste Erfahrungen in dieser Branche bereits als Jugendliche gesammelt.

CeBIT-Tickets brachten vor über zehn Jahren ordentlich Umsatz. Damals war die Hannoveraner Ausstellung rund um IT-Innovationen nahezu eine reine Publikumsmesse. Die Karten kosteten an der Tageskasse 38 Euro. Im Internet hingegen wurden Karten der Aussteller schon für fünf Euro verhökert.

Mein Einstieg in den Schwarzhandel von Eintrittskarten begann mehr oder weniger mit diesen CeBIT-Karten. Ich kaufte zusammen mit zwei Kumpels haufenweise günstige Tickets bei eBay. Wir nahmen diese mit nach Hannover und boten sie den Leuten an der Tageskasse an. Die nahmen die Karten mit Kusshand. Zwölf Stück hatten wir dabei, zwei für 50 Euro waren innerhalb weniger Minuten verkauft. Aus 70 oder 80 investierten Euro entstanden schnell 600. Damit hatten wir die Hinfahrt mit dem ICE, den eigenen Eintritt sowie die Verpflegung praktisch umsonst plus obendrauf ordentlich Taschengeld. Da die Ce-

BIT noch einige Tage lang lief und zum Ende der Messe immer mehr zeitlich Verhinderte ihre Tickets online auktionierten, witterten wir richtig glänzende Geschäfte.

Wir kauften abermals einmal einen Schwung Karten auf und fuhren nach Hannover. Zum einen wollten wir weitere Hallen besuchen, zum anderen die Kasse erneut richtig klingeln lassen. Wieder standen Schlangen an den Tageskassen, wieder waren es trotz eines Sonntags zahlreiche Geschäftsleute und Gelegenheitsbesucher, die alle bereit waren, den teuren Vollzahler-Preis von 38 Euro zu latzen.

Wie schön! Denen brauchten wir nur zwei Tickets für zusammen 50 Euro anbieten, schon hatten die statt 76 Euro auszugeben kurzerhand 26 Mücken gespart und wir aus fünf oder zehn Euro rund 50 gemacht. 400 Prozent Gewinn – besser ging es doch gar nicht!

Bereits der zweite Verkauf versprach richtig lukrativ zu werden. Standen da doch nicht zwei, sondern gleich vier Herren im feinen Anzug. Die waren hellauf begeistert, als wir denen vier Karten für 100 Euro anboten, bevor sie an der Kasse dafür 144 Euro hinblättern. Doch zu dem Deal kam es nicht mehr. Als wir den Interessenten die Karten in die Hand drückten und das Geld in Empfang nehmen wollten, peitschte eine laute Stimme hervor: »*Die Karten kriege ich!*« Die Personen übergaben wortlos dem Typen die Tickets.

Es war eine Aufsicht der Messe Hannover. Vier Karten weg. »*Die kriegen Sie auch nicht wieder*«, raunzte der Typ.

Wahrscheinlich hatten die Kassenleute gemerkt, dass denen Umsatz flöten ging. Wir hatten uns zu auffällig verhalten. Zwei restliche Karten verkauften wir noch draußen vor dem Eingang. Aber die vier Stück schmerzten. Durch die Beschlagnahme sind uns sichere 100 Euro flöten gegangen.

Wir schlenderten den ganzen Tag über mit ziemlich missmutigem Gesicht durch die Messehallen. Als gegen 18 Uhr die CeBIT komplett zu Ende war, gingen wir in Richtung Ausgang. Sehr wenige Leute waren noch in den Hallen, vieles hatte sich schon geleert. Da stand zufällig ein Messeleiter namens Herr B. herum, ungefähr 60 bis 70 Jahre alt.

Wir beschwerten uns bei ihm und fragten, warum uns der Typ am Morgen die Karten überhaupt weggenommen habe?

»*Grundlos hat der sie Ihnen sicher nicht weggenommen. Haben Sie die Karten an der Kasse gekauft?*«, fragte Herr B. in ruhigem Ton.

»Nein, die hatten wir noch übrig«, gab einer von uns zu. Auf der Rückseite standen die Firmennamen wie Microsoft GmbH, Samsung, und wie sie alle heißen.

»Waren das Veranstalter-Karten?«, hakte der Chef nach.

»Ja, Ausstellertickets«, entgegneten wir.

»Dann seien Sie froh, dass wir es nur bei der Einziehung beließen, wir könnten uns auch mal die Mühe machen, zu recherchieren, was es mit diesen Tickets auf sich hat! Ausstellertickets sind ausschließlich für deren Angestellte und nicht, um sie hier vor Ort zu verkaufen!«, meinte Herr B.

»Meine Eltern arbeiten bei Firma XY, deshalb hatten wir die noch«, log einer von uns.

»Ja ja, die Eltern sind im Urlaub und wenn keiner sonst Zeit hat, kann man sie auch gleich verkaufen – die Ausreden sind uns hier bestens bekannt! Was genau beabsichtigen Sie eigentlich? Soll das jetzt eine Beschwerde sein?«, fragte Herr B.

»Ja, gegen den Typen, der die Karten uns einfach abgenommen hat«, reagierten wir patzig.

»Geben Sie sich da keine Mühe, es bringt nichts, irgendwo müssen diese Karten ja hergekommen sein und wer immer diese veräußert hat, könnte Ärger bekommen«, wiederholte Herr B.

Wir beließen es dabei, obwohl wir uns im Recht fühlten. Schließlich waren die Tickets unser Eigentum, mit dem wir ja eigentlich machen konnten, was wir wollten – selbst nutzen, verschenken, verbrennen oder eben verkaufen. Von dieser Position rückten wir nicht ab und wenn der Typ vom Morgen noch irgendwo herumgestanden wäre, hätte er sicher später einen Eisbeutel benötigt. Es war ein echtes Schlüsselerlebnis. Wir verhielten uns nur zu progressiv und auffällig. Das war unser Fehler.

Trotzdem wirkte das Unterfangen lukrativ. Keiner von uns stellte die Frage, ob das unmoralisch oder gar ungesetzlich ist. Wir haben keine Tickets gefälscht, wir haben nichts Ungültiges verkauft, nur das, was im Internet übrig war. Das transportierten wir von A nach B und boten es vor Ort wieder an. Mehr haben wir nicht gemacht. Außerdem strahlten am Schluss alle. Die Leute, denen wir die Karten verkauften strahlten, weil sie richtig Geld sparten und wir strahlten, weil wir richtig Geld verdienten – zumindest für damalige Verhältnisse als Schüler.

Auf der Rückfahrt gab es im Zug kein anderes Gesprächsthema. Wir fragten uns zum Beispiel, warum die Messe Hannover tausende Ausstellertickets ausgibt, aber im Nachhinein Zeter und Mordio schreit, dass die Überschüssigen weiterverkauft werden, wenn von den Mitarbeitern der Firmen sowieso sehr wenige hingehen? Das Marktgeschehen erschien jedenfalls interessant. Für uns war trotz des fiesen Karteneinkassierer-Typen vom Morgen klar: Das machen wir nächstes oder übernächstes Jahr wieder. Nur eben nicht direkt vor der Tageskasse.

Doch es kam alles anders. Die CeBIT wandelte sich relativ schnell von einer Publikums- zur Fachbesuchermesse. Das wollten die Messebetreiber so. Damit fielen die Besucherzahlen und inoffiziellen Eintrittskartenpreise ins Bodenlose.

Im Jahre 2001 gab es bei der CeBIT mit 830 000 Besuchern einen Rekord. 2003 waren es 560 000 Gäste, ein Jahr später rund 510 000 Besucher, 2009 genau 400 000 Besucher und 2011 schauten bloß noch 339 000 Gäste die Neuheiten auf der Computermesse an. Ein stark kontinuierlicher Abwärtstrend also.

Wer um die Jahrtausendwende bei den vielen New Economy-Firmen an ein CeBIT-Ausstellerticket kam, konnte dieses durch geschicktes Handeln vergolden.

Mit dem Sinken der Besucherzahl setzte gleichzeitig eine ausufernde Verteilung von Freikarten ein. Vor allem hatte damals nicht jeder ein Smartphone und überall mobilen Webzugang. Benötigt ein Interessent heute ein CeBIT-Ticket, ruft er auf dem Weg dorthin eBay oder irgendeine Kleinanzeigen-Seite auf, kauft einen eTicket-Code für 1,99 Euro und vereinbart einen Treffpunkt zur Übergabe am Hauptbahnhof Hannover oder Messe-Laatzen.

Abb. 1: Online-Auktion mit CeBIT-eTickets zum Dumpingpreis

Lukrativer Eintrittskarten-Handel • 13

Das kann heute fast jeder. Es lohnt nicht mehr, größere Stückzahlen an Tickets einzukaufen und an der Tageskasse den Leuten preiswerte »Alternativen« anzubieten. Für zwei Euro sind Sie dabei. Als Fachbesucher! So mancher IT-Shop legt seinen Kunden beim Kauf eines drei Euro billigen Kabels zwei CeBIT-Tickets als Dankeschön dazu. Das ist kein Scherz!

Nun ist eine Messe stets ein Sonderfall. Sie hat nämlich keine festen Sitzplätze. Theoretisch könnten hunderttausende Personen täglich auf das Messegelände. Werden darüber hinaus die Besucherzahlen bewusst gedrückt, weil der Messebetreiber auf das Gummibärchen und Kugelschreiber klauende Publikum verzichten kann, so ist es nicht verwunderlich, dass die Besucherzahlen und somit die Kartenpreise dramatisch fallen. Offiziell kosten die Tageskarten auf der Messe-Homepage jetzt sogar zwischen 55 Euro (Vorverkauf) und 60 Euro (Tageskasse). Interessant wäre zu wissen, wie viele Personen das überhaupt bezahlen. Vor allem warum? Gibt‹s doch fast für lau im Internet.

Die CeBIT wandelte sich von einer einstigen Ticket-Goldgrube zum Flop beim Eintrittskarten-Weiterverkauf. Kommt jeder zu jedem Zeitpunkt an die Karten heran, kann kein Schwarzmarkt entstehen.

Dafür etablierten sich in den kommenden Jahren zahlreiche andere weitaus attraktivere und damit noch viel lukrativere Events.

1.2 Vergessen Sie Aktien und Dividenden – Tickets bringen viel mehr

Angenommen, Sie haben 2 000 Euro übrig und beabsichtigen, diese gewinnbringend anzulegen. Worauf würden Sie setzen? Viele Möglichkeiten bleiben ihnen dazu nicht.

Immobilien fallen logischerweise weg. Für das Geld bekommen Sie nicht einmal eine Haustür. Auch Gold käme bei diesem vergleichsweise kleinen Anlagebetrag eher nicht in Betracht. Für 2 000 Euro bekommen Sie höchstens eine Unze. Die meisten würden wahrscheinlich an Tagesgeld denken. Ja, das wäre die sinnvollste Anlageform. Allerdings erhält ein Anleger darauf oft nicht viel mehr als drei Prozent Zinsen jährlich. Das ergibt 60 Euro. Heben Sie nach einem Jahr das Tagesgeld ab, lässt sich von dem Gewinn ein schöner Abend zu zweit im Restaurant verbringen.

Eine weitere Alternative bieten Aktien. Allerdings sollte genau überlegt sein, in welche Branche investiert wird. Bei einem vergleichsweise geringen Betrag von 2 000 Euro kann man nur Hopp oder Topp spielen und lediglich auf eine einzige Firma setzen. Ansonsten fressen nämlich die Order- und Verkaufsgebühren die Gewinne gleich wieder auf. Wer auf steigende Kursgewinne spekuliert, muss außerdem unbestimmte Zeit warten. Wirft das Papier eine Dividende von acht Prozent ab, was die Deutsche Telekom durchaus viele Jahre über auszahlte, macht das immerhin 160 Euro. Schlecht ist das nicht.

Bei den Aktien-Investments ist es zwiespältig. Entweder wurde mit Glück im richtigen Moment auf eine Kursrakete gesetzt oder aber das Papier plätschert dahin. Dann wird jeden zweiten Tag hoffnungsvoll die Entwicklung der Aktie kontrolliert. Steigt sie, ist der Kleinaktionär zunächst euphorisiert und rechnet eifrig, wie es wäre, falls dies x Tage so weitergeht.

Doch irgendwann geht der Kurs wieder zurück. Schnell wandelt sich die Euphorie in blanke Ernüchterung. Und wer Aktien wegen der Dividende kauft, bekommt diese in der Regel erst Monate später ausgezahlt. Ist die Dividende gesplittet, müssen die Papiere sogar sehr lange gehalten werden, um überhaupt die volle Jahresdividende einzustreichen.

Nach einem Jahr entstehen bei einer einigermaßen soliden Anlage aus 2 000 vielleicht 2 200 Euro, wenn Kursanstieg und Dividende richtig gut anzogen. Die Kapitalertragssteuern sind auch nicht zu vergessen. Diese 200 Euro ergäben zwar einen netten Gewinn, allerdings reichen sie nicht einmal, um davon einen Monat lang die Miete zu bezahlen.

Wie schön wäre es, aus den 2 000 Euro innerhalb kürzester Zeit 4 000 oder gar 6 000 Euro zu machen? Aber selbst die solideste Aktie würde solche Kurskapriolen niemals schlagen.

Bleibt noch der Weg ins Spielcasino. Die ganzen 2 000 Euro beim Roulette auf schwarz oder rot gesetzt und es lässt sich mit einer Wahrscheinlichkeit von knapp 50 Prozent tatsächlich ein Gewinn von hundert Prozent und damit weitere 2 000 Euro abräumen. Das Risiko ist jedoch hoch – es sind nicht nur knapp unter 50 Prozent Gewinnwahrscheinlichkeit, sondern gleichwohl knapp über 50 Prozent Verlustrisiko. Kommt die falsche Farbe, ist alles weg.

Also doch lieber die Variante mit den mageren 200 Euro Gewinn? Oder vielleicht eine ganz andere Geldanlage? Existiert überhaupt eine Investitionsmöglichkeit, bei der sich Kapitaleinsätze innerhalb kürzester Zeit mit vergleichsweise geringerem Risiko verdoppeln lassen? Die Antwort lautet: Ja! Mit bestimmten Wertpapieren ist das sehr wohl möglich.

Es handelt sich um Eintrittskarten! Ganz gewöhnliche Eintrittskarten, eingekauft bei Ticketshops. Event-Tickets haben mit Aktien viel gemeinsam. Am treffendsten bezeichnet man sie wohl als Termingeschäfte.

Eintrittskarten ähneln Aktien zwar, allerdings sind bei näherer Betrachtung sehr wohl fundamentale Unterschiede festzustellen. Aktien wurden von einem Unternehmen einst ausgegeben, damit es Kapital bekommt, um zu expandieren.

Eintrittskarten hingegen werden verkauft, um einer großen Zuschauerzahl eine Show zu bieten.

Aktien werden mit einer Wertpapierkennnummer an der Börse gehandelt, Eintrittskarten nicht.

Durch Aktien erwirbt der Aktionär einen Teil des Unternehmens, mit Eintrittskarten lediglich das Recht, eine Veranstaltung besuchen zu dürfen.

Während Aktien einem ständigen Auf und Ab unterliegen und sich nach einem Absturz wieder erholen können, ist es bei Eintrittskarten ganz anders. Mit dem Beginn eines Bundesligaspiels oder eines Konzerts fällt ihr Wert auf Null. Ist das Wertpapier bis dahin nicht verkauft, erleidet der Besitzer einen Totalverlust. Das Verlustrisiko ist also auch hier erheblich. Es beträgt im schlimmsten Fall 100 Prozent, sofern das abgelaufene Ticket nicht ein Sammler ein paar Jahre später haben will.

Prompt wären wir beim nächsten fundamentalen Unterschied. Während bei Aktien im Ordervertrag der Bank steht: »*Das Risiko eines Totalverlusts ist möglich*«, macht dieser Hinweis auf Eintrittskarten keinen Sinn. Auf denen steht oft: »*Darf nicht zu einem höheren Preis als dem Aufgedruckten weiterverkauft werden*«.

Trotz aller Differenzen – die Eintrittskarte ist und bleibt ein Wertpapier. Handelbar wie eine Aktie. Bloß gibt es keine Börsenkurstabellen, aus denen der Wert täglich ablesbar ist. Der »Kurs« eines Eintrittskarten-Wertpapiers kann im Vorfeld des Events stark schwanken, sowohl nach oben als auch nach unten. Die Preise bemessen sich allein nach der Attraktivität des Events.

Diese kann von extrem vielen Faktoren beeinflusst sein, wie beispielsweise der Star-Besetzung, Konkurrenzveranstaltungen in der Umgebung, TV-Übertragungen oder schlicht durch das Wetter. Bei nasskaltem Schneeregen gehen viele Leute nicht gerne ins Stadion. Scheint die Sonne, entscheiden Familien oder Freunde spontan doch hinzufahren.

Eine Vielzahl an Faktoren ist also beim »Tickettrading« zu berücksichtigen. Es gilt, messerscharf zu kalkulieren und zu spekulieren – selbst Profis laufen Gefahr, dramatisch auf die Nase zu fallen, wie Sie später noch erfahren werden.

1.3 Zockerei und Leerverkäufe – es läuft wie an der Börse

Wir haben also gelernt: Eintrittskarten sind Wertpapiere. Und mit Wertpapieren kann man Spekulation betreiben. Das ist Tagesgeschäft von Investmentbankern. Sie investieren Geld, um Güter zu kaufen, die sie selbst nicht benötigen und später zu einem teureren Preis weiterverkaufen wollen.

Bei an der Börse gehandelten Aktien kommt es relativ selten vor, dass der Kurs innerhalb kürzester Zeit stark anzieht. Häufig passiert dies bei Firmenübernahmen. Sie erinnern sich bestimmt, als die Volkswagen-Stammaktien Ende Oktober 2008 plötzlich bei über 1 000 Euro notierten. Da brach sogar Panik bei den Banken aus.

Die hatten sich Porsche nämlich gegenüber verpflichtet, dem Luxussportwagenhersteller VW-Aktien zu einem bestimmten Termin zu jedem Preis zu verkaufen. Bloß hatten sie die noch gar nicht. Die Banken mussten die Papiere selbst erst beschaffen. Will sich niemand davon trennen, muss ein höherer Preis geboten werden, solange bis ein Aktionär es sich anders überlegt. Das war des Rätsels Lösung, warum der Volkswagen-Aktienkurs innerhalb weniger Tage von 120 Euro auf etwa das Zehnfache anstieg und den Konzern zeitweise zum teuersten Unternehmen weltweit machte.

Die Banken hatten sich gewaltig verzockt. Das freute viele Marktbeobachter, denn Spekulation ist gesellschaftlich immer weniger akzeptiert.

Dabei sind wir alle Spekulanten. Jeden Tag.

Wenn wir uns dazu entschließen, am Wochenende lieber nicht zu tanken, sondern bis Montagmittag warten, weil dann die Preise an der Zapfsäule gleich drei Cent günstiger notieren, so sind wir Spekulant.

Wenn wir mit dem Kauf der Winterjacke lieber noch zwei Wochen warten, weil sie im Schlussverkauf reduziert wird, so sind wir Spekulant. Es liegt in der Natur der Sache, dass der Mensch danach strebt, knappe oder teure Waren zu einem bestimmten Zeitpunkt preiswerter einzukaufen. Allerdings unterscheidet sich die Spekulation in einem wesentlichen Punkt: Bei den genannten Beispielen mit Benzin und der Winterjacke geht es um den *Eigenbedarf*.

Spekulation ist jedoch vor allem in Verruf geraten, da sie zunehmend mit Waren betrieben wird, welche die Spekulanten gar nicht für den eigenen Verbrauch einkaufen, sondern ausschließlich zum Zwecke des Weiterverkaufs. Die Finanzinstitute verdienen mit Spekulation täglich enorme Summen. Sie handeln mit Wertpapieren auf Rohstoffe und Nahrungsmittel. Es empört viele Kritiker, dass in den Wolkenkratzern von New York, London und Chicago täglich Unmengen an Kakao, Reis oder Erdöl angekauft werden.

Dadurch steigt der Preis mit den entsprechenden Auswirkungen. In Entwicklungsländern können zahlreiche Arme durch diese Handelspraxis ihr tägliches Essen kaum noch bezahlen. Die Banken benötigen den Kakao, den Reis und das Erdöl gar nicht für den eigenen Bedarf, sondern handeln die Güter, um eine Gewinnmarge zu bekommen.

Aus demselben Beweggrund handeln Weiterverkäufer von Eintrittskarten. Die Spekulanten brauchen die Karten für den Eigenbedarf genauso wenig, wie Investmentbanker hundert Tonnen Kakao.

Durch den massiven Aufkauf der Ticketspekulanten wird die Verfügbarkeit der Tickets extrem verkürzt. Dadurch können sich zahlreiche Besucher von vornherein das Event nicht mehr leisten, wenn sie nicht teure Restplätze beim Veranstalter oder eben überteuerte Plätze bei den Schwarzhändlern kaufen.

Einzig positiver Aspekt ist, dass Eintrittskarten keine lebensnotwendigen Güter sind und der zu kurz Gekommene auch ohne den Besuch eines Madonna-Konzerts überlebt.

Bei den erwähnten Beispielen mit Benzin und der Winterjacke gibt es einen weiteren wesentlichen Unterschied: Die Produktion kann ausgeweitet werden.

Existiert zu wenig Benzin auf dem Markt, wird eben mehr Erdöl gefördert. Müssen Menschen frieren, weil alle Jacken ausverkauft sind, so wird eben Winterbekleidung nachproduziert. Bei Eintrittskarten ist eine Produktionsausweitung nicht möglich. In ein Stadion passen 50 000 Personen – die maximal verfügbare Anzahl ist also fix. Sind die Plätze alle verkauft, gibt es keinen Nachschlag. Das treibt die Preise. Ist das Event sehr begehrt und die Ticketspekulanten haben massiv Karten gekauft, passiert genau das gleiche, was mit der Volkswagen-Aktie einst abging. Die Preise des Wertpapiers schießen in ungeahnte Höhen.

Im Zuge der Finanzkrise und vor allem bei der VW-Porsche-Übernahme ist der Begriff »*Leerverkauf*« aufgetaucht. Konkret handelt es sich dabei um den Verkauf von Wertpapieren, die der Verkäufer zum Zeitpunkt des Verkaufs gar nicht besitzt. Bis zum Liefertermin, muss der Verkäufer die Ware übergeben. Wie schon beschrieben: Tickets sind nichts anderes als Wertpapiere mit einem erhöhten Risiko und festen Verfallsdatum. Deshalb gibt es auch hier Leerverkäufe – das kommt öfter vor, als Sie glauben!

Letzter Liefertermin ist wenige Minuten vor Beginn eines Konzerts oder Fußballspiels. Ist trotz Lieferversprechens bis dahin nicht geliefert, sitzt der Verkäufer böse in der Tinte.

An der Börse kann das gleichfalls passieren. In der Regel wird dort vereinbart, den aktuellen Kurs in Geld auszubezahlen (Barausgleich oder Cashsettlement heißt das).

Ein Käufer, der unbedingt zum Konzert will, wird sich mit der Rückzahlung des Betrags hingegen nicht zufrieden geben. Schließlich hat er sich auf das Event gefreut. Meist hat der Verkäufer von den nichtexistenten Tickets dann schlicht eine Betrugsanzeige am Hals. Da mit dem Ticketkäufer nie ein Barausgleich vereinbart wird, weil der Verkäufer verheimlicht, dass er die Karten erst beschaffen muss, kann das für den Anbieter bei einem Rechtsstreit böse enden.

Sie werden sicherlich einwenden: Das ist doch weit hergeholt – wer ist denn so wahnsinnig und macht das? Ich versichere Ihnen, das ist ein fester Bestandteil unseres Ticket-Reselling-Geschäfts. Je begehrter ein Event ist und je später der Kartenvorverkauf erfolgt, desto wahrscheinlicher sind Leerverkäufe.

Bei Leerverkäufen ist eines besonders wichtig: Der Verkäufer muss einen (dummen) Käufer finden, der frühzeitig bereit ist, eine hohe Summe Geld für die Karten zu bezahlen. Das gelingt in der Regel nur, wenn der Beschaffungsaufwand für die Tickets besonders hoch ist, wie zum Beispiel beim Champions League-Finale oder der Vorverkauf des Events noch gar nicht gestartet, aber bereits ein Hype darum eingesetzt ist. Risikofreudige Tickethändler verkaufen daher Tickets, lange bevor der Veranstalter die Karten offiziell ausgibt.

Eine solche Vorgehensweise schreckt aber auch zahlreiche Käufer ab. Zu Recht bekommen wir bei Leerverkäufen regelmäßig Anfragen, ob die Tickets nicht womöglich gefälscht seien, wenn sie offiziell noch gar nicht im Handel zu erwerben sind. Dass hier knallharte Spekulation mit zu erwartenden Verkaufspreisen betrieben wird, übersteigt die Vorstellungskraft von Lieschen Müller.

Wer den dahinter stehenden Mechanismus allerdings durchschaut, ist durchaus für solche Geschäfte bereit und dafür aufgeschlossen. Gutverdiener, vor allem aus dem Bankgewerbe, zahlen gerne einen ordentlichen Aufschlag für das Versprechen, ganz sicher bei einem bestimmten Event dabei zu sein, ohne sich um irgendetwas kümmern zu müssen.

Außerdem können sie im Bekanntenkreis damit prahlen, für das Formel 1-Finale oder das allerletzte Police-Konzert schon Tickets zu besitzen (*»Wo hast du die denn her? Der Verkauf ist doch noch gar nicht gestartet?«*).

Man täuscht auf diese Weise exklusive Kontakte vor. Freilich kann der Käufer nicht beweisen, dass er im Besitz von Tickets ist – er hat sie ja nicht. Und der Verkäufer hat sie auch nicht! Der muss sie nämlich jetzt einkaufen – irgendwie. Er ist nun dazu gezwungen, weil er bereits die Karten weiterverkauft hat.

Das Geschäft kann für den Verkäufer einen riesigen Gewinn bedeuten oder einen horrenden Verlust. Steigen die späteren Schwarzmarkt-Ticketpreise über den ohnehin teuren Leerverkaufspreis, hat der Käufer alles richtig gemacht und der Verkäufer ist dumm dran. Der Verkäufer muss nämlich dann die Karten selbst auf dem Schwarzmarkt einkaufen und zwar zu einem teureren Preis, als er sie selbst »leer« weiterverkauft hat. Zuweilen sitzt ein Leerverkäufer arg in der Klemme. Bei bestimmten Events ist es nämlich nahezu unmöglich an Karten heranzukommen, weil der Bezug allein Mitgliedern vorbehalten ist.

Verliert das Event hingegen an Attraktivität und der Hype flacht ab, hat der Leerverkäufer alles richtig gemacht und der Käufer ist dumm dran. Er wäre zum Regulärpreis viel billiger an die Karten gelangt, wenn er Geduld bewiesen hätte.

Beim Eurovision Song Contest in Düsseldorf trat genau dieser Fall ein. Der ESC 2011 wurde zu einem Musterbeispiel für Leerverkäufe bei Tickets. Nur ganz wenigen Profi-Verkäufern gelang es, hier ein Geschäft zu machen. Insgesamt endete dieses Event im größten Reselling-Desaster aller Zeiten! Aber dazu später mehr.

Bei Bundesliga-Spielen sind Leerverkäufe gang und gäbe. In der Regel werden die Karten vor dem offiziellen Verkaufsstart auf seriösen Plattformen wie Viagogo beziehungsweise zahlreichen ähnlichen Anbietern inseriert. Der Verkäufer bemüht sich anschließend, im Vorverkauf direkt an die Karten zu kommen. Gelingt ihm das nicht, muss er die Karten bei eBay ersteigern. Ist er gezwungen, zu jedem Preis einzukaufen, bedeutet das eine echte Wundertüte.

Der Ticketeinkauf ist zudem nicht ohne Risiko. Wer keine direkten Kontakte zu Ticketshops hat, sollte hier vorsichtig vorgehen. Keinesfalls sollte man gleich hunderte Karten ordern und ein dickes Bargeldbündel auf den Tisch legen. Selbst der naivste Ticketshop-Besitzer würde misstrauisch. Ohnehin dürfen nicht mehr als 15 000 Euro bar ausgegeben werden, da das Geldwäschegesetz Barkäufe in dieser Größenordnung nicht mehr zulässt.

Profihändler möchten gerne vermeiden, persönliche Daten beim Direktbezug anzugeben. Einige Ticketshops verlangen das mittlerweile. Doch prinzipiell ist das egal. Banden sowie deren Familienangehörige kaufen in Tranchen kleinere Stückzahlen und kommen insgesamt trotzdem an große Kontingente.

Wir Profihändler umgehen das, indem wir kurzerhand einen Studentenjob ausschreiben. Dazu wird bei Kleinanzeigen-Portalen oder ähnlichen Plattformen ein Inserat aufgegeben. Der Job sieht vor, gegen Stundenlohn einen kurzen Einkauf zu erledigen. Für Studenten ist das schnell verdientes Geld. Die wenigsten schöpfen Verdacht, dass sie die Karten nicht für Familienväter einkaufen, die den Tag über im Büro sitzen, sondern für professionelle Reseller.

Es bringt also relativ wenig, die Karten zu personalisieren oder Limits beim Abverkauf zu setzen. Diese Maßnahmen lassen sich durch allerlei Trickreichtum umgehen.

Unrechtsbewusstsein existiert in der »Branche« nicht.

Die meisten sehen sich nicht als Schwarzhändler, sondern wie schon angedeutet als »*Ticket-Reseller*« oder gar als »*Ticket-Broker*«. Der Weiterverkauf von knappen Gütern ist gängiges Handelsprinzip. So gesehen agieren wir einfach nur als Händler in einem marktwirtschaftlichen System, mag das für Außenstehende auch unverständlich oder empörend klingen.

1.4 Veranstalter schlagen selbst schon kräftig zu

Durch den schwindenden Absatz von CDs sind Künstler gezwungen, nichtkopierbare Güter zu verkaufen. Das können Merchandising-Artikel sein, doch hauptsächlich sind es Konzerte. Ein Live-Konzert ist immer ein Unikat. Auftritte vor Publikum bilden für bekannte Acts inzwischen die Haupteinnahmequelle. Um den Einnahmeverlust bei den Tonträgern auszugleichen, schlagen die Veranstalter preislich selbst kräftig zu. Bei Weltstar-Tourneen gehen Karten der Top-Kategorien oft für 200 bis 300 Euro weg, ohne dass noch ein Ticket-Reseller etwas daran verdient.

Die Ticketpreise für Events wurden in den vergangenen Jahren massiv erhöht. Wie in der Gastronomie kamen viele Veranstalter auf die Idee, lediglich die Währung anzupassen, aber nicht die Zahlen. Statt 30 D-Mark wurden von heute auf morgen 30 Euro genommen. Die Leute bezahlten diese Preise, obwohl ihre Einkommen sich vielfach nicht in gleichem Maße veränderten. Im Laufe der Jahre stiegen die Preise stetig an, so dass Musikfans heute kaum ein Top-Konzert für unter 50 Euro besuchen können. Wer hätte seinerzeit grundsätzlich 100 D-Mark für eine normale Konzertkarte ausgegeben? Für eine vierköpfige Familie wäre das unbezahlbar gewesen.

Die Bundesligisten bitten gleichfalls kräftig zur Kasse. Kostete Ende der 90er Jahre der Stehplatz für ein mittelmäßiges Bundesligaspiel 10 DM (5 Euro), stiegen die Preise heute teilweise auf fast 20 Euro, also umgerechnet fast um das Vierfache. Das ist auch dem gutmütigsten Fan zuviel.

Aus diesem Grund organisierte sich beispielsweise die Fan-Initiative *»Kein Zwanni für‹n Steher«*. Fußball sollte als Arbeitersport bezahlbar bleiben, so die gängige Vorstellung der eingefleischten Supporter. Die Tribünen-Sitzer hingegen, vor allem die Besserverdiener, zahlen durchweg unkritisch hohe Preise. Zwischen 30 und 50 Euro ist heute Durchschnitt für normale Tribünen-Sitzplätze.

Die ausgeuferten Preise gehen jedoch nicht allein auf die Euroeinführung oder Inflation zurück. Im Zuge der WM 2006 wurden Deutschlands größte Fußballstadien für bis zu dreistellige Millionenbeträge komplett saniert oder gleich neu geplant und errichtet. Dasselbe gilt für Konzerthallen, wie die Lanxess Arena Köln oder O2 World Berlin. Deutschland verfügt heute über die mit weitem Abstand weltweit größte Dichte an High-Class-Stadien und könnte mühelos eine Sport-Weltmeisterschaft oder ein anderes Top-Event ausrichten. Eine derart gut ausgebaute Infrastruktur bezahlt sich nicht von selbst.

Auch bei den Konzerten hat sich im Vergleich zu früher einiges verändert. Musikgedudel vom Band und dazu ein bisschen Getanze ist nicht erst seit Milli Vanillis Playback-Desaster verpönt. Die Zuschauer möchten heutzutage etwas geboten bekommen und gut unterhalten werden. Shows müssen stets neu konzeptioniert sein. Es muss sich abheben von einem Fernseherlebnis. Folglich sind Konzertveranstalter gezwungen, immer schwerere Geschütze aufzufahren, um spektakuläre Shows zu inszenieren.

Der Organisationsaufwand für ein großes Konzert ist mittlerweile gigantisch. Für ein Konzert von Take That sind 85 Lkw-Trucks notwendig, die Crew umfasst über 100 Mitarbeiter, die alle bezahlt sein wollen.

Dazu gehören oft Spezialisten ihrer Branche, die sich zum Beispiel in Beleuchtungsfragen genau auskennen und eine aufwendige Lasershow umsetzen können. Preise von 50 Euro an aufwärts sind also nicht unbedingt teuer, sondern gemessen am Aufwand nachvollziehbar.

Aus diesem Grund bleibt für Schwarzhändler mit steigenden Ticketpreisen weniger Marge. Besucher geben nicht unbegrenzt Geld aus.

Kostet ein Ticket im Original schon 100 Euro, kommen wir Reseller nicht umhin, genau zu rechnen, ob der Handel mit diesen Tickets überhaupt lohnt.

Nicht nur bei Konzerten wird kräftig kassiert und die Schwarzmarkt-Marge eingedämmt. Zahlreiche Bundesliga-Vereine wittern dank der interessanten Schwarzmarkt-Gewinnspannen selbst das große Geschäft. Doch grau ist alle Theorie. Abkassieren zu jedem Preis kann ein Verein nicht so ohne weiteres umsetzen.

Der Suchmaschinenkonzern Google könnte als klare Nummer eins theoretisch Milliarden einnehmen, falls er pro Suchanfrage nur einen halben Cent kassierte. Macht der Konzern aber nicht – man will sich ja die Kundschaft nicht vergraulen und außerdem macht die Firma ohnehin satte Gewinne.

Genauso geht es der sportlichen Nummer eins in der Bundesliga. Der FC Bayern könnte theoretisch pro Spiel Millionen zusätzlich einnehmen, sobald er seine Sitzplätze allesamt höchstbietend im Internet versteigert. Macht das Unternehmen aber nicht – man will sich ja die Kundschaft nicht vergraulen und außerdem hagelt es ohnehin satte Gewinne.

Einigen Vereinen geht es jedoch nicht so gut wie Google oder dem FC Bayern. Die Konkurrenz im Mittelfeld strebt an, zur Spitzenliga aufzuschließen und liebäugelt daher selbst mit Zusatzeinnahmen. So zum Beispiel der Hamburger SV.

»Die Vereine müssen ein Gefühl für den Fan und Zuschauer haben, denn das Geld wird knapper«, warnte im November 2012 die HSV-Ikone Uwe Seeler.

Was war passiert? Der HSV geriet in die Schlagzeilen, weil er selbst mitkassieren wollte, wenn Tickets gegen den FC Bayern mit kräftigen Aufschlägen verkauft werden. *»Wucherpreise beim Nord-Süd-Gipfel«* schrieb die Hamburger Morgenpost.

Top-Zuschläge für hochklassige Begegnungen sind nichts Ungewöhnliches mehr. Seit die Bundesliga häufiger von kleinen Vereinen durchsetzt wird, die allesamt wenig Auswärtsfahrer mitbringen, bleiben bei unattraktiven Gegnern ganze Tribünen leer. Das muss man irgendwie wieder ausgleichen.

Wie sehr die Bundesliga-Vereine am Schwarzmarkt-Kuchen mitnaschen möchten, zeigt die Kooperation mancher Clubs mit dem Reseller-Vermittler Viagogo. Der Name dieser Firma ist sogar auf Werbebanden im Stadion zu sehen und für Fans ein rotes Tuch. Das führt mitunter zu Wutreaktionen der Anhänger.

Werden sie doch immer wieder daran erinnert, dass sie ihr Ticket zu gesalzenen Preisen beziehen dürfen, falls sie im Vorverkauf zu spät kommen. Die Fans protestieren jedenfalls heftig gegen die Schwarzmarkt-Profi-Bude, wie in den folgenden Kapiteln zu lesen sein wird.

1.5 Wir zocken mit Tickets aller Art

Schwarzhandel und Spekulation mit Eintrittskarten ist immer auch eine Wette. Im Sport lässt sich inzwischen auf alles wetten: Wie viele Tore fallen pro Spiel? Wie viele Spieler bekommen eine Rote Karte? Welcher Trainer wird zuerst gefeuert?

Das massive Investieren in Eintrittskarten ist eine Wette auf die Besucherzahlen. Ist das Event ausverkauft und geht das Interesse darüber hinaus? Dann zuschlagen!

Solche Wettideen entstehen wohl zwangsläufig, wenn man entweder sehr viel oder sehr wenig Geld hat. Wetten in Verbindung mit Fußball gerieten in den vergangenen Jahren stark in Verruf. Eine Wettmafia hielt Teile des europäischen Spitzenfußballs fest im Griff. Spieler sowie Schiedsrichter wurden geschmiert, damit sie Ergebnisse verfälschen.

Wie beim Schwarzhandel von Eintrittskarten gibt es unterschiedliche Akteure. Kriminelle wie der Mafioso Ante Sapina investierten sechs- bis siebenstellige Summen, um daraus irgendwann achtstellige zu machen. Das sind die reichen Manipulierer.

Und dann gibt es die armen Manipulierer. In Osteuropa wetteten Teams sogar auf ihre eigene Niederlage, um die Reisekosten bei europäischen Auswärtsspielen wieder hereinzuholen. Teams vom Baltikum oder aus Polen verloren absichtlich mit fünf Toren Unterschied. Zu Hause im Wettlokal klingelte so wenigstens einmalig die Kasse. Darauf muss man erst mal kommen![1]

Die Zuschauerzahlen-Wette zu manipulieren ist einem Schwarzmarkthändler hingegen nicht möglich. Entweder es entsteht ein Hype um das Event oder die Euphorie bleibt aus. Einen Hype anzustacheln ist für einen Einzelakteur ein aussichtsloses Unterfangen. Selbst einzelne Medien können ein Event nicht alleine befeuern. Erst wenn TV, Presse und Rundfunk gemeinsam über eine Veranstaltung so berichten, dass Beobachter den Eindruck bekommen, sie müssten unbedingt dabei sein, um nicht etwas Wichtiges oder Einmaliges zu verpassen, ist die Basis für ein Hype gelegt.

Sportveranstaltungen und Konzerte von Mainstream-Stars sind permanent medial präsent und somit zwangsläufig die Haupteinnahmequellen der Schwarzhändler. Dazu kommen Veranstaltungen, die nicht in diese Kategorien fallen, bei denen allerdings trotzdem ein Hype einsetzen kann. Miss-Wahlen gehören zum Beispiel dazu. Oder Victoria‹s Secret Fashion Shows. Auch bei Oktoberfestzeltreservierungen ist locker der fünf- bis zehnfache Gewinn zu erzielen, da es sehr schwer ist an solche exklusiven Billetts heran zu kommen.

Die hohen Schwarzmarktpreise solcher Spezialveranstaltungen entstehen vor allem, weil sich viele Besucher nicht mit der Normalo-Rolle zufrieden geben. Mancher Eventbesucher will sich von der Masse abheben und nicht einer von vielen, sondern eben ein besonderer Besucher sein, ein VIP.

Mit dem Maßkrug wie alle anderen im Festzelt herum zu stehen, ist schlicht zu ordinär. Es vermittelt Otto-Normalverdienern ein elitäres Gefühl, wenn sie bei den Reichen und Schönen am Tisch sitzen. Dieses »Feeling« lassen sich eitle Möchtegerns ein kleines Vermögen kosten – zur Freude der Schwarzhändler.

Aber nicht nur der Hype oder das VIP-Gefühl um Events, führen zur Schwarzmarktpreisbildung. Mobilität ist heutzutage ebenfalls ein gefragtes Gut. Vor zehn Jahren gab es einen enormen Preisrutsch bei Flugtickets. In den 80er und 90er Jahren kostete ein innereuropäischer Linienflug durchaus 400 bis 500 D-Mark (200 bis 250 Euro).

Flugbegleiterin war lange Zeit ein prestigeträchtiger Job. Dann kamen die Billig-Airlines. Dank der neuen Unternehmen, die den Markt aufmischten, blieb das Fliegen nicht mehr nur Besserverdienern und damit Personen mit Benehmen vorbehalten. Nun konnte sich dank Preisen, die ein Zehntel der ursprünglichen Ticketkosten ausmachten, jeder Besoffski den Flug nach Malle leisten, um dort vorgeglüht den nächsten Sangria-Eimer zu leeren und fünf Tage später wieder zurück zu jetten. Ja, es gibt solche und solche Jet-Set-Leben.

Das veränderte Geschäftsmodell in der Luftfahrtbranche zog eine Menge Interessenten an. Und – Sie ahnen es sicher schon – noch eine weitere Gruppe. Günstige Tickets + jede Menge Interessenten = Nährboden für Schwarzhändler. Logisch.

In der Startphase der Billigflieger war daher eine beliebte Schwarzhändler-Masche, günstige Ticketkontingente aufzukaufen. Die Kalkulation war simpel: Weil die Billigairlines ungefähr zehn Prozent der vorhandenen Kapazität für fünf oder neun Euro inklusive Steuern und Gebühren anboten, mussten wir bloß diese Tickets in der frühen Phase ordern. Dadurch stiegen automatisch die Preise bei der Fluggesellschaft. Wer nach uns buchte, zahlte bereits für den Sitzplatz deutlich mehr.

Jetzt schlug die Stunde von uns Schwarzhändlern. Wir versuchten die Tickets wieder loszuschlagen. Schon 30 oder 40 Euro sind ein schöner Gewinn. Einsatz mal eben verdreifacht. Am Anfang lief das ganz gut. Aber das Geschäft hielt nicht lange an. Es mündete im Endeffekt in einem Reinfall. Zum einen schnallten die Fluggesellschaften schnell, was Sache war. Infolgedessen wurde die Umbuchungsgebühr eingeführt. Heute zahlt ein Fluggast geschmeidige 25 Euro und darüber hinaus, falls eine andere Person sein Ticket übernehmen will. Das soll den Weiterverkauf verhindern.

Zum anderen kam die allgemeine Anhebung der Gebühren hinzu. Flughafensteuern sowie Zuschläge aller Art stiegen rapide an. Rasch veränderte sich das Verhalten der Reisefreudigen. Wer nicht unbedingt zu einem bestimmten Termin in Barcelona oder Stockholm sein musste, sagte sich »Flieg‹ ich heut‹ nicht, flieg‹ ich morgen!«

Die Abnehmer blieben also aus. Da gingen einige Maschinen halbleer in die Luft, obwohl sie offiziell ausgebucht waren, weil die Schwarzhändler auf Tickets sitzen blieben. Allerdings war das Erstaunen in der Szene groß, als das Reiseunternehmen Alltours öffentlich bekannt gab, im großen Stil billige Flugtickets aufzukaufen. Der Konzern ließ verlauten, er habe die Nase gestrichen voll, die Dumpingpreise zu subventionieren.[2]

Alltours-Chef Willi Verhuven äußerte, seine Firma habe eine Abteilung mit zehn Leuten eingerichtet, die den ganzen Tag damit beschäftigt sei, die billigen Tickets aufzukaufen. Dzdz, auf was die Leute so alles kommen. Die Preisvorteile gab das Reiseunternehmen anschließend an die eigenen Kunden weiter. Wie nobel!

Nun war Alltours gegenüber uns Schwarzhändlern strategisch klar im Vorteil. Immerhin verkaufen die tagtäglich zehntausende Reisen. Bucht ein Urlauber eine Woche Malaga, nimmt die Firma eben dieses billige Ticket zuerst, bevor sie neue Kontingente bei den Fluggesellschaften einkauft. Diese Möglichkeiten haben gewöhnliche Schwarzhändler natürlich nicht. Sie inserieren das Flugticket bei eBay und müssen warten, bis jemand vorbeikommt, der zufällig am zwölften Mai um 19:30 Uhr nach Malaga fliegen will. Das kann dauern!

Also war das Geschäft spätestens nach Erhöhung der Steuern und Gebühren passé.

Derartiges funktioniert natürlich nicht nur bei Flugtickets.

Bahnfahrkarten lassen sich gleichwohl prima weiterverticken, teilweise im Nahverkehr, ganz besonders aber im teuren Fernverkehr. Bucht ein Bahnkunde in den letzten zwei Tagen vor Abfahrt, kostet die Strecke Hamburg-München deutlich über hundert Euro – einfache Fahrt versteht sich. Im Vergleich zum Sparpreis von 29 Euro eine ganz schöne Differenz.

Da ist so mancher Fernreisende froh, wenn er das Ticket auf den letzten Drücker für 40 oder 50 Euro bekommen kann.

Am Anfang ging das Geschäft einigermaßen gut. Mit der Zeit jedoch lief es wie bei den Fliegern. Die Bahn senkte die Preise, aber vor allem verschärfte sie die Zugbindung. Sparpreise sind heute grundsätzlich an einen Zug gebunden. Doch das ist nicht die einzige Restriktion. Die Bahn verlangt Identitätsnachweise, wie zum Beispiel den Personalausweis in Verbindung mit dem Fahrticket. In der Regel wollen die Schaffner aber auch noch jene Kreditkarte sehen, mit der das Ticket bezahlt wurde. Die Plastikkarte wird bei der Kontrolle durch ein Gerät gezogen.

Eigentlich wäre das gar nicht notwendig, denn die Bahnfahrkarte ist ja bereits bezahlt. Die Maßnahme zielt wohl darauf ab, den Weiterverkauf der Fahrkarte zu verhindern. Die Maßnahme ist wirksam. Kein Schwarzhändler ist so blöde und leiht dem Kunden seine Kreditkarte. Schlussendlich kommt hinzu, dass im Vorfeld schwer zu kalkulieren ist, was der Markt wünscht. Klar kann man spekulativ Tickets für stark frequentierte Strecken einkaufen, aber am Schluss bleibt man erfahrungsgemäß auf dem einen oder anderen Fahrschein sitzen. Für Bahnfahrkarten gilt demnach das gleiche wie für Flugtickets: Zu viel Risiko bei zu wenig Profit. Also raus aus dem Geschäft!

Bis auf eine Ausnahme: Flexible Aktions-Tickethefte. Gelegentlich bietet die Bahn in Kooperation mit Lidl oder McDonalds ein Heft mit vier Blankofahrten an. Einfach die Zugstrecke am Start-Bahnhof eintragen und losfahren. Vier Fahrten für 99 Euro oder so ähnlich. Das ist verdammt günstig. Immerhin kann man sich damit ganz spontan in jeden Zug setzen, hat also keine Zugbindung und bezahlt dafür weniger als den günstigsten Sparpreis. Müßig zu erwähnen, dass solche Tickets aufgrund des Fast-Monopols der Bahn schnell ausverkauft sind, da sogar Firmen auf solche Hefte lauern, um ihre Mitarbeiter preiswert von A nach B zu schicken.

Abb. 2: DB-Lidl-Ticket – teure Fahrpreise, hohe Schwarzmarktgewinne

Und so stehen morgens um acht Uhr vor dem Lidl oder McDonalds nicht nur Oma Krawuttke, die ein Heft kauft, damit ihre Enkel sie besuchen kommen, der Privatbank-Praktikant, der im Firmenauftrag gleich mehrere Hefte für die ganze Abteilung kauft oder Studenten, die ihre Semesterferien mit Zugreisen verplant haben, sondern eben auch – wie sollte es anders sein – wir Schwarzhändler. Ja, selbst hier mischen die Spekulanten mit. Winken doch bei eBay satte Renditen. 60 bis 70 Prozent sind hier locker zu erzielen. Innerhalb von wenigen Wochen ist das eine super Geldanlage, vorausgesetzt alle Faktoren stimmen.

Am Anfang war das ein Selbstläufer. Da schossen die Preise gewaltig in die Höhe. Manche eBay-Käufer waren so heiß auf die Hefte, dass sie glatt schrieben, sie würden die Tickets direkt abholen, selbst wenn sie dafür etliche Kilometer weit fahren müssten. Im Laufe der Zeit bot die Bahn häufiger solche Tickethefte an.

Bei einer Aktion deckten sich die Spekulanten mit den Fahrkarten ein, doch hinterher spuckte ihnen die Bahn kräftig in die Suppe. Der Konzern legte nämlich wegen schnellem Heft-Ausverkauf nach. Statt den ursprünglich angekündigten 750 000 Tickets gab es im Handel eine Million Hefte zu erwerben. Das war 2009. Dumm gelaufen!

Eine solch plötzliche Marktflutung wirkt wie eine Atombombe auf die Preise. Wer bei der ersten Tranche als Privatkäufer nicht zum Zug kam, konnte spätestens jetzt dorthin.

Zum Nachteil für alle, die bei eBay weiterverticken. Die Spekulanten hofften nun, dass sie überhaupt die 99 Euro wieder hereinholen. Vereinzelt endeten die ersten Auktionen bei 90, später bei 85, schließlich bei 80 Euro. Kommen zum Fristende der Nutzungszeit zusätzlich hunderte Tickets bei eBay herein mit dem Text *»Habe noch eine Restfahrt anzubieten«*, wird es richtig mau. Genau das passierte.

Wie Sie in Abbildung 3 sehen, sind die Preise kräftig gefallen. Die eBay-Angebote endeten bei 56 und 61 Euro, was bei einem Einkaufspreis von 73 Euro teilweise über 20 Prozent Verlust ausmacht. Summiert sich das, kann man hier schnell hunderte Euro verlieren. Natürlich sind nicht nur Lidl-Bahn-Tickets weiterverkaufbar. Vor allem im Nahverkehr haben manche Schwarzhändler tolle Tricks drauf. Sie positionieren sich an Messen, wie der CeBIT oder der IAA.

In den Eintrittskarten ist der Nahverkehr nämlich enthalten. Es kaufen etliche Besucher eine Eintrittskarte inklusive Nahverkehrsnutzung, reisen jedoch mit dem Auto an. Deshalb stehen abends nach

Abb.3: Verluste beim Weiterverkauf der Bahn-Tickets

Messeschluss vor dem Eingang Weiterverkäufer auf der Suche nach nicht mehr benötigten Eintrittskarten. Sie nehmen die eingesammelten Karten dann mit zum Hauptbahnhof. Des Öfteren schleicht die Truppe auf Großbahnhöfen wie Hamburg, Berlin oder Frankfurt herum, und wartet, bis jemand ein Ticket erwerben will. Kaum hat ein Bahnkunde das Touchpad des Automaten aktiviert um die Verbindung einzugeben, flüstert jemand von der Seite: »*Psst...wolle Karte kaufen?*« Ja, warum nicht? Ist doch ein gültiges Ticket!

Erfahrungsgemäß winkt hier aber kein echter Schnapp. Zu lange dauert es, bis eine Person gefunden ist, die exakt das benötigte Ticket braucht, zu groß ist das Misstrauen der Fahrgäste vor gefälschten Tickets.

Fälle, wie die der Fahrschein-Mafia mögen sicher dazu beigetragen haben.[3] So kam eine Bande vor wenigen Jahren auf die Idee, Bahnverbindungen als Fahrplanauskünfte aus Automaten zu ziehen, weil diese auf demselben Sicherheitspapier ausgedruckt werden, wie die Bahntickets. Mit einem bestimmten Haarspray ließ sich die schwarze Schrift wieder von dem Thermopapier entfernen. Mit dem Laserdrucker produzierten die Kriminellen dann »Schöne-Wochenend-Tickets« auf das blank gesprühte Automatenpapier. Auf diese Weise kassierte eine osteuropäische Bande geschätzt einen Millionenbetrag.[4] Die Bahn musste notgedrungen rund 9000 Fahrkartenautomaten umrüsten.

Eine andere Verbrecherbande kam auf die Idee, mit gefälschten Kreditkartennummern im großen Stil Fahrkarten auf der Webseite der

Bahn einzukaufen. Die fünfköpfige Gruppe, bestehend aus Frauen und Männern im Alter von 23 bis 30 Jahren, machten das über 1 700 Mal und kassierte damit 300 000 Euro.[5] Alles extrem clever, alles extrem kriminell, doch mit professionellem Schwarzhandel hat das wenig zu tun. Urkundenfälschung und Kreditkartenbetrug sind hier einschlägig. Solche Entwicklungen waren mit ein Grund, warum ich mich relativ schnell aus dem Weiterverkauf von Fahrkarten zurückzog. Mit Bahn-Aktionsheften verdiente ich anfangs gutes Geld, aber die Erlöse ließen irgendwann nach. Die »echten« Kriminellen können ehrlichen Schwarzhändlern das Geschäft arg verderben. Solche Fälle machen den Grau- und Schwarzmarkt kaputt, weil gültige Fahrscheine viel schwerer verkaufbar sind.

Ja, es mag zweifelsohne die gewinnträchtigste Variante sein, Tickets teuer weiter zu verkaufen, ohne sie überhaupt einzukaufen, aber genauso zweifellos ist das auch am risikoreichsten. Und es ist strafbar!

2 Ein Blick hinter die Kulissen

Wie im vorherigen Kapitel festzustellen war, sind die Grenzen zur Strafbarkeit fließend. Für Ticketfälschungen interessiert sich in jedem Fall die Staatsanwaltschaft. Die Schwarzhandel-Branche selbst grenzt sich von Straftaten jedoch ab. Man will möglichst nichts mit Polizei oder Justiz zu tun haben. Wir gewöhnlichen Schwarzhändler betrachten es ja als ein ganz normales Geschäft. Unser Ziel ist, Gewinne durch Preisaufschläge zu erwirtschaften und nicht die Kunden zu betrügen.

Negative Kundenmeinungen im Internet oder gar strafrechtliche Ermittlungen wegen Andrehens von Fälscherware sind für das Geschäft alles andere als förderlich. Auf die rechtliche und moralische Lage wird später noch sehr ausführlich eingegangen.

Aber auch wenn man von Vater Staat in Ruhe gelassen wird, heißt dies noch lange nicht, dass man dem Geschäft ungestört nachgehen kann. Die Kunden haben in der Regel kein großes Interesse daran, gegen Schwarzhändler vorzugehen. Immerhin sind die Ticket-Reseller oft Retter in letzter Minute. Es gibt jedoch eine Gruppe, die uns Schwarzhändler hasst wie die Pest. Das sind die Event-Veranstalter.

Bundesligavereine und Konzertausrichter lassen sich eine ganze Menge einfallen, um den Resellern ordentlich in die Suppe zu spucken. Doch wie auch bei Drogenhandel oder Prostitution ist es für sie ein Kampf gegen Windmühlen. Dafür ist einfach der Gewinn zu groß, den das Geschäft abwirft.

In diesem Kapitel lesen Sie, wie es bei eBay zugeht, diverse Insider-Tricks und mit welch harten Bandagen gekämpft wird.

2.1 Photoshop-Einsatz, um Ticketsperren zu vermeiden

Der wachsende Verfolgungsdruck der Veranstalter wird auch von uns Schwarzmarkt-Händlern nicht unkritisch hingenommen. Fußballvereine und Konzertausrichter beobachten eBay-Auktionen mittlerweile ganz genau.

Sobald ein Ticket eindeutig identifiziert ist, wird in der Regel der Anbieter ausfindig gemacht und es folgt eine Abmahnung. Manche Veranstalter sperren auch die Tickets, obwohl das rechtlich gar nicht erlaubt ist!

Auf diese Weise soll Druck auf die Schwarzhändler ausgeübt werden, damit am Stadioneingang abgewiesene Käufer später die Verkäufer in Regress nehmen. Damit will man den Schwarzmarkt austrocknen. Doch das ist eine äußerst zwiespältige Taktik. Wir Ticketdealer erstatten den Käufern das Geld oft gar nicht oder nur nach langen Auseinandersetzungen. Das bedeutet, wir Schwarzhändler haben unser Geld, geben es nicht zurück und der Schaden liegt beim Käufer. Die meisten Kunden haben weder Nerven noch die Zeit, wegen 100 oder 200 Euro vor Gericht zu ziehen. Wer jedoch nicht zum ersehnten Event eingelassen wird, ist frustriert.

In jedem Fall wird man als Verkäufer von gesperrten Karten mit wütenden E-Mails oder Briefen konfrontiert. Die Kalkulation der Veranstalter ist: Passiert dies häufiger, schwindet das Vertrauen in den Schwarzmarkt.

Doch so einfach geben wir Schwarzhändler uns nicht geschlagen. Ärgerlich ist eine Ticketsperrung immer. Aufgebrachte Kundenmails fressen uns die Arbeitszeit auf. Denn nach dem Event ist vor dem Event. Ist ein Konzert oder Fußballspiel vorbei, müssen wir uns schon längst der Beschaffung der nächsten Karten widmen. Wenn dann statt Bestellungen vermehrt Texte eintrudeln, in denen mit Anwalt, Polizei oder Moskau-Inkasso gedroht wird, ist das einfach nur lästig.

Daher treffen wir bei einem Verkauf bestimmte Vorkehrungen, um Ticketsperrungen zu vermeiden. Bei Online-Auktionen werden alle Identifizierungsmerkmale eines Tickets anonymisiert. Ticketnummern und Barcodes werden mit Papier abgedeckt oder einem Bildbearbeitungsprogramm unkenntlich gemacht.

Das führt wiederum zu einem Nachteil. Käufer wollen im Vorfeld gerne wissen, wo sie sitzen. Doch mehr als die Tribüne oder maximal den Block bekommen sie auf Anfrage nie mitgeteilt. Eine Reihen- oder gar Platznummer geben nur Ahnungslose heraus. Denn woher soll man wissen, ob der Interessent nicht der Hausjustiziar eines Veranstalters ist? Aber Informationen zu einem Ticket verschweigen ist ja nur ein passiver Kampf gegen die Veranstalter.

Deshalb greifen wir Profischwarzhändler zu einem ganz perfiden Mittel, um sich den perfekten Schlagabtausch mit den bösen Kartensperrern zu liefern.

Wenn Sie bei eBay Ticketauktionen beobachten, so werden Sie feststellen, dass durchaus zahlreiche Eintrittskarten mit unverdeckter Reihen- und Platznummer inseriert sind. Eifrige Gutmenschen, die den Kampf gegen den Schwarzhandel aufnehmen wollen, melden solche Auktionen gleich den Veranstaltern. Doch niemand ahnt, dass das ein gemeiner Trick einiger Schwarzhändler ist. Viele dieser Ticketbilder wurden mit einem Bildbearbeitungsprogramm wie Photoshop verändert. Wird der Veranstalter auf diese Tickets aufmerksam und sperrt sie, dann schließt er von dem Event Personen aus, die nichts davon wissen und die Tickets gar nicht angeboten haben. Das klingt verwirrend? Es sei Ihnen an folgendem Beispiel erklärt, wie das abläuft:

Ein Schwarzhändler kauft Karten für ein Konzert oder Fußballspiel für Block 20, Reihe 10, Plätze 7 und 8. Diese Karten werden eingescannt.

Dann kommt Photoshop zum Einsatz. Aus Reihe 10 wird dann einfach Reihe 12 gemacht.

Selbst wenn die Informationen auf den Tickets mit einer besonderen Schriftart aufgedruckt sind (so wie es zum Beispiel bei der Fußball WM 2006 der Fall war), ist das gar kein Problem. Dann wird einfach die »0« bei »Reihe 10« weg retouchiert und die »2« aus »Block 20« statt der »0« eingefügt. Man braucht also nur vorhandene Ziffern auf Tickets mit dem Bildbearbeitungsprogramm ausschneiden und an anderer Stelle wieder einfügen. Das ist eine Sache von Sekunden.

Bei eBay werden dann Ticketbilder inseriert, auf denen steht: Block 20, Reihe 12, Plätze 7 und 8, obwohl der Schwarzhändler tatsächlich Karten für Reihe 10 gekauft hat.

Ein Blick hinter die Kulissen • 35

Sie können sich sicher schon denken, was passieren wird? Genau, der Veranstalter entdeckt die Karten im Internet und sperrt sie kurzerhand. Da steht dann plötzlich Ehepaar Schmidthuber vor dem Tor, denen tatsächlich die Karten in Reihe 12 gehören und bekommt den Einlass zum Event verweigert, weil sie Tickets im Internet anboten. Das haben die natürlich gar nicht gemacht. Die Inhaber der Tickets aus Reihe 12 wissen von nichts. Sie haben ihre Karten regulär im Vorverkauf erworben, nichts Unrechtes damit getan und dann dürfen sie trotzdem nicht hinein.

Ja, es ist mit Abstand die gemeinste Waffe im Schwarzmarkt-Kampf, denn Unbeteiligte werden in den Krieg zwischen uns Dealern und Veranstaltern hineingezogen.

Bloß: Was ist schon fair? Hier geht‹s um Geld! Die Kalkulation der Schwarzhändler, die auf diesen Trick zurückgreifen, ist klar: Es geht darum, möglichst viele Sperren von ahnungslosen Unbeteiligten zu erreichen, die gar nichts mit dem Reselling zu tun haben. Auf diese Weise sollen den Veranstaltern die Ticketfahndung und Sperrpraxis erschwert oder – noch besser – unmöglich gemacht werden.

Kommt es häufig zu unberechtigten Ticketsperrungen, geben die Veranstalter womöglich klein bei und unterlassen die Sperren irgendwann ganz. Es ist eine gewagte Sache und vor allem superasozial gegenüber all jenen, die später weinend an der Einlasskontrolle stehen.

Hier wird enormer Schaden angerichtet. Jeder Veranstalter ist daher gut beraten, Ticketsperren besser bleiben zu lassen.

Man darf auch nicht vergessen, dass bei massenhaft unberechtigten Abweisungen eine echte Gefahrensituation entstehen kann. Familien mit Kindern lassen sich vielleicht noch von der Security nach langen Streits abwimmeln und verziehen sich irgendwann protestierend.

Fußballfans sind da nicht so gnädig. Wenn da plötzlich hunderte vielleicht stark alkoholisierte Anhänger mitgeteilt bekommen, dass sie trotz eines eigentlich gültigen Tickets keinen Einlass erhalten, dann kann dies pure Gewalt auslösen. Fliegende Glasflaschen oder eingeschlagene Scheiben in der Innenstadt sind da keine abwegigen Szenarien. Selbst für die Polizei sind solche Ansammlungen aggressiver Personen eine unangenehme Sache. Wird doch in jedem Einsatzplan dazu geraten, deeskalierend zu handeln.

Jetzt fragen sie sich bestimmt: Was ist eigentlich mit den Käufern der Schwarzmarkt-Auktionen? Fällt denen nicht auf, dass sie statt der abgebildeten Reihe 12 nun Tickets für Reihe 10 geliefert bekommen? Nö!

In welcher Reihe sie sitzen, ist den Käufern in der Regel schnuppe, solange keine Sichtbehinderung oder ähnliche Verschlechterung der Sitzplatzsituation eintritt. Oder können Sie sich noch daran erinnern, in welcher Reihennummer Sie bei ihrem letzten Konzert saßen? Eben.

Oberstes Gebot: Bloß nicht auffallen!

Wer eine große Stückzahl an Tickets veräußern will, sollte das eher unauffällig machen. Die meisten Profi-Kartenverkäufer werden garantiert nicht den Fehler begehen, bei eBay ein Sofort-Kauf-Angebot über 300 Tickets einzustellen. Prompt würde das Finanzamt aufmerksam werden.

Und die Eventveranstalter hätten eine ideale Möglichkeit, gegen die Reseller vorzugehen – ist doch der gewerbliche Handel oft laut den Allgemeinen Geschäftsbedingungen (AGB) ausdrücklich verboten. Deshalb wird gezielt unter dem Deckmantel von Privatauktionen abverkauft. Vier bis sechs Tickets anzubieten ist relativ unauffällig. Aus dem Grund halten wir Ticket-Schwarzhändler oft dutzende eBay-Accounts.

Das ist relativ fix eingerichtet. Braucht man doch schließlich nur sein Namensschild am Briefkasten austauschen und immer wieder eBay-Konten auf falschen Namen eröffnen. Sie glauben das funktioniert nicht? Testen Sie es doch selbst! Kleben Sie einfach an ihren Briefkasten ein zusätzliches Schildchen mit »T. Gottschalk« oder »J. Lopez«. Bestellen Sie dann auf diesen Namen im Internet den neuen kostenlosen Möbelhaus-Katalog. Sie werden sehen, der wird bei Ihnen eingeworfen. Einzig ihr Briefträger wird sich wundern, dass plötzlich in ihrem Haus eine weitere Person wohnt.

Um möglichst viele private eBay-Accounts zu generieren, haben wir gleich dutzende solcher Adressen registriert. Und das auch in vielen unterschiedlichen Städten. Die brauchen wir im Übrigen auch, um direkte Kartenbestellungen bei Veranstaltern zu tätigen. Selbst eBay kann das nicht unterscheiden.

Eines war jedoch kurios: Einige Monate später mussten wir feststellen, dass eBay offenbar die registrierten Kundendaten an die Gebühreneinzugszentrale weitergibt. Denn irgendwann trudelten an die ganzen Fake-Adressen lauter pastellgrüne GEZ-Briefe ein, mit der Aufforderung, man möge doch seine Rundfunkgeräte anmelden.

Bei der Zahlungsabwicklung geht es übrigens genauso. Es ist jedoch deutlich schwerer, auf die Fake-Adressen auch noch Bankkonten mit falschen Namen zu erstellen. Wie praktisch, dass eBay das Problem einem abnimmt. Da häufig von eBay zwingend Paypal als Zahlungsweise vorgeschrieben ist, nehmen wir das Geld liebend gerne über den Dienst an. Das ist schön unauffällig. Kann man doch ein und dasselbe Paypal-Konto gleich mit mehreren Mailadressen verknüpfen. So landet das Geld zahlreicher unterschiedlicher eBay-Konten immer auf demselben Paypal-Konto. Komfortabler geht es nicht.

Sogar die Europäische Union macht uns Schwarzhändlern die Abwicklung leichter. Denn mit den SEPA-Richtlinien im einheitlichen Euro-Zahlungsverkehrsraum wurde der Abgleich von Kontoinhaber und Kontonummer bei Banküberweisungen abgeschafft.[1] Nun kann man ganz bequem sogar falsche Namen angeben und das Geld landet trotzdem auf dem Konto. Auch hier können Sie ganz einfach einen Selbsttest machen. Überweisen Sie einem Freund oder einer Freundin einen Glückscent auf den Namen Donald oder Daisy Duck. Das Geld kommt nicht zurück mit dem Vermerk »*Kontoinhaber unbekannt*«. Existiert die Kontonummer, wird der Betrag gutgeschrieben. Für die Annahme von Zahlungen mehrerer eBay-Konten ist das optimal.

Am anonymsten ist jedoch die Bargeldübergabe. Sie lässt sich überhaupt nicht nachvollziehen. Weil in den vergangenen Jahren immer mehr gefälschte oder ungültige Tickets im Internet auftauchten, bestehen die Käufer sogar oft auf persönliche Übergabe gegen Barzahlung.

Diese Zahlungsabwicklung ist sozusagen eine Win-Win-Situation – der Käufer ist bei direkter Übergabe gegen Cash beruhigt, dass er die Karten auch wirklich erhält und der Verkäufer kann ebenfalls entspannt bleiben, denn es existiert kein einziger Nachweis über den Deal. Oder haben Sie von einem Weiterverkäufer vor dem Stadion jemals eine Zahlungsbestätigung bekommen? Na also!

Sie werden auch nie einem Ticket-Reseller vor dem Stadion begegnen, der mit einem Quittungsblock in der Tasche herumläuft.

2.2 Absatzmärkte – so werden die Karten angeboten

Wer öfters hochklassige Events besucht, kennt dieses Gefühl: Ein wichtiges Sportspektakel der Lieblingsmannschaft oder das Exklusivkonzert eines US-Popsternchens steht bevor, aber es ist alles ausverkauft. Wo bekommt man jetzt bloß noch Tickets her?

Als erstes fällt einem natürlich der Internetmarktplatz eBay ein. Ja, für den Verkauf von Eintrittskarten ist die Online-Auktion ein hervorragender Absatzkanal.

Das Internet bietet eine ganze Reihe an unschätzbaren Vorteilen. Vor allem ist man hier weitgehend anonym. eBay ist zudem ein willfähriger Helfer beim Handel. Das Portal hat sogar eine eigene Verkaufsrubrik »*Tickets*« eingerichtet. Die Abwicklung ist sehr übersichtlich gestaltet, damit Verkäufer keine Mühe bei der Erstellung eines Inserats haben.

Tickets lassen sich in den Unterkategorien »Sport«, »Kultur & Events« und »Festivals & Konzerte« auktionieren. Man kann sogar nach Liga und Verein selektieren.

Während die Veranstalter und Fußballvereine vehement gegen eBay kämpfen, stellt das Online-Auktionshaus ungeniert die gesamte Infrastruktur für einen reibungslosen Schwarzhandel bereit. Alles lässt sich in das Formular eintragen – Datum, Sitzplatzkategorien und vieles mehr. Sogar die Veranstaltungsorte sind schon von eBay aufgelistet.

Offizielle Logos, Embleme, eingetragene Warenzeichen sowie Bilder von einem früheren Event sollte man in Auktionsbeschreibungen tunlichst vermeiden. Innerhalb kürzester Zeit sind Abmahnanwälte spitz, die für diese Vergehen mehrere tausend Euro abknöpfen wollen. eBay weist netterweise darauf hin, dass man besser von offiziellen Bildern keinen Gebrauch machen und nur Fotos von den Tickets selbst inserieren soll.

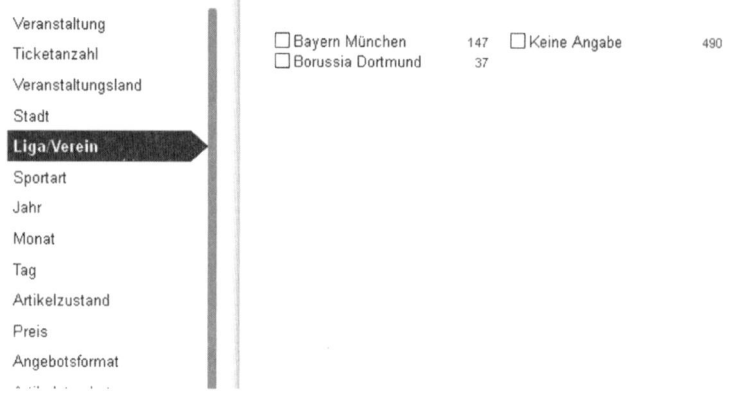

Abb. 4: eBay-Formular für Ticketauktionen

Auktionsplattformen haben aber noch einen extrem großen Vorteil. Hier bieten die Leute genau den Maximalpreis, den sie bereit sind, zu bezahlen. Hinterher kann sich der Käufer nicht beschweren, abgezockt worden zu sein, denn er hat ja den Preis *geboten*.

Ticketverkäufer nehmen allerdings gerne jeden Cent mit, den sie kriegen können. eBay verlangt je nach Auktion Einstellgebühren, Sofort-Kaufgebühren und in jedem Fall eine Verkaufsprovision. Diese liegt bei zehn Prozent. Bei 100 Euro Erlös sind das insgesamt zehn bis zwölf Euro Abzug, die da verloren gehen können. Bietet man dutzende Karten an, summiert sich das schnell.

Nervtötende Kleinanzeigen-Seiten

Aus diesem Grund weichen Verkäufer zunehmend auf Plattformen aus, bei denen derartige Kosten nicht anfallen. Lange Zeit war das Portal kijiji.de erste Anlaufstelle. Dann wurde das Portal vom Platzhirsch eBay übernommen.

Es heißt heute kleinanzeigen.ebay.de und ist von der Aufmache her ähnlich gestaltet wie früher kijiji. Aber es gibt auch Alternativen wie quoka.de, markt.de oder kalaydo.de.

Man kann dort einen Artikel zu einem Festpreis oder aber auf einer Verhandlungsbasis inserieren. Viele Schwarzhändler stellen die Karten direkt zum doppelten Originalpreis ein.

Die Kleinanzeigen-Seiten sind zwar herrlich anonym, denn man muss weder Namen noch sonstige persönliche Daten hinterlegen, doch die Plattformen haben einen gewaltigen Nachteil: Die Unzuverlässigkeit der Käufer.

Hier treiben sich extrem viele Knalltüten herum, mit denen man lieber keine Geschäfte macht. Während bei eBay mit dem Ablauf einer Auktion ein rechtsgültiger Kaufvertrag zustande kommt und die Käufer- und Verkäuferdaten gegenseitig ausgetauscht werden, ist die Klientel bei den Kleinanzeigen-Portalen äußerst nervtötend. Ständig bekommt man Anfragen, für welche Tribüne die Karten seien, obwohl dies ausführlich in der Beschreibung steht (gut, bei eBay können die Leute auch nicht lesen!). Schlimmer noch ist aber das allgemeine Verhalten der Interessenten.

In der Regel schreiben die Leute bei den Kleinanzeigen-Seiten erst einmal alle Kartenanbieter an, mit dem viel sagenden Text: »*Habe Interesse an ihren Tickets, was kosten sie?*«

Man würde ja gerne zurück mailen: »*Steht in der Beschreibung*« oder den Preis nennen, doch oft werden E-Mailadresse oder Handynummer gar nicht mitgeschickt.

Diese Interessenten sind an echten Käufen bei den Kleinanzeigen-Seiten gar nicht interessiert, sondern wollen nur den Markt abchecken. Echte Kaufzusagen sind dort rar. Die Interessenten fahren die Strategie, sich die Karten bei den Anbietern per Kaufzusage zu sichern, aber parallel bieten sie noch bei eBay auf andere Karten mit.

Gelingt es ihnen, bei eBay die Karten günstiger zu erwerben, kommt wenig später eine E-Mail mit dem Text: »*Sorry, nehme sie doch nicht, habe schon woanders Karten bekommen!*«

Gelegentlich kommt sogar folgender Mailverkehr zwischen Verkäufer und Kunde (sofern man die als solche bezeichnen kann!) zustande:

Kunde: »*Ich hätte gerne die 2 Schalke-Karten! Schreiben Sie mir eine E-Mail!*«

Ich antworte ungefähr zwölf Stunden später per E-Mail-Antwort-Funktion, weil der Kunde keine Mailadresse mitschickte:

Ich: »*So, habe Ihnen gerade eine E-Mail mit den Konditionen geschickt!*«

Kunde: »*Ich habe keine E-Mail bekommen.*«

Ich: »*kleinanzeigen.ebay.de übermittelt keine Mailadressen, sondern das ist dann eine Mail von dem Anbieter. Schauen Sie noch einmal genau nach, vor allem in ihrem Spamordner!*«

Kunde: »*Weswegen schreiben Sie mir überhaupt? Wer sind Sie denn?*«

Ich: »*Ähm … Sie hatten mir über kleinanzeigen.ebay.de eine Anfrage für die beiden Schalke-Tickets gestellt?!*«

Kunde: »*Ja, das war gestern. Ich brauch sie aber nicht mehr!*«

Extrem ausgeprägt ist dort auch die Basar-Mentalität. Hat man sich bereits auf einen Kaufpreis geeinigt, kommt manchmal trotzdem eine E-Mail mit dem Text, man solle doch den »*letzten Preis*« nennen. Besteht man dann auf den vereinbarten Betrag oder weist auf den Fixpreis hin, hat der Käufer plötzlich doch kein Interesse mehr.

Besonders beliebt ist auch die Antwort am Telefon: »*Rufe gleich zurück, muss nur noch mal meinen Kollegen/Kumpel fragen!*«

Auf den Rückruf wartet man dann vergebens. Die dreisteste Antwort am Telefon, die ich mal zu hören bekam, war: »*Wenn ich mich nicht mehr melde, muss klar sein, dass ich kein Interesse mehr habe, was rufen Sie mich dann noch an?*«

Ein weiteres Problem ist die Behäbigkeit des Kleinanzeigen-Portals. Die Prüfung eines Inserats dauert oft Stunden! Hat man die Kleinanzeige formuliert, kommt wenig später eine Benachrichtigung mit dem Text: »*Ihre Kleinanzeige wurde erfolgreich gesendet. Sie erhalten in Kürze eine Bestätigungs-E-Mail von uns.*«

Und dann wartet man. Im schlimmsten Fall kann die Veröffentlichung bis zu zwölf Stunden dauern. Wir hatten schon Tickets um sechs Uhr morgens inseriert und um 18 Uhr abends war die Annonce noch nicht veröffentlicht. Eine Katastrophe, wenn die Veranstaltung am gleichen Tag um 20 Uhr stattfindet.

Fazit: In der Regel bleibt man bei kleinanzeigen.ebay.de auf den Tickets sitzen, wenn es sich nicht um ein absolutes Top-Event handelt. Bei den kleineren Anzeigen-Portalen wie quoka.de, markt.de oder kalaydo.de sieht es noch schlechter aus. Es kann bei einzelnen Events zwar Sinn machen, dort ebenfalls zu inserieren, aber hier treiben sich meist dieselben Interessenten herum, wie auch bei kleinanzeigen.ebay.de. Ein echter Schnapp ist hier ganz selten zu machen. Bei eBay zahlt man zwar Provision, aber dafür hat der Deal auch endgültigen Charakter.

Profi-Schwarzmarkt-Plattformen – hier kaufen die Reichen

Kleinanzeigen-Seiten sind suboptimal, eBay dagegen schon deutlich besser, aber gibt es eigentlich auch Plattformen, wo man so richtig Kohle machen kann? Na logo!

Portale, die sich auf den Ticket-Zweitmarkt spezialisiert haben und damit sogar werben, sind für uns Schwarzhändler geradezu das Paradies. Der bekannteste dieser Anbieter ist Viagogo. Aber es gibt natürlich auch noch Wettbewerber wie Seatwave oder Ventic. Diese Portale sind das Optimum.

Dort kann man als Verkäufer die Preise beliebig festlegen. Weil diese Seiten so stark Werbung machen, werden sie häufig sogar für offizielle Ticketverkaufsstellen gehalten. Das ist eines der Geheimnisse, warum dort nahezu jeder aufgerufene Preis bezahlt wird. Bei Viagogo treiben sich Klientenkreise herum, die man über eBay oder Kleinanzeigen-Portale sonst gar nicht erreicht. Hier kaufen Prominente, Top-Manager, Adelige, Professoren und Doktoren – eben die Oberschicht.

Sie wären echt überrascht, an welche Adressen im In- und Ausland ich schon Karten geliefert habe. Natürlich gibt es jetzt kein Namedropping, auch wenn die Neugier groß ist. In diesem Buch wird fast alles offenbart, doch Kundendaten bleiben tabu. Oft wird nicht direkt an den Kunden, sondern erst an Viagogo geliefert – die schicken einen Abholer, der die Karten mitnimmt und dann an die Käufer weiterleitet. Reicht die Zeit jedoch nicht mehr, geht die Sendung ohne Umwege an den Besteller.

Kunden aus den gehobenen Kreisen wollen sich ganz bequem ihre Tickets für ein ausverkauftes Event bestellen, wie in einem Online-Shop.

Bei eBay mitbieten oder Leute auf Kleinanzeigen-Seiten anpöbeln mit »*Hey, hätte Interesse an deinen Karten*« ist denen zu vulgär.

Viagogo und ähnliche Seiten sind die vornehme Art, Tickets einzukaufen, wenn man das Pech hatte, nicht mehr über die regulären Vorverkaufsstellen oder Kontakte an ein Ticket gekommen zu sein.

Allerdings ist bei Viagogo natürlich nicht nur die Oberschicht vertreten. Die bildet nur eine kleine Gruppe. Hier kaufen vor allem auch Besserverdiener aus der Mittelschicht. Die Preise bei spezialisierten Zweitticket-Plattformen wie Viagogo zählen zu den höchsten auf dem Schwarzmarkt. Und trotzdem ist gleichzeitig die Käuferklientel am zuverlässigsten, weil sie oft keine Schwierigkeiten hat, den gewünschten Preis zu bezahlen und man trifft auch auf so gut wie keine Reseller. Das bedeutet aber nicht, dass immer alles reibungslos funktioniert, wie Sie am Ende dieses Kapitels noch lesen werden.

Verkauf vor dem Stadion

Den Hauptvertriebsweg Internet haben Sie nun kennen gelernt. In der Regel ist es Schwarzhändlern lieber, wenn sie darüber verkaufen und die Tickets einfach per Post verschicken können. Direkter Kundenkontakt wird von uns gerne vermieden, auch wenn Barzahlung lockt.

Wir möchten den Käufern ungern in die Augen sehen. Zu oft muss man sich rechtfertigen, warum man höhere als die offiziellen Preise nimmt, zu oft wird auf die Mitleidstour gemacht, man möge doch preislich entgegen kommen. Der Verkauf vor einem Stadion, einer Messehalle oder Arena wird von Profi-Schwarzhändlern nur dann in Erwägung gezogen, wenn sich über das Internet nichts mehr verkaufen lässt.

Je nach Attraktivität des Events hat man hier dennoch gute Chancen, die Karten immerhin zu einem akzeptablen Preis losschlagen zu können.

Es gibt allerdings auch Schwarzhändler-Gruppen, die auf den Verkauf von Tickets vor dem Stadion spezialisiert sind.

Wenn Sie als Fußball-Fan Spiele besuchen, haben Sie die Typen mit Sicherheit schon gesehen. Die stehen oft ein- oder zweihundert Meter vor dem Eingang und halten ein Pappschild »*Suche Karte(n)*« hoch.

Verkauft man denen welche, suchen sie kurz darauf Käufer, um ihnen die Beute für einen höheren Preis anzudrehen. Ich nenne die Banden immer Last-Minute-Combos. Die sind auf den Direktkunden-Kontakt ein paar Stunden vor einem Event fixiert und treten nur als organisierte Gruppe auf. Sie suchen im Prinzip Personen, die noch dümmer sind, als sie selbst. Wer an diese Typen verkauft, hat entweder keine Ahnung, dass das Reseller sind, die erworbene Karten nicht für den Eigenbedarf brauchen oder ist einfach nur zu faul, sich selbst ein paar Minuten vor das Stadion zu stellen und die Karten hochzuhalten.

Eine Last-Minute-Combo besteht oft aus vier bis fünf Personen, die sich vor allen Eingängen verteilen. Gelingt es einem, Karten zu erbeuten, wird mit den anderen sofort Kontakt per Handy aufgenommen. Dann versucht man gemeinsam, rund um das Stadion einen dummen Käufer zu finden, der noch ohne Karte herumsteht. Erfahrungsgemäß gibt es immer eine handvoll Verzweifelte, die zu einem ausverkauften Event pilgern, in der Hoffnung, vor dem Stadion noch auf Verkäufer von Karten zu treffen. Denen knöpft die Combo dann mehrere hundert Euro ab. Im Prinzip sammelt diese Truppe überschüssige Karten von Verkäufern an Ort und Stelle ein, und heizt so die Schwarzmarktpreise für die ganz Verzweifelten an.

Für die Last-Minute-Gangster sollte man keine Wut aufbringen, nur Mitleid. Die müssen sich zu viert oder fünft einen Gewinn von 400 oder 500 Euro teilen – bleibt pro Nase gerade mal ein Hunderter übrig. Gleichzeitig ist das Risiko unglaublich hoch.

Bieten auch nur zehn oder zwanzig Leute selbst in letzter Minute vor dem Stadion überschüssige Karten an, ist deren Geschäftskonzept hinfällig. Ich habe selbst schon bei einem DFB-Pokalfinale in Berlin erlebt, wie diese Combos wegen eines Überangebots ausrasteten und handgreiflich wurden.

Bei einem Bundesligaspiel wäre es vor dem Bremer Stadion sogar fast zu einer Messerstecherei gekommen, weil der Kundenkontakt mit den Last-Minute-Combos äußerst aggressiv verlief – ein Käufer kam auf die grandios dumme Idee, die Situation eskalieren zu lassen und den Last-Minute-Verkäufer um seinen Gewinn zu prellen. Von beiden Situationen werde ich noch detailliert erzählen.

Auf St. Pauli ist es am 25. Mai 2007 vor dem Stadion im Vorfeld des Spiels gegen Dynamo Dresden zu einer kuriosen Szene gekommen.

Der Fanclub »Gehirnamputierte Szene« (G.A.S.) stellte sich auf die Schwarzhändler im Vorfeld ein und vertrieb diese mit einer vorbereiteten Aktion. Die St. Pauli-Anhänger fertigten große Pfeile aus Pappe sowie Schilder auf denen »*Schwarzhändler*« stand und klebten diese auf Holzstäbe.

Als sie auf Verkäufer vor dem Stadion aufmerksam wurden, stellte sich eine Gruppe in deren Nähe, zeigte mit den Papp-Pfeilen auf die Personen und sang dazu: »*Nur 100 Euro, wir singen nur 100 Euro…!*«

Die Aktion war äußerst durchdacht und humorvoll. Vor allem war es friedlicher Protest und keine Gewaltanwendung. Die Schwarzhändler verzogen sich dann allmählich. Das Video kursiert heute noch auf Youtube und erntet bei Fußballfans aller Farben Anerkennung. G.A.S. hat sich nach eigenen Angaben die »*Zerschlagung der Schwarzmarkt-Szene*« zum Ziel gesetzt.

Ja, auch der sich entladende Frust von Fans kann einem als Schwarzhändler vor Ort entgegenschlagen.

Abb. 5: Fanaktion gegen Schwarzhändler (Foto: kiezkicker.de)

Karten in letzter Minute vor dem Stadion zu verticken ist also tatsächlich die denkbar schlechteste Option und nur dann eine Lösung, wenn über das Internet zeitlich nichts mehr geht. Wer vor dem Stadion herumlungert, um Dummen die Karten abzujagen und dann vor Ort wieder feilzubieten, ist garantiert kein Profi des Geschäfts.

Wer wirklich professionell arbeitet, überlässt nichts dem Zufall. Dass es aber auch auf den Internet-Plattformen alles andere als rosig zugeht, lesen Sie in den folgenden Kapiteln.

2.3 eBay verdient gut mit

Die Bank gewinnt immer. Was im Casino gilt, ist auch bei Schwarzmarktverkäufen zutreffend. Eventveranstalter laufen gegen das Treiben auf Deutschlands größter Auktionsplattform schon lange Sturm. Doch eBay wirkt alles andere als wirklich motiviert, den Schwarzhandel mit Tickets zu unterbinden. Dafür ist einfach der Gewinn zu groß, den alleine die Verkaufsprovisionen und die Einstellgebühren einbringen.

Rein theoretisch könnte eBay etwas gegen den Ticketschwarzhandel unternehmen. Beispielsweise könnte das Auktionshaus eine Obergrenze für den Aufschlag festlegen. Es ist kein großer Aufwand, die Ticketpreise bei den Vereinen einzuholen und darauf ein Limit anzusetzen. Aber dann liefern sich die Bieter ja keine Wettkämpfe mehr und es würde die Provision schmälern. Allein mit der Verkaufsprovision aller Konzert- und Fußballkarten dürfte eBay einen Jahreserlös im einstelligen Millionenbereich erzielen.

Jeden Bundesliga-Spieltag werden pro Spielbegegnung durchschnittlich mindestens 200 Auktionen abgewickelt. Bei neun Begegnungen eines Spieltags sind das jede Saison genau 306 Fußball-Spiele.

Ungefähr 60 000 Ticketauktionen im Jahr betreffen also nur die Bundesliga. Endet jede Auktion im Durchschnitt bei 50 Euro, so erlöst eBay an Verkaufsprovision und Einstellgebühren damit schon 300 000 Euro. Champions-League, Europa-League, Länderspiele, Spezialveranstaltungen und Konzertkarten aller Art kommen natürlich noch hinzu.

Inside eBay – ein Blick auf die andere Seite

Nahezu alle Schwarzhändler kaufen die Tickets immer direkt bei Vorverkaufstart ein. Die unprofessionellen Händler erkennen Sie daran, dass sie Karten schon wenige Stunden später inserieren.

Wenn die Verkäufer dann noch in den Auktionstext schreiben: »*Bin leider an dem Tag beruflich verhindert und habe keine Zeit das Konzert zu besuchen*«, bemerkt auch der Dümmste, dass es gelogen ist.

Wer um neun Uhr morgens frisch ausgegebene Tickets einkauft und um zehn Uhr auktioniert, ist nicht gerade hell im Kopf. Denn offensichtlicher kann man Schwarzhandels-Accounts bei eBay nicht entlarven. Verkäufer, die so etwas machen, sind entweder völlig ahnungslos oder aber es fehlt ihnen die Liquidität. Sie haben alles Geld in die Karten investiert und müssen diese jetzt möglichst schnell wieder loswerden, um den nächsten Kartenstapel einzukaufen oder ihren Zahlungsverpflichtungen nachzukommen. Man darf aber nicht vergessen, dass Justiziare der Event-Veranstalter die eBay-Auktionen genau beobachten.

Einen Schwarzhandels-Account zu identifizieren ist in der Regel unmöglich. Doch wenn man Tickets nur wenige Stunden nach offiziellem Vorverkaufsstart anbietet, serviert man sich den Abmahnanwälten sozusagen auf dem Silbertablett.

Denn man kann sich nicht mehr damit herausreden, die Tickets ursprünglich für den Eigenbedarf gekauft zu haben. Ziel und Zweck war von Anfang an, die heiße Ware so schnell wie möglich wieder mit sattem Gewinn loszuschlagen. Besonders der Bundesligist Schalke 04 hat bei solchen Fällen schon zahlreiche Abmahnungen verschicken lassen.

Lange Zeit war der Handel auf eBay seriös. Doch seit der Schwarzmarkt mit viel Konkurrenz regelrecht boomt, ist auch beim Onlineauktionshaus teilweise die pure Anarchie ausgebrochen.

Immer häufiger kommt es vor, dass sich Käufer an einen Vertrag nicht mehr gebunden fühlen. Die Basar-Mentalität, Nachverhandlungen oder Psychospielchen sind für Schwarzhändler nervenaufreibender als jeder Stress mit einem Rechtsanwalt.

Im Idealfall inserieren wir Karten, jemand bietet seinen maximalen Preis, wir nennen das Bankkonto oder vereinbaren einen Übergabepunkt und liefern die Ware. Doch von dieser Idealvorstellung muss man sich zunehmend verabschieden.

Sie glauben gar nicht, mit welch unangenehmen Situationen wir schon konfrontiert wurden, die alles andere als eine reibungslose Abwicklung garantieren. Im Folgenden seien Ihnen ein paar Auszüge von Korrespondenzen gezeigt, die meine Kollegen und ich nach einer beendeten Auktion führen mussten.

Fall 1

Wir haben Fußballkarten bei eBay eingestellt, ein Käufer hat die Auktion gewonnen. Persönliche Übergabe ist vereinbart. Zu dem Zweck werden die Handynummern ausgetauscht. Ungefähr sechs Stunden vor der Übergabe kommt folgender SMS-Verkehr zustande:

```
Von: +49160923790XX (Käufer)
Hey, was ist letzte preis?
```

```
Von: +4917949012XX (Ich)
das was sie bei ebay als
auktionsbetrag geboten haben
abzgl. der versandkosten.
```

```
Von: +49160923790XX (Käufer)
sorry is mir zu teuer!
```

```
Von: +4917949012XX (Ich)
entschuldigen sie mal bitte,
den betrag haben doch sie in
der auktion GEBOTEN?!
```

Von solchen Käufern hört man danach nichts mehr. Für die ist ein Vertrag noch lange kein Vertrag. Zusagen sind oft nichts wert. Nicht selten kommt es sogar zu einer Marktschwemme, weil etliche »Kunden« so handeln und bei eBay Tickets ersteigern als gäbe es kein Morgen mehr. Es wird aber dann einfach nicht bezahlt oder nur das günstigste Gebot. Die Spinner suchen immer noch nach preiswerteren Lösungen und lassen den Verkäufer auf den Tickets sitzen.

Manche Käufer bieten absichtlich einen hohen Preis auf zehn Auktionen im vollen Bewusstsein, nur eines davon abzunehmen und die anderen neun sitzen zu lassen.

»Bieten Sie es doch dem Zweithöchsten an«, kommt dann per E-Mail als Antwort.

Manche sind richtig dreist und schicken eine detaillierte Anleitung mit, wie man einem unterlegenen Bieter automatisch ein Angebot macht. Da sind also auf der anderen Seite »Profis« am Werk, die ein solches Gebaren schon im Vorfeld einkalkuliert haben. Doch wenn ein Event nicht absolut attraktiv ist, lässt sich ein Zweitbieter oft nicht auf den Deal ein. Zu Recht wittern die Angeschriebenen eine Preistreiberei und nehmen von einem Kauf daher ganz Abstand.

Und dann gibt es die Doppelkäufer, denen das versehentlich passiert. Sie bieten ebenfalls zeitgleich auf zahlreiche Auktionen und haben das »Pech«, dass sie mehrere davon gewinnen. Statt zwei benötigten Karten haben sie dann vier oder sechs Stück ersteigert.

Natürlich entscheiden auch die sich immer für die günstigste Auktion. Denen kann man ja außerdem schlecht klarmachen, dass man hinter mehreren eBay-Konten sitzt und von den anderen Ersteigerungen weiß. Was bleibt einem da anderes übrig, als die anderen Käufe zu stornieren und wieder von vorne anzufangen?

Fall 2

Wir haben Karten eines begehrten Top-Konzerts bei eBay eingestellt, ein Käufer hat die Auktion gewonnen. Persönliche Übergabe am späten Vormittag des Konzerttags ist vereinbart. Auch hier wurden die Handynummern ausgetauscht. Ich warte über eine halbe Stunde am vereinbarten Treffpunkt, doch niemand erscheint. Das Mobiltelefon des Kunden ist ausgeschaltet. Dann trudelt eine SMS ein. Und es kommt zu folgender Korrespondenz:

> Von: +4915188294XX (Käufer)
> kann leider doch nicht zum konzert.

> Von: +4917949012XX (Ich)
> geht's noch? ich warte schon eine halbe stunde am treffpunkt. Und bitte schalten sie mal ihr handy an.

> Von: +4915188294XX
> warten sie mal kurz. es gibt eine lösung. ich gebe gleich bescheid.

> Von: +4917949012XX
> ich würde jetzt gerne mal mit ihnen sprechen. ihr handy ist immer noch aus.

> Von: +4915188294XX
> bin in einer besprechung, kann nicht telefonieren. habe aber einen käufer gefunden.

Später folgen noch weitere SMS, wo ich hingehen müsse, um den Käufer zu treffen. Ich könne ihn an einem schwarzen T-Shirt erkennen und er habe eine Sporttasche dabei.

Für wie blöde hält der Typ einen denn? Er behauptet, nicht telefonieren zu können, aber dafür schafft er es, Unmengen an SMS zu schreiben? Und innerhalb kürzester Zeit hat er plötzlich einen Käufer? Keine Frage, das sind Reseller-Typen.

Die wollen auf diese Weise günstig an die Tickets herankommen, weil sie wohl Leerverkäufe gemacht haben und jetzt dringend Ware beschaffen müssen.

Weil es keine Karten mehr auf dem freien Markt gibt, boten sie einfach bei eBay einen hohen Preis, versetzen mich nun und wollen so eine Erpressungssituation herbeiführen.

Die denken sich wohl, der Verkäufer wird die Karten wenige Stunden vor dem Konzertbeginn auch weit unter eBay-Preis abgeben, weil er froh ist, sie überhaupt losgeworden zu sein. Die so ergaunerten Karten werden dann zum Stadion mitgenommen und entweder lukrativ vor Ort weitervertickt oder aber der eigene Kunde aus dem Leerverkauf bedient.

Drei Stunden dauert es noch bis zum Konzertbeginn. Ich fahre in diesem Fall dann tatsächlich zum vorgegebenen Treffpunkt und da bestätigt sich mein Verdacht. Von den gebotenen 405 Euro will der Typ gar nichts wissen. Er habe ja schließlich nicht auf die Auktion geboten. Er bietet stattdessen an, für beide Karten 100 zu zahlen (weit unter Originalpreis!). Als ich lache, bietet er 150.

»*Ach, für den Preis geh ich selbst hin*«, sage ich und verabschiede mich.

Hätte ihm natürlich eine schöne Standpauke halten können, woher er den Typ kennt, der mich zum Treffpunkt geschickt hat. Hätte ihn fragen können, ob er mit ihm unter einer Decke steckt.

Doch statt den Typen rhetorisch in die Enge zu treiben und investigativ vorzugehen, verzichte ich darauf, eine Eskalation herbeizuführen. Vor allem, weil ich alleine bin und ich nicht einschätzen kann, wie aggressiv der Typ reagiert. Wer weiß, was er in seiner Sporttasche hat?

Natürlich dackelt er mir nach, ich solle Preise nennen. »*Dein Kumpel hatte 405 geboten – wie schaut‹s damit aus?*«, frage ich ihn abschließend im Weitergehen.

Damit lasse ich ihn stehen. Fahre dann selbst zur Arena und verkaufe dort die Karten zu einem halbwegs akzeptablen Preis. Es war zwar deutlich unter dem eBay-Gebot, aber weit oberhalb dessen, was der Komplize von dem eBay-Ersteigerer mir offerierte.

Zu Hause wieder angekommen, schieße ich noch einen spitzen Pfeil gegen den Spaßbieter, der mich am Treffpunkt stehen ließ. Per E-Mail schreibe ich ihm, dass sein Plan wohl nicht aufgegangen sei? Eine Antwort bekomme ich nicht.

Es ist gefährlich, wenn man kurz vor Eventbeginn derart versetzt wird. Deshalb erfolgt eine Übergabe an Veranstaltungstagen grundsätzlich immer in jenen Städten, wo auch das Event stattfindet. So hat man wenigstens noch eine Chance zur Arena oder Messehalle zu fahren und die Karten dort loszuwerden.

Fall 3

Wir haben Fußball-Tickets für ein sehr begehrtes Spiel eingestellt. Die Auktion läuft noch fünf Tage. Es kommt folgender Privatnachrichten-Verkehr auf eBay zustande:

Interessent: »*Hey, können wir uns auf einen Sofort-Kauf einigen? Was willst Du für die Karten haben?*«

Ich: »*200 Euro. Überweise den Betrag einfach auf folgendes Konto: Kto.-Nr. 2040XXX, BLZ 710XXXXX! Und vergiss nicht, deinen eBay-Nicknamen als Verwendungszweck anzugeben, damit ich die Zahlung zuordnen kann!*«

Interessent: »*Alles klar, ich überweise Ihnen das Geld gleich morgen! Sie können die Auktion nun herausnehmen!*«

Ich: »*Die Auktion nehme ich dann heraus, wenn das Geld auf dem Konto eingegangen ist!*«

Zwei Tage später.

Ich: »*Konnte bisher noch keinen Zahlungseingang verzeichnen! Haben Sie schon überwiesen?*«

Interessent: »*Sorry, muss am Samstag doch arbeiten!*«

Ich: »*Und seit wann wissen Sie das? Wieso geben Sie mir darüber nicht Bescheid und lassen mich auf die Zahlung warten?*«

Keine Reaktion mehr.

Ich: »*Könnte ich darauf jetzt mal eine Antwort bekommen?*«

Der Interessent stellte sich danach tot. Er hatte wohl schon anderweitig Karten für unter 200 Euro bekommen und war an meinen plötzlich nicht mehr interessiert. Da wäre es schön blöd gewesen, wenn ich die Auktion beendet hätte, so wie er das verlangte. Solange ein Deal nicht in trockenen Tüchern ist, bleibt das Inserat grundsätzlich immer online.

Mit derartigen Fällen darf man sich als Verkäufer herumschlagen. eBay kassiert risikolos die Provision, aber den Schlamassel hat der Anbieter. Man kann sich die Auktionsprovision zwar wieder gutschreiben lassen, aber wenn das öfter vorkommt, glaubt eBay womöglich, man würde gezielt Provisionen hinterziehen.

Als Verkäufer ist man in einer ganz schlechten Position, wenn einen Kunden sitzen lassen. Hinzu kommt die Selbstjustiz einiger eBay-Akteure. Immer mal wieder erhält man Privatnachrichten mit dem Hinweis zugeschickt, dass die Tickets ja gar nicht verkauft werden dürfen und man sich deswegen zu einem akzeptablen Preis einigen solle, bevor rechtliche Schritte eingeleitet werden.

Besonders ärgerlich ist auch, wenn andere eBay-Teilnehmer die Auktionstexte kopieren.

Zum einen sitzt man lange daran, Auktionsbeschreibungen prägnant zu formulieren, zu formatieren und farblich so abzustimmen, dass die relevanten Informationen direkt ins Auge fallen, damit eine höhere Zahlungsbereitschaft entsteht.

Zum anderen können solche Kopien zu einem echten Problem werden. Wer immer auch Auktionen unter die Lupe nimmt, kommt zwingend auf die Idee, dass eine organisierte Bande dahinter stecken muss, wenn mehrere Tickets unter verschiedenen Pseudonymen unter dem gleichen Auktionslayout angeboten werden.

Umgekehrt gilt das natürlich genauso. Kopierer von Auktionstexten setzen sich einem nicht unerheblichen Risiko aus. Im schlimmsten Fall kann dem Kopierer gewerblicher Schwarzhandel unterstellt werden, weil er mutmaßlich unter mehreren Pseudonymen auftritt.

Wir Profis machen das selbstverständlich nicht so. In der Regel formulieren und beschreiben wir uneinheitlich. Es gilt vielmehr zu vermeiden, dass man am Auktionslayout erkennt, welche eBay-Nicknamen zusammengehören.

Allerdings sind wir Schwarzhändler zugegebenermaßen auch keine Kinder von Traurigkeit. Es bleibt längst nicht nur beim Inserieren von Karten zu höheren als den aufgedruckten Preisen. Auch wir greifen manipulierend ins Auktionsgeschehen ein. Sind uns Preise zu niedrig, bieten wir mit Zweit-, Dritt- und Viertkonten die Preise entweder hoch, bis sie uns akzeptabel erscheinen oder ersteigern die Karten gleich selbst, um sie zu einem geeigneten späteren Zeitpunkt wieder zu inserieren. So ist sichergestellt, dass niemand zu günstig an Tickets kommt.

Auch psychologische Preisgestaltung ist für uns wichtig. Bei fast allen Lebensmitteln endet der Preis auf eine »,99«, weil das sofort die Assoziation »billig« hervorruft. Befinden sich preiswertere Auktionen mit besseren Plätzen vor unseren eigenen Angeboten, bieten wir die Preise bei diesen Auktionen in jedem Fall hoch, damit unsere eigenen keinen psychologisch nachteiligen Effekt auf Käufer haben.

Denn es macht sich nicht gut, wenn wir Karten der Kategorie 3 für 100 Euro inserieren und sowohl vor als auch nach uns bietet jemand Kategorie 1, Mitte Haupttribüne, für nur 50 Euro an. Das reduziert die Zahlungsbereitschaft der Käufer.

Manchmal gewinnen wir Auktionen, die wir eigentlich nur hochbieten wollten. Diese Tickets werden gleich wieder auktioniert. Gewinner ist nur eBay – das Auktionshaus hat dann auf ein- und dieselben Karten gleich doppelt Einstellgebühren und Provision kassiert.

2.4 Viagogo – die Profi-Plattform

Online-Auktionshäuser dominieren noch immer das Schwarzmarkt-Geschehen. Es gibt aber Internetseiten, die sich ganz auf den Zweitticket-handel spezialisiert haben.

Wie schon angedeutet, sprechen diese eine deutlich zahlungskräftigere Kundschaft an. Denn bei eBay will die gehobene Schicht gar nicht mitbieten. Zu knallig sind die Inseratstexte und die Karten sind nur ein Artikel unter vielen. Welcher Snob möchte schon zwischen gebrauchten Wärmflaschen und Schuhen die High-Class-Karten für das Top-Event suchen? Außerdem liest man oft in der Zeitung von irgendwelchen eBay-Betrügern.

Also orientiert sich diese Gruppe lieber auf Seiten, die Tickets nicht nur unter anderem verkaufen, sondern sich ganz auf den Kartenverkauf konzentrieren. Der Oberschicht ist es relativ egal, ob sie für ein 300 Euro teures Kategorie 1-Ticket auf dem Sekundärmarkt 500 oder 700 zahlt. Die Differenz ist eben die Entlohnung für die Dienstleistung der Beschaffung.

Das wird vielfach auch von den Käufern so gesehen. Wer will da schon knauserig sein? Die Mittelschicht, die schon eher auf den Euro schauen muss, ist da nicht so freigiebig. Und deshalb mehren sich zunehmend Berichte von Kunden, die sich von Viagogo geprellt fühlen. Hier sind auszugsweise Internet-Statements von aufgebrachten Betroffenen:

»FINGER WEG!!!! Habe bereits im Juli Rammsteinkarten für München als Geburtstagsgeschenk für meinen Sohn gekauft. [...] 66,50 € Kartenpreis, 5,00 € Vorverkaufsgebühr, 71,50 € Kartenendpreis. Mir wurden 211,31 berechnet. Reine Abzocke, nie wieder.«

Ein anderer beschwert sich:

»Nie wieder! Hatte dort eine Karte in der O2 Arena gebucht. Im Original hätte ich 48 € bezahlt, aber bei Viagogo 147 €. Das ist für mich ein unseriöses Geschäftsgebaren. Also Vorsicht!!!!«

Diese beiden Online-Kommentare zeigen, warum Viagogo so einen Erfolg hat. Offenbar glauben viele naive Käufer, dass die Seite tatsächlich ein offizieller oder autorisierter Ticket-Shop ist, womöglich noch vom Veranstalter.

Dass hier Privatpersonen ihre Karten wie bei eBay inserieren und den Preis von vornherein festlegen, scheinen die nicht zu begreifen. Die beiden sich beschwerenden Käufer sind dabei noch gut bedient. Normalerweise sind die Preisaufschläge viel höher.

Viagogo hat die Verkaufsprozesse komplett professionalisiert. Das Unternehmen sitzt in der Schweiz. Es beschäftigt zahlreiche Mitarbeiter, die für nahezu jedes Stadion und jede Arena einen detaillierten Sitzplan ins System eingetragen haben. Damit wird Verkäufern das Anbieten extrem vereinfacht.

Vor allem aber wirkt es dadurch wie eine normale Vorverkaufsstelle. Das ist eines der Erfolgsgeheimnisse von Viagogo. Bei eBay findet man nämlich keine Innenraumpläne der Veranstaltungslocations. Die angebotene Ware zu beschreiben geht ganz schnell, da alles in einem Webformular vorgegeben ist.

Käufer wiederum können Viagogo nutzen wie einen Ticketshop eines Konzertveranstalters, Bundesligavereins oder einer Online-Vorverkaufsstelle wie Eventim. Bevor es allerdings zu Verkäufen kommt, sichert sich Viagogo nach allen Seiten hin ab.

Mittlerweile muss man sogar den Originalverkaufspreis zwingend angeben. Offenbar haben doch viele Käufer einen Rechtsanwalt eingeschaltet und wittern Wucher.

Viagogo schreibt: »*Wir sind rechtlich dazu verpflichtet, den Käufer über den Nominalwert zu informieren.*« Um eine rechtzeitige Kartenzustellung zu gewährleisten, ist ein Verkauf von Papiertickets wenige Tage vor einem Event nicht mehr möglich. Nur E-Tickets (PDF-Dateien), die man schnell per E-Mail verschicken kann, lassen sich dort auf den letzten Drücker verkaufen. Wer doch versucht, seine Papiertickets in letzter Minute loszuwerden und sie deshalb fälschlicherweise als E-Tickets inseriert, zahlt an Viagogo eine saftige Bearbeitungsgebühr. Prinzipien lassen sich also abkaufen.

Abwicklung wie eine Treuhand-Firma

Viagogo selbst ist nicht der Anbieter von den Karten. Das ist der Hauptirrtum, dem die meisten Käufer unterliegen. Das britische Unternehmen ist lediglich ein Vermittler, ein Makler. Es bringt Käufer und Verkäufer zusammen.

Die inserierten Tickets werden hauptsächlich von ganz gewöhnlichen Privatverkäufern dort angeboten. Viagogo verdient an der Provision, so wie eBay auch. Die Firma registriert Verkäufer und Käufer und überwacht die Transaktionen. Das Geld wird erst dann an den Verkäufer ausgezahlt, wenn ein Kunde auch erfolgreich Zugang zu einer Veranstaltung erlangt hat.

Es ist im Prinzip vergleichbar mit einer Treuhandgesellschaft oder einem Notaranderkonto. So sollen Käufer abgesichert werden.

In der Werbung schreibt Viagogo, es fühle sich »*dem Verbraucherschutz verpflichtet*« und man biete »*Tickets in einem sicheren und transparenten Umfeld frei von Betrug und unseriösen Straßenverkäufern*«. Das mag so sein.

Man liest einfach zu viel über Kartenbetrüger. Und die zahlungskräftige Kundschaft will das Unternehmen nicht durch negative Kundenberichte verschrecken. Denkbar ist aber auch, dass Viagogo auf die Zinserträge scharf ist, die bei den zeitlich geparkten Geldern schnell in die Tausende gehen und auch bei wenigen Tagen Verwaltung einen kleinen Bonus ergeben.

Stellt man sechs Tickets zu jeweils 99 Euro ins System, zahlt ein Verkäufer an Viagogo 59,40 Euro Gebühr zuzüglich 19 Prozent Mehrwertsteuer. Die restlichen 523,32 Euro sind der Erlös des Verkäufers. Bei Champions-League-Final-Tickets oder Abschiedskonzerten von Top-Stars einfach alle Zahlen mit mindestens zehn multiplizieren. Interessant ist, dass die Mehrwertsteuer nur auf die Verkäufergebühr Viagogos abgeführt wird.

Den dicken Brocken auf den Weiterveräußerungsgewinn müsste der Verkäufer theoretisch selbst abführen.

Der Verkäufer hat hier allerdings ein erhebliches Problem: Die Naivität der Klienten!

Wie schon erwähnt, wundern sich viele Kunden allen Ernstes, dass sie erst bei Erhalt der Karten bemerken, dass sie den doppelten oder dreifachen Originalpreis bezahlt haben. Viagogo gibt das Geld aber nur heraus, wenn der Käufer das Event auch besucht hat und Einlass erhielt.

Denn natürlich könnten Betrüger theoretisch hunderte ungültige

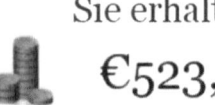

Sie erhalten:

€523,32

Preisübersicht

Ihr Preis pro Ticket:	€99,00
Anzahl der Tickets:	x 6
Gesamtpreis auf der Webseite:	€594,00
Verkäufergebühr:	€-59,40
MwSt.:	€-11,29
Sie erhalten:	**€523,32**

Tickets auf der Plattform verkaufen und sich mit dem Geld aus dem Staub machen. Gegen eine solche Treuhandabwicklung wäre ja auch nichts einzuwenden, wenn einige Kunden nur nicht so selten dämlich wären!

Denn es kam schon wiederholt vor, dass wir Tickets bei Viagogo inserierten, die selbstverständlich gültig waren, doch trotzdem bekamen wir die Auszahlung verweigert, mit der Begründung die Tickets seien ungültig gewesen. Wollte uns Viagogo etwa abzocken? Nein, die Karten waren tatsächlich plötzlich ungültig!

Was war passiert? Nach einem Tag intensiver Recherche hatten ein Kumpel und ich des Rätsels Lösung. Die naive Käuferin hatte dafür gesorgt, dass die Karten wertlos wurden. Die misstrauische Kundin rief beim Veranstalter an. Das Gespräch muss ungefähr so abgelaufen sein:

Viagogo-Kundin Frau Kleinweber: *»Guten Tag, mein Name ist Kleinweber! Ich habe gerade Karten bei Viagogo für das Take That-Konzert gekauft! Ich wollte eigentlich nur nachfragen, ob die Karten gesperrt sind?! Weil man liest ja soviel. Nicht, dass ich umsonst nach Hamburg fahre!«*

Service-Mitarbeiter vom Konzertveranstalter: *»Bei Viagogo haben Sie die gekauft? Nennen Sie mir doch mal bitte Block und Sitznummer!«*

Frau Kleinweber: *»Das ist Block 102, Reihe 35, Sitzplätze 18 und 19.«*

Service-Mitarbeiter: *»Block 102, Reihe 35, Sitzplätze 18 und 19? So korrekt?«*

Frau Kleinweber: *»Ja, genau!«*

Service-Mitarbeiter: *»Und zu welchem Preis haben Sie die gekauft?«*

Frau Kleinweber: *»450 Euro für beide!«*

Service-Mitarbeiter: *»Einen Moment! … Ja, die sind gesperrt!«*

Frau Kleinweber: *»So ein Mist! Ich hatte schon so eine Ahnung. Gut, dass ich‹s noch mal überprüft habe!«*

Service-Mitarbeiter: *»Lassen Sie sich das Geld einfach zurückerstatten!«*

Und dann hat man als Verkäufer die Scherereien, weil Frau Kleinweber so clever gehandelt hat, wie ein Bankräuber, der bei der Polizei anruft, ob man ihn denn schon ermittelt habe.

Den Veranstalter auf den Schwarzmarkt-Kauf bei gleichzeitiger Ticketidentifizierung hinzuweisen, ist wirklich das Dümmste, was ein Käufer machen kann.

Wäre die Kundin mit ihrer Begleitung einfach zur Arena gefahren, wären sie ohne Probleme durch das Drehkreuz gegangen. So aber hat sie ohne Not die Karten zu Altpapier werden lassen. Klar, dass Viagogo seine Richtlinien einhält und wir von der Kohle nichts sehen. Kein Einlass, keine Auszahlung!

Die Frau hatte uns nicht nur um den Gewinn gebracht, sondern auch um die über 200 Euro Originalpreis, die uns die Karten im Einkauf kosteten.

Als wäre das nicht schon genug, darf man sich dann noch mit irgendwelchen Drohungen wie Strafanzeigen oder ähnlichem Hickhack herumschlagen.

Es ist eine Lose-Lose-Situation entstanden – wir haben alles Geld verloren und Frau Kleinweber verpasste das Konzert. Ein reiner Schaden für alle Beteiligten.

Es war eines der ärgerlichsten Szenarien, mit denen ich mich in dem Geschäft plagen musste und Frau Kleinweber blieb nicht die einzige. Es ist ein Beispiel dafür, dass der Dummheit und Naivität mancher Leute echt keine Grenzen gesetzt sind.

Wir haben überhaupt kein Interesse daran, ungültige Tickets zu verkaufen.

Zugegeben, es tummeln sich einige dubiose Anbieter aus der Branche bei Viagogo, die äußerst spekulativ arbeiten. Im Internet beschwert sich eine Kundin:

»Bin ebenfalls eine Geprellte von Viagogo. Habe im Dezember Tickets für das Dortmund-Frankfurt-Spiel für über 300 Euro gekauft und eine Woche vor dem Spiel von einer nicht möglichen Lieferung erfahren. Ich bekam am nächsten Tag eine Antwort: Sie würden versuchen Karten zu organisieren. Freitags dann die endgültige Absage, mit der Angabe, dass sie nun mein Geld zurück überweisen würden. Dies ist nun über zwei Monate her.«

Ein anderer schreibt:

»Hab auch vor Monaten 4 Tickets für BVB-Frankfurt bestellt. Heute kommt per E-Mail die Nachricht, dass der Käufer die Tickets nicht liefern kann. War ein Weihnachtsgeschenk für meinen Vater. Bin gespannt ob wir die Karten noch bekommen. Unfassbar.«

Ein dritter aufgebrachter Kunde meint wütend:

»Ich habe über 700 € für Karten der letzten Biathlon-WM bezahlt und nie welche bekommen. Man wurde immer wieder vertröstet. Abschließend versprach man uns, die Karten einen Tag vor Beginn der Veranstaltung ins Hotel zu schicken. Wir waren für viel Geld im Hotel, Karten kamen aber auch da nie an. Geld zurück gab es auch nicht. Auf anwaltliche Schreiben wurde nicht reagiert.«

Wer die Schilderungen aus dem ersten Kapitel nicht glaubte, hat nun schwarz auf weiß die Kundenbestätigung. Die Geprellten sind schlicht Opfer von Leerverkäufen geworden!

Die Inserenten stellten bei Viagogo Karten ein, die sie zu dem Zeitpunkt noch gar nicht hatten. Die wollten sie wohl erst beschaffen.

Doch dabei begingen die Verkäufer einen gewaltigen Kalkulationsfehler. Bei dem genannten Spiel Dortmund-Frankfurt handelte es sich um ein Meisterschaftsendspiel der Saison 2010/2011. Da gingen zwei Karten bei eBay für mindestens 500 Euro weg, 700 waren keine Seltenheit. Der Typ hätte die Karten also für viel mehr Geld beschaffen müssen, als er sie vorher verkaufte. Da war es wohl die einfachste Strategie, den Viagogo-Käufer auf dem Deal sitzen zu lassen. Gewonnen hat nur Viagogo, die von den 300 Euro die Zinsen über mehrere Wochen kassierten.

Was ebenfalls gelegentlich vorkommt, ist das Abzocken durch falsche Versprechen. Der Verkäufer stellt bei Viagogo teure Sitzplatz-Tickets ein, liefert aber billige Stehplatz-Tickets.

Auch das ist aus Schwarzhändler-Sicht grober Unfug und verdirbt uns nur das Geschäft. Wenn solche Leute dann Anzeigen wegen Betrugs kassieren, findet das die volle Zustimmung der professionellen Schwarzhändler. Möglicherweise hat das aber auch den Hintergrund des Leerverkaufs.

Da hat jemand im Vorfeld teure Sitzplätze verkauft, ist aber später im Einkauf nur an Steher herangekommen. Statt das Geschäft ganz zu stornieren, liefert man einfach das, was man ergattern konnte, in der Hoffnung, es gibt keinen Ärger.

Aber es sind nicht nur die Kunden, denen durch unehrenhaftes oder gar kriminelles Verhalten ein Schaden entsteht.

Auch die Verkäufer können an Personen geraten, die im Vorfeld beabsichtigen, die Anbieter zu betrügen.

Frau Kleinweber hat in dem vorhin beschriebenen Beispiel durch Dummheit die Gültigkeit ihrer Karten eingebüßt.

Manche Käufer kommen hingegen auf ganz absurde Ideen. Sie kaufen Karten bei Viagogo, gehen zu einem Konzert, und behaupten hinterher, sie hätten die Tickets nicht bekommen und fordern dann das Geld zurück. Da Käuferschutz besteht, erstattet Viagogo das Geld dem Käufer und der Verkäufer bleibt auf dem Schaden sitzen. Alles schon vorgekommen.

Wir Profis sichern uns gegen solche Machenschaften mittlerweile ab. Jedes erworbene Ticket scannen wir grundsätzlich ein und speichern es im Computer. Wir können genau nachvollziehen, wer wann zu welchen Konditionen eine bestimmte Karte erhalten hat.

Liefern wir Karten persönlich aus, werden die teuren Sendungen nur mit Fotobeweis zugestellt. In dem Moment, wo wir den Umschlag in den Hausbriefkasten einwerfen, werden akribisch Datum und Uhrzeit notiert sowie ein Bild mit dem Smartphone gemacht. Behauptet Herr Heinmöller dann, er habe die Tickets nie bekommen, genügt ein Anruf beim Veranstalter, ob das Ticket zu Block 25, Reihe 32, Sitzplatznummer 3 das Eingangsdrehkreuz passierte. Ist das der Fall, sitzt er in der Tinte. Es lässt sich dank ausgefeilter IT am Stadion genau nachweisen, ob jemand schwindelt.

Besonders absichern will sich natürlich Viagogo selbst. Vor allem gegenüber den Verkäufern. Denen müssen sie ja schließlich das Geld auszahlen. Hat ein Kunde Regressansprüche, macht er sie immer gegenüber Viagogo geltend.

Da die Kunden das Portal gar nicht als Ticketbörse wahrnehmen, fühlen sich die Käufer als Vertragspartner von Viagogo. Anders als bei eBay gibt es keine gegenseitigen Kundenbewertungen. Aus diesem

Grund zwingt Viagogo die Verkäufer dazu, die Kreditkartendaten zu hinterlegen.

»Es liegt uns sehr viel daran, den Ruf des Sekundärmarkts zu verbessern. Deshalb halten wir uns strikt an unsere Garantie«, schreibt Viagogo in einem Statement.

Verkäufer dürfen den Kartensendungen außerdem kein Werbematerial beilegen. Wer den Tickets irgendwelche Broschüren, Visitenkarten, Lesezeichen, Gutscheine oder Flyer beifügt, bekommt das Geld ebenfalls nicht ausgezahlt. Auf diese Weise vermeidet das Unternehmen, dass die Wahrnehmung als Ticketshop verloren geht, obwohl es offiziell nur als Vermittler auftritt.

Sie sehen: Die Verkäufer können zwar bei Viagogo einerseits eine zahlungskräftige Käuferklientel erreichen, dennoch bleiben die Händler dort kurz angebunden. Die Abwicklung ist für die Verkäufer weitaus risikoreicher als für die Kunden, auch wenn das auf den ersten Blick umgekehrt aussehen mag, weil sich im Internet deren Beschwerden häufen.

Dabei ist Viagogo theoretisch auf die Verkäufer angewiesen. Ohne Karten kein Geschäft. Aber grau ist alle Theorie.

Es gibt mittlerweile sehr konkrete Hinweise, dass Viagogo sich längst nicht mehr mit den Provisionen zufrieden gibt. Zu verlockend ist es, sich die fetten Schwarzmarkt-Margen mit einzustreichen. Britische Reporter enthüllten in der Dokumentation »The Great Ticket Scandal«, was wir in der Branche schon länger vermuteten: Das Unternehmen unterhält offenbar Kontakte zu Zwischenhändlern und Funktionären, die Karten beschaffen. Manche Angestellte von FIFA, UEFA oder gar Vereinen sind gegen einen stattlichen Betrag gerne dazu bereit, größere Kartenkontingente an Plattformen wie Viagogo weiterzuveräußern.

Netzwerke sind bares Geld wert. Wer Kontakte zu korrupten Spitzenmanagern der Eventveranstalter hat, ist quasi der König unter den Schwarzhändlern.

Bleibt noch die Frage offen, warum die Kunden überhaupt bei Viagogo kaufen. Denn rein theoretisch dürften sich die Preise dort nicht durchsetzen lassen. Schließlich muss man als Verkäufer zehn Prozent Provision abführen. In der gezeigten Viagogo-Beispielrechnung sind das immerhin gut 60 Euro. Würde man diesen Preisvorteil bei kostenlosen

Kleinanzeigen-Portalen an Kunden weitergeben, dann müssten doch die Käufer grundsätzlich immer dort kaufen, oder?!

Doch Sie werden staunen: Wenn wir zwei Karten der gleichen Kategorie für 500 Euro bei Viagogo inserieren und für 400 Euro bei kleinanzeigen.ebay.de, dann verkaufen wir die bei Viagogo viel schneller.

Es kommt sogar vor, dass wir die Inserate bei den kostenlosen Portalen abbrechen und lieber bei Viagogo hineinstellen, weil dort wenigstens ein Absatz möglich ist. Aber warum verhalten sich Käufer so irrational?

Ein Kollege aus der Branche, der auch in Immobilien macht, erklärte es mir so: Bietet eine Privatperson ein Haus für 250 000 Euro an, melden sich etliche Interessenten, die es für 150 000 Euro kaufen wollen. Bietet man das gleiche Haus hingegen für 300 000 Euro bei einem Makler an, verkauft der es irgendwann für diesen Preis. Als Privatanbieter lockt man automatisch viele Käufer an, die glauben, eine vermeintliche Unerfahrenheit ausnutzen und ein Schnäppchen auf Kosten des Anbieters machen zu können. Bei einem Makler traut sich das niemand. Hier gehen die Käufer im Vorfeld davon aus, dass das Haus sachverständig geprüft wurde und wagen es deshalb nicht, unrealistische Preisverhandlungen zu starten. Es ist zwar das gleiche Haus, aber offenbar mehr wert, wenn es eine vertrauenswürdige Instanz anbietet.

Genauso verhält es sich bei Eintrittskarten. Viagogo wirbt sogar in Bundesligastadien für seine Geschäfte. Käufer assoziieren damit automatisch Vertrauenswürdigkeit.

Stellen Sie sich einfach vor, der Name eines Luxus-Bordells würde nur lange genug auf Werbebanden zu sehen sein. Irgendwann wäre das Geschäft vollkommen gesellschaftlich akzeptiert und bloß eine Werbung unter vielen.

3 Das lukrative Event Fußball

König Fußball regiert die Welt. Ob Bundesliga, Europapokal, Champions League oder Europa- und Weltmeisterschaften – die ganze Nation ist aus dem Häuschen, wenn das Runde ins Eckige muss. Seit der WM 2002, als Deutschland überraschend Vize-Weltmeister wurde und vor allem seit 2006, als die WM im eigenen Land stattfand, sind hierzulande viel mehr Personen vom Fußballfieber angesteckt. Bei wichtigen Länderspielen schaut fast die ganze Nation zu und macht Party.

Für Schwarzhändler einfach fantastische Zustände! Mehr Kundschaft, mehr Gerangel um Tickets! Für zwei Pokal-Finalkarten der besten Kategorie wird auch schon mal der Gegenwert eines neuen Kleinwagens geboten. Deswegen sind viele Fußball-Feste eine wahre Goldgrube.

Fußball ist mit Emotionen beladen. Wahre Fans zittern und leiden 90 Minuten mit ihrem Team. Um so verärgerter sind viele traditionelle Anhänger über Zweitticketgeschäfte. eBay und Viagogo werden in Fanforen im Internet regelrecht verteufelt. Die meisten Foren verbieten sogar ihren Nutzern, Weblinks zu Schwarzmarktauktionen zu setzen.

Wer aber keine Dauerkarte hat oder Fan eines Vereins mit geringem sportlichen Erfolg ist, muss sich zwingend auf dem Sekundärmarkt umschauen, wenn er bei begehrten Spielen dabei sein will. Weil das immer häufiger vorkommt und die Preise auf dem Schwarzmarkt teilweise in die Tausende gehen, sind Vereine zunehmend schärfer dahinter, die Zweittickethändler beim Kartenbezug außen vor zu lassen.

Dabei würde es schon helfen, vor der eigenen Haustüre mit dem Kehren anzufangen. Etliche Karten werden von Offiziellen aus dem Verkaufsprozess ausgeschleust und gehen von dort aus an uns Schwarzhändler. Ein guter Bekannter von mir und absoluter Top-Profi hat ein regelrechtes Netzwerk aus solchen direkten Zulieferern aufgebaut. Damit lässt sich prächtig verdienen. Exklusive Kontakte sind Gold wert.

Es stellt sich natürlich zunächst die Frage, warum diese Zulieferer die Karten an uns Schwarzhändler weiterreichen, anstatt sie selbst weiter zu veräußern? Nun, weil sie ihren Job nicht verlieren wollen! Selbst ein paar tausend Euro sind kein Anreiz, eine sichere Arbeitsstelle aufzugeben. Fliegt ein Deal auf, kann sich der Vereinsmitarbeiter immer noch damit herausreden, die Karten zum Originalpreis weitergereicht und von allem nichts gewusst zu haben.

Tickets zu verkaufen ist allerdings kein Selbstläufer, auch wenn das auf den ersten Blick so aussehen mag. An Spieltagen und Konzerten müssen wir samstags und sonntags schon um sechs Uhr früh aufstehen. E-Mails checken, Telefonate führen, Zahlungseingänge überprüfen und vieles mehr. Die »Büroarbeit« ist also schon in aller Frühe im Gange. Bei einer solchen Koordinierung und Abwicklung ist Logistik gefragt.

Vor allem die Vereinbarung von Tickethinterlegungen ist aufwendig und zeitraubend. Die Bahn stellt sich grundsätzlich stur. Briefumschläge bei einem Infopoint im Bahnhof zu hinterlegen macht das Unternehmen oft nicht einmal bei seinen eigenen Fahrkarten. Häufig muss die Abwicklung deshalb in Hotels erfolgen, die rund um die Uhr geöffnet sind. Insofern wären geringfügige Ticketaufschläge gerechtfertigt, immerhin wird einiges an Arbeit aufgewendet.

Mittlerweile haben wir vermutlich bessere Kundendatenbanken als so mancher Bundesliga-Verein. Denn bei uns konzentrieren sich in den Datenbeständen jene Käufer, die eine hohe Zahlungsbereitschaft an den Tag legen.

Allerdings bedienen wir auch einige Kunden, die bei den Vereinen gar nicht zum Zuge kommen würden.

Personen mit Stadionverbot stehen bei Bundesligisten auf dem Index, bei uns nicht. Wir verkaufen grundsätzlich an jeden.

Der Handel mit Fußballkarten ist das Hauptgeschäft aller Schwarzhändler und birgt eine Menge Spannung. Deswegen ist dem Bereich auch das größte Kapitel in diesem Buch gewidmet.

Es gibt allerdings nicht allzu viele Bundesligavereine, mit deren Eintrittskarten sich gute Geschäfte machen lassen. Im Prinzip sind es oft nur die Spitzenreiter wie der FC Bayern München, Borussia Dortmund, der FC Schalke 04 sowie einige Traditionsvereine mit einer soliden Fanszene, die einem gute Gewinne bescheren.

Für eine Bundesliga-Begegnung TSG 1899 Hoffenheim gegen VfL Wolfsburg interessiert sich kein Kartendealer, weil sich auch die Fans nicht in großem Ausmaß dafür interessieren. Von beiden Vereinen reist kaum eine vierstellige Fananzahl zu Auswärtsspielen. Auch die Heimspiele sind in den seltensten Fällen ausverkauft.

Bei Dietmar Hopps TSG Hoffenheim gehen sogar Stehplätze des eigenen Heimfanblocks oft für weniger als den Original-Verkaufspreis bei eBay weg.

Aufstiegs- oder gar Meisterschaftsspiele versprechen hingegen satte Gewinne, egal, welche Teams daran beteiligt sind. Mit Karten von Fortuna Düsseldorf lässt sich auf dem Schwarzmarkt kein Gewinn machen. Bei Relegationsspielen sieht das hingegen anders aus.

Als 2012 die Rheinländer das alles entscheidende Aufstiegsspiel gegen Hertha BSC Berlin bestritten, stiegen die Stehplatz-Ticketpreise von originalen 22 auf über 240 Euro.

Über eintausend Prozent Aufschlag für ein Zweitliga-Spiel!

Es gab mal eine Zeit, da war der Schwarzhandel direkt vor dem Stadion am lohnendsten. Die ist längst vorbei.

Bundesligisten müssen sich außer bei Top-Spielen nicht mehr darum sorgen, dass im großen Stil zu überhöhten Preisen vor dem Stadion verkauft wird.

In der Regel stehen sich die Anbieter dort die Beine in den Bauch, bis jemand vorbeikommt, der noch ein Ticket braucht. Die Interessenten gehen außerdem oft erst zur Tageskasse, fragen nach, was noch verfügbar ist und erst wenn es dort nichts günstiges mehr gibt, kommen sie zu den Dealern zurück.

Von den Last-Minute-Combos haben Sie ja schon erfahren – das sind die Nieten der Branche. Ein Spieltag muss sich für solche Stadion-Ticketverkäufer so lohnen, dass sie auch nach Anpfiff mit Restkarten nach Hause gehen und diese dann schlicht entsorgen können.

Die Zeiten, wo Zuschauer ohne Karte zur Tageskasse gehen und sich gemütlich ihren Block aussuchen konnten, sind weitgehend vorbei. Viele Stadiongänger halten längst im Vorfeld des Events ihre Eintrittskarte in den Händen.

Die meisten beziehen ihre Karte Wochen vorher über das Internet, mit der sie dann auch gleichzeitig per ÖPNV anreisen können. Aufgrund dieser Marktentwicklungen gibt es nur noch wenige Gelegenheitskäufer, zum Nachteil für die Last-Minute-Combos. Außerdem ist das Risiko deutlich erhöht.

Schwarzhandel von Angesicht zu Angesicht ist riskant. Die Wahrscheinlichkeit der Nachverhandlung ist hier am größten.

Am risikoreichsten ist jedoch, dass irgendjemand petzt und Verantwortliche informiert, dass da jemand Karten zum höheren Preis vertickt.

Kein Zwanni für'n Steher? Das war mal!

Während die Fußballfans ihre Leidenschaft immer noch als Arbeitersport betrachten, ist von den alten Sportplätzen nicht mehr viel zu sehen. Heute befinden sich dort stattdessen Luxus-Arenen.

Die Stehplätze in den Stadien wirken fast wie ein historisches Relikt aus alten Zeiten. Und viel bringen sie den Vereinen nicht. Es ist aus Sicht der Klubs eine Goodwill-Aktion, die Fans für wenig Geld stehen zu lassen. Schließlich könnte man die Plätze auch mit Stühlen ausstatten und noch teurer an irgendwelche Event-Fans verkaufen, so wie das bei internationalen Fußballspielen schon passiert.

Fans, die regelmäßig ins Stadion pilgern und sich auch zweitklassige Begegnungen mit voller Hingabe zum Verein anschauen, sind natürlich verärgert, wenn sie mittlerweile zwanzig Euro für 90 Minuten Fußball im Stehen bezahlen sollen.

Aus dem Grund boykottierten im September 2012 rund 700 Anhänger von Borussia Dortmund das Spiel gegen den HSV, weil der es wagte, 19 Euro für einen Stehplatz zu verlangen. Gleiches passierte beim Rhein-Main-Derby Eintracht Frankfurt gegen den FSV Mainz 05. Hier wollten die Frankfurter ebenfalls einen so genannten Topzuschlag kassieren und erhöhten die Stehplatzpreise auf 19 Euro.

Verärgerte Mainzer schrieben einen Offenen Brief, in dem sie sich für die Zukunft einen Stadionboykott vorbehalten.

Diese Entwicklung von einst billigen zu teuren Stadionplätzen ist es auch, die den Begriff »*Arbeitersport*« per se ad absurdum führt.

Stehplätze sind bei vielen gutbetuchten Eventies besonders begehrt. Bei eBay wird für Stehplatzkarten prozentual am meisten geboten. Kosten diese im Einkauf zwischen zehn und 16 Euro, gehen diese bei Top-Begegnungen gut und gern für 80 Euro weg.

500 Prozent Aufschlag sind hier keine Seltenheit. Da ist es nur eine logische Folge, dass sich die Vereine sagen: Warum nicht die Preise selbst erhöhen?

In der englischen Premier League stieg in den vergangenen zwei Jahrzehnten der Altersdurchschnitt der Fans um zwanzig Jahre an. Grund ist nicht etwa das Desinteresse der Jugend an Live-Spielen. Schüler und Studenten können sich einfach die exorbitant hohen Original-Ticketpreise in Großbritannien nicht mehr leisten.

Das Antizipations-Spiel

Brenzlig wird es für uns Reseller, wenn ein Überangebot an Schwarzmarkt-Karten vor dem Stadion entsteht. Manche Personen haben einen Riecher dafür, wann sie auf Kosten von Schwarzmarkthändlern zum Schnäppchenpreis ins Stadion gehen können. Die Wartenden zeigen oft erstaunliche Geduld. Selbst zehn Minuten nach Spielbeginn feilschen sie mit den verbliebenen Händlern um Karten. Damit zeigen sie, nicht um jeden Preis dabei sein zu wollen. Es ist ein Spiel – wer hat mehr Durchhaltevermögen?

Natürlich werden Sie nun einwenden, wenn ein Spiel schon begonnen hat, sollte man doch jeden gebotenen Preis akzeptieren, bevor man mit wertlosen Karten nach Hause geht.

Doch so denken wir nicht. Sonst stehen wir am nächsten Spieltag vor derselben Situation. Das Spiel ist vergleichbar mit Obsthändlern auf dem Wochenmarkt. Auch sie müssen Marktwoche für Marktwoche ihre nicht verkauften Früchte entsorgen. Um das zu vermeiden, senken einige von ihnen um kurz vor 14 Uhr massiv die Preise. Das mag zwar noch etwas Geld einbringen, aber es ist eben auch gefährlich.

Am Ende kauft nämlich niemand mehr zu regulären Preisen und alle warten lieber bis zum Marktschluss.

Klar ärgert sich ein Schwarzhändler, wenn er auf Karten sitzen bleibt. Aber ein Käufer muss sich hinterher mehr ärgern, dass er nicht einen

Zehner mehr geboten hat. Beim nächsten Mal legt er dann vielleicht eine höhere Zahlungsbereitschaft an den Tag. Wobei diese Denkweise heikel ist, denn viele haben einfach nicht mehr Geld, selbst wenn sie mehr bezahlen wollen.

Im vergangenen Kapitel wurden die wichtigsten Absatzwege vorgestellt. In diesem Kapitel erfahren Sie einige Hintergründe über den Bezug der Karten und vor allem zahlreiche Besonderheiten, die es bei einzelnen Fußballvereinen zu beachten gilt. Das kann bei jedem Sportverein und -ereignis unterschiedlich sein.

3.2 FC Bayern München

Bei Karten des FC Bayern gibt es eine Schwarzmarkt-Grundregel: Hast du die Gelegenheit, etwas zum Originalpreis zu bekommen, aufkaufen! Selbst wenn es ein Stehplatz mit Sichtbehinderung direkt vor den Toiletten ist. Denn die Tickets vom »Stern des Südens« werden auf dem Zweitticketmarkt zu Höchstpreisen aus den Händen gerissen. Erfolg zieht eben Anhänger an.

Der FC Bayern München ist einer der begehrtesten Fußballclubs Europas und der einzige der Bundesliga, dessen 17 Heimspiele seit Jahren immer restlos ausverkauft sind. Die Münchner verzeichnen Fanclubs auf Rügen, in Südtirol und auch in zahlreichen Regionen anderer Nachbarländer Deutschlands. Die Allianz-Arena fasst aber »nur« 75 000 Zuschauer.

Wann immer hochkarätige Spiele anstehen, liegt an Bestellungen meist ein Vielfaches der verfügbaren Sitzplatzanzahl vor. Dabei weist das Fröttmaninger Stadion nach Borussia Dortmunds Signal-Iduna-Park und der Hertha BSC Heimstätte Berliner Olympiastadion die drittgrößte Stadionkapazität Deutschlands auf. Trotzdem ist die Warteliste extrem lang. Viele Fans haben oft keine Chance, an Karten für Bayern-Spiele zu gelangen, wenn sie nicht bedeutend höhere Preise bezahlen als die Karten im Original kosten.

Es relativiert sich allerdings etwas, wenn man bedenkt, dass eine gut fünfstellige Anzahl an Kartenbestellungen von uns Schwarzhändlern stammt. Bei begehrten Champions-League-Spielen habe ich selbst schon ganze Sonntage damit verbracht, Ticketbestellungen auszuführen. Werden von einhundert oder zweihundert Bestellungen nur drei oder vier davon bedient und Karten zugelost, hat sich der Aufwand schon gelohnt. Denn das verspricht bei eBay glatt einen vierstelligen Umsatz.

Der FC Bayern ist aus Marketingsicht ein echtes Phänomen und wurde vom FOCUS nicht umsonst als »*FC Supermacht*« bezeichnet. Um Kundschaft braucht sich der Verein keine Gedanken zu machen. Bei so viel sportlichem Erfolg ist die Auslastung des Stadions ein reiner Selbstläufer. Der Verein ist die wichtigste Hauptattraktion in ganz München.

Da Fußball immer mehr Party- und Eventcharakter angenommen hat, kann man den Begriff »*Arbeitersport*« beim FC Bayern längst nicht mehr anwenden. In den VIP-Logen sitzen bei einem Champions-League-Halbfinale gegen Barcelona immer häufiger Personen, denen es gar nicht um Fußball an sich geht, sondern um die Teilnahme am Society-Leben.

Sehen und gesehen werden ist hier das Motto. Viele vermögende Eventies können zwar kein Abseits erklären, sind aber trotzdem bereit, für 90 Minuten Zuschauen auch mal 5 000 Euro und mehr auf den Tisch zu legen. Das gibt es in Deutschland im Prinzip nur beim FC Bayern. Deshalb entstehen dort interessante Situationen rund um den Schwarzhandel, die bei anderen Vereinen nicht auftreten.

Sportlicher Erfolg ist aber nicht in Stein gemeißelt, er verändert sich ständig. Manchester United in der englischen Premier League kann davon ein Lied singen. Jahrelang hatte der Spitzenklub ein Abonnement auf die Meisterschaft, heute befindet er sich eher im Abrutsch ins Mittelfeld der Liga.

Steigt ein Verein ab, zieht das oft tausende Dauerkartenkündigungen nach sich.

Das ist die Kaufzeit für uns Schwarzhändler. So kamen wir beispielsweise an ein größeres Dauerkarten-Kontingent des FSV Mainz 05, welches sich alleine schon mit dem Spiel gegen den FC Bayern wieder amortisiert.

Beim FC Bayern würde eine sportliche Durststrecke ohne Titelgewinne ebenfalls zahlreiche Dauerkarten-Kündigungen nach sich ziehen.

Wer jetzt mit dem Kopf schüttelt, ist entweder extrem optimistischer Bayern-Fan oder hat keine Ahnung.

Die letzte echte sportliche »Talfahrt« der Münchner, so man sie denn als solche bezeichnen kann, gab es unter Trainer Giovanni Trapattoni. Die 90er Jahre gehörten sportlich dem Rivalen Borussia Dortmund.

In der Saison 1994/95, als der FC Bayern München nur Tabellensechster wurde, ereignete sich eine Begebenheit, die mich in Bezug auf Eintrittskarten irgendwie schockierte.

Schon damals waren viele »Eventies« Bayern-Anhänger, die immer nur dann zufrieden waren, wenn ihr Klub siegte.

Ein damaliger Schulfreund berichtete mir seinerzeit, wie er spätabends nach einem Live-Spiel des FC Bayern mit seinen Eltern noch in einem schicken Restaurant war. Es war kühles Winterwetter und der FC Bayern hatte zu Hause gegen den MSV Duisburg vor halb ausverkauftem Haus wieder mal nur Unentschieden gespielt.

Da stand abends im Restaurant ein Mann mit Anzug und Krawatte auf und rief durch den Raum: »*Leute, das hier sind VIP-Dauerkarten von Bayern!*«, nahm ein Feuerzeug und verbrannte vor den Augen aller Gäste die beiden wertvollen Tickets. Ein paar Leute sollen dabei blöde gejohlt und geklatscht haben. Mein Freund hingegen war schockiert und rief mich noch damals sehr spät nach Mitternacht an, um mir davon zu berichten.

Ich konnte das Erzählte erst nicht glauben, aber als mir seine Eltern später alles bestätigten, war ich völlig entsetzt. Abends lag ich oft im Bett und malte mir vor dem Einschlafen aus, wie es wohl gewesen wäre, wenn ich nur irgendwie diese zwei Bayern-VIP-Karten bekommen hätte.

Natürlich nicht, um sie zu verkaufen sondern um sie selbst zu nutzen. Der enttäuschte Typ wollte doch einfach die Karten nur los sein, oder? Statt so etwas Wertvolles zu verbrennen, hätte er sie ja auch verschenken können. Meine Freundin, die ich im Sommerurlaub kennen lernte, war FC Bayern-Fan. Ein Traum, mit ihr mal für ein Spiel in die VIP-Loge zu gehen.

Und der Sack verbrennt so etwas einfach?! Für mich war der Typ aus dem Restaurant das personifizierte Böse. Ein Erzfeind, dem man nie begegnete. Jemand, den man hasste, obwohl man ihn nie kannte. Mich ließ das einfach nicht los. Ich rief als kleiner Knirps damals sogar beim FC Bayern an und fragte was VIP-Dauerkarten kosten. 3 000 Mark waren es glaub ich pro Stück. Die Frage, wie jemand 6 000 Mark einfach verbrennen kann, verstärkte den Eindruck des Berichts noch.

Erst viel später realisierte ich, dass der Typ die Karten doch nicht einfach nur los sein wollte, sondern den großen Auftritt suchte. Sich sozusagen für eine Minute selbst zum Event machte und unbeabsichtigt unschuldige Kinder traumatisierte. Im wahrsten Sinne, denn ich habe nachts diese Restaurant-Szene tatsächlich mal geträumt.

Mit der Zeit verflog das Drama. Vielleicht hat der Typ sich vom Verein neue Tickets ausstellen lassen, indem er flunkerte, er habe seine verloren. Der Gedanke kam mir erst einige Jahre danach. Vor allem maß ich dem Ganzen keine große Bedeutung mehr zu, weil ich erwachsener wurde und mir irgendwann selbst VIP-Dauerkarten leisten konnte, wenn ich das denn wollte.

Und mir verfielen als professioneller Zweittickethändler auch schon viele Karten von anderen Vereinen und großen Events. Ob eine Karte verfällt oder man zu einem Feuerzeug greift und sie verbrennt, macht keinen großen Unterschied.

Und was tun einem Tausende weh, wenn man Zehntausende verdient? Wenn man sehr viel Geld macht, wie wahrscheinlich der Typ aus dem Restaurant, dann kann man sich solch einen Auftritt leisten.

Heute ist Kartenverbrennen beim FC Bayern ein heimlicher Sport unter vielen gutbetuchten Eventies. Allerdings eher virtuell. Seit der WM 2006 sind in Deutschland überall vorwiegend Plastikchipkarten im Einsatz. Viele FC Bayern-Eventies wollen aber von 17 Heimspielen nur drei sehen. Darunter die Spiele gegen Dortmund, Schalke und vielleicht noch ein Team, das gerade in der Tabelle in den Champions-League-Rängen steht. Spiele wie gegen Wolfsburg oder Hoffenheim lassen viele Dauerkarteninhaber einfach verfallen, obwohl sie dafür bezahlt haben.

Dabei handelt es sich nicht um Einzelfälle, sondern der Verein mahnte bereits an, dass er den Inhabern die Dauerkarte kündigt, sollten sie nicht endlich mehr Spiele besuchen.

Es ist ein Paradoxon, dass ausgerechnet dem sportlich erfolgreichsten Verein einerseits die Zuschauer die Bude nach Tickets einlaufen und andererseits der Klub seine Kundschaft ermahnen muss, doch bitte seine Spiele zu besuchen.[1]

Diese Entwicklung stützt meine Mutmaßung, würde der FC Bayern wieder sportlich über einen längeren Zeitraum im Mittelfeld landen und sich viele illoyal abwenden, dass dann die eine oder andere Plastikdauerkarte ebenfalls eingeschmolzen wird, so wie in den Neunzigern die Papierkarten im Restaurant brannten.

Aber bis es dazu kommt, fließt ohnehin noch eine Menge Wasser den Fluss hinab. Die Gegenwart ist für uns Schwarzhändler entscheidend. Und die ist für den FC Bayern glänzend. Selbst Rückschläge werden noch zu Gold.

Denn egal, wie man zum FC Bayern steht – der Ehrgeiz etwas zu erreichen, ist beispielhaft. Jeder kennt im Leben Rückschläge und Demütigungen. Doch man darf sich davon nicht unterkriegen lassen und muss wieder aufstehen. Diese Einstellung führte beim FC Bayern zu zwei Champions-League-Titelgewinnen.

Die dramatische Niederlage gegen Manchester United 1999, als in den letzten drei Minuten des Spiels der sicher geglaubte Titel verpuffte, führte Bayern zwei Jahre später gegen Valencia zum Titelgewinn. Zu diesem Zeitpunkt legten die Münchner die Wende für eine neue supererfolgreiche Ära, sowohl sportlich als auch finanziell.

Noch dramatischer war das »*Finale dahoam*«. 2012 gab es eine Euphorie, wie wir Schwarzhändler sie uns größer nicht wünschen konnten. Die Spieler kannten nur eine Mission: Im Finale im eigenen Stadion auf dem Rasen dabei sein. Selbst die Münchner Philharmoniker spielten eine Variation auf die Champions-League-Hymne als Ode an den FC Bayern.

Die Münchner erreichten dann tatsächlich das Champions League-Finale. Ausgerechnet gegen Erzrivale Chelsea London. Dieser Klub ist für viele Münchner ein rotes Tuch, denn in München nimmt man für sich zurecht in Anspruch, sich den Reichtum hart erarbeitet zu haben. Chelsea hingegen ist das prominente Beispiel für Neureichtum und hat den Ruf als Investorenspielzeug. Die Londoner ziehen aber trotz ihrer wettbewerbsverzerrenden Abramowitsch-Millionen einen Haufen internationaler »Eventies« als Anhänger an, auch wenn man sich das nicht vorstellen mag. Vor allem viele Japaner und Chinesen gönnen sich Flüge nach London, nur um Spiele von Chelsea zu sehen. Deshalb war klar, dass es ein unglaubliches Gerangel um Karten für das »Finale dahoam« geben würde.

Was dann abging, sprengte alle Erwartungen. Ein solches Champions-League-Finale im eigenen Stadion gibt es alle 30 Jahre vielleicht einmal. Müßig zu erwähnen, dass viele Bayern-Anhänger ihr letztes Hemd gegeben hätten, nur um am 19. Mai 2012 abends live dabei zu sein.

1,15 Millionen Bestellungen gingen beim FC Bayern München ein. Hinzu kam, dass bei internationalen Begegnungen keine Stehplätze existieren und sich die Zuschauerzahl auf 66 000 verringert. Weil aber zusätzlich ein riesiger Medienandrang vorherrschte, wurde die Kapazität für die Zuschauer noch mal reduziert auf nur noch 62 500 Sitzplätze. Für alle Fans standen demnach nur noch insgesamt 35 000 Karten zur Verfügung, die unter dem FC Bayern München und Chelsea London aufgeteilt wurden.

Der FC Chelsea verkaufte sein Kontingent nur an Jahreskarteninhaber. 7 000 weitere Finaltickets gingen über die UEFA in den freien Verkauf – denen standen 231 000 Bestellungen gegenüber. Die restlichen 20 500 Karten wurden nach einem komplizierten Verteilungsschlüssel an Mitglieder der UEFA sowie Sponsoren verteilt.

Manche Verzweifelte wählten kuriose Wege, um an Finalkarten zu kommen. Sie schrieben zum Beispiel an Uli Hoeneß Briefe. Der FC-Bayern-Präsident berichtete, diese würden ihm sehr zusetzen. *»Da ist der 76-Jährige, der mir schreibt, er werde es nie mehr erleben: ein Champions League-Finale in München, und er bekommt kein Ticket.«*

Oder, anderer Fall: *»Der Fan aus Tunesien, der bisher bei jedem Finale der Bayern war«*, so Hoeneß.

Bloß: Welcher Brief ist echt und welcher eine Strategie von uns Schwarzhändlern, um so an Tickets zu kommen?

Großer Andrang herrschte auch im Münchner Olympiapark beim UEFA Champions Festival und anschließenden Public Viewing im Olympiastadion, für das 65 000 Tickets verkauft wurden. Selbst für diese Veranstaltung gab es kurz vor Spielbeginn einen Schwarzmarkt: Tickets im Wert von fünf Euro wurden für 50 Euro verkauft.

Die Theresienwiese, wo 30 000 Fans zum Public Viewing erwartet wurden, war ebenfalls im rot-weißen Rausch. Einige Fans saßen weinend vor den Eingangstoren, weil sie keinen Einlass mehr erhielten.

Die Ticket-Schwarzmarktpreise schossen in die Höhe. Bis zu 8 000 Euro wurden für zwei Karten auf den Haupt- und Gegentribünen bezahlt. Einzelkarten gingen immerhin noch für bis zu 3 500 Euro weg.

Doch der FC Bayern hatte drastisch vorgesorgt. Die Karten waren Mitgliedern zugelost und mit dem Namen personalisiert. Wer also im Internet

Das lukrative Event Fußball • 75

verkaufte, musste damit rechnen, dass die Käufer die Daten an den FC Bayern übermitteln und dadurch mit einem lebenslangen Bezugs- und Vorverkaufsverbot belegt wurde. Den professionellen Schwarzhändlern konnte das ganz egal sein. Denn sie arbeiten ohnehin oft unter völlig falschen Namen. Kauft man einfach später beim FC Bayern die Tickets unter dem Namen Reiner Schmidt, wenn der Name Wolfgang Müller gesperrt ist. Die registrierten Mitglieder hingegen mussten nicht nur die lebenslange Verkaufssperre fürchten, sondern auch den Ausschluss aus dem Verein.

Der FC Bayern animierte im Vorfeld kräftig dazu, die Daten von Schwarzhändlern zu übermitteln. Die Betroffenen sollten dazu dem Verein den E-Mail-Schriftverkehr übermitteln und alle Unterlagen (Kopie der Karte, Zahlungsbeleg, etc.) zusenden.

»Dank eurer Hilfe und unserer eigenen Recherchen ist es uns gelungen, knapp 2/3 aller eBay-Angebote mit Tickets aus unserem Kontingent zu identifizieren«, schrieb der FC Bayern auf seiner Facebook-Seite.

Ich will den offiziellen Zahlen nicht widersprechen, sie können durchaus stimmen, ich halte sie aber für zu hoch.

Es war ohnehin sehr schwierig, an derlei Tickets zu kommen, so dass professionelle Schwarzhändler sich zwar hier schon bei wenigen Karten eine goldene Nase verdienen konnten, aber der Beschaffungsaufwand eben doch recht hoch war.

Ich selbst hatte zwei Karten für das Finale direkt bekommen und verkaufte sie für knapp 5 500 Euro. Weitere vier Karten kaufte ich zum »Schnäppchenpreis« für 1 800 Euro zu einem frühen Zeitpunkt selbst auf dem Schwarzmarkt und teilte sie in zwei mal zwei Karten auf, die ich für jeweils 2 200 und 2 400 Euro verkaufte. Allein aus diesem einen Spekulationsgeschäft erwirtschaftete ich innerhalb weniger Tage 2 800 Euro. Für ein bisschen An- und Verkauf von Papier ist das stattlich.

Kartenbesitzer, die die Partie nicht besuchen konnten, hatten außerdem keine Möglichkeit, die Karten offiziell zurückzugeben oder weiterzureichen. Wer sie nicht selbst nutzte, musste sie theoretisch verfallen lassen. Bei solchen Zuständen ist es doch klar, dass man sie lieber für ein paar tausend Euro verkauft, selbst auf die Gefahr hin, erwischt zu werden.

Deutlich einfacher war es hingegen, Karten für das zeitgleich laufende Champions-League-Finale München 2012 am 17. Mai zu bekommen. Davon hielt ich dutzende in den Händen. Wo der Unterschied ist? Das eine Champions-League-Finale fand in der Allianz-Arena statt, das andere im Olympiastadion. Bei dem einen Finale spielten Fußballer wie Franck Ribéry und Didier Drogba, bei dem anderen Finale spielten Fußballerinnen wie Camille Abily und Melanie Behringer.

Das perfide war, dass die Tickets für das Frauen-Champions-League-Finale denen des Herren-Finals extrem ähnlich sahen. Deshalb deckten sich manche Schwarzhändler stapelweise mit solchen Karten ein, in der Hoffnung, diese zu horrenden Preisen an ahnungslose FC Bayern-Anhänger zu vertickern, die im Finalrausch nicht so genau hinschauen. Der Zock ging auf den ersten Blick auf.

Dutzende eBay-Auktionen endeten bei den Frauen-Final-Tickets im dreistelligen, vereinzelt auch im vierstelligen Bereich. Der Originalpreis pro Karte betrug für die Haupttribüne gerade mal zehn Euro. Selbst der Rundfunk und Online-Magazine machten sich über die dämlichen Käufer lustig, die irrtümlich hunderte Euro für ein Finale bezahlten, für das es regulär noch tausende Karten gab.

Ich hatte auch einige solcher Auktionen am Start. Doch ganz so glatt gingen die Deals nicht über die Bühne. Die meisten Käufer schrieben hinterher eine E-Mail, dass sie den Kauf im Irrtum begangen hätten und deshalb rückgängig machen wollten. Dazu trug hauptsächlich die Berichterstattung in TV, Rundfunk und Presse bei. Haufenweise musste eBay die Verkaufsprovision bei den Auktionen wieder rückerstatten.

Natürlich hätten die Verkäufer auf Abnahme der Ware klagen können, denn in nahezu allen Auktionen war der Vermerk angebracht: »*Sie haben sich den Auktionstext genau durchgelesen und bestätigen das mit Abgabe Ihres Gebots! Eine Rücknahme der Tickets ist ausgeschlossen!*«

Den Händlern blieb aber gar nichts anderes übrig als auf eine Rücknahme einzugehen, denn logischerweise war niemand erpicht darauf, vor Gericht zu klagen. Geschätzt 90 Prozent der Auktionen wurden rückgängig gemacht. Nur vereinzelte Bieter bezahlten tatsächlich direkt nach Auktionsende und sahen ihr Geld dann auch nicht wieder.

Eines lässt sich aber ganz sicher sagen: Diese Auktionen waren der ideale Filter, um den intellektuellen Bodensatz der Gesellschaft herauszufiltern.

Dass die Bieter dumm wie Brot waren, merkte man nicht nur allein an der Abgabe der Gebote an sich, sondern auch der E-Mail-Korrespondenz, die daraufhin folgte. Stil und Rechtschreibfehler ließen eher auf die Entwicklung eines sechsjährigen Kindes schließen.

Oder die Bieter konnten keinen Brocken deutsch. Aus England kam übrigens kein einziges irrtümliches Gebot für das Frauenfinale. Denen fiel wohl das Wort »Women«, das in jeder Auktionsbeschreibung schon in der ersten Zeile auftauchte, sofort abschreckend auf. Die Deutschen hingegen überlasen es.

Selbst Viagogo spielte beim »Finale dahoam« eine gewichtige Rolle. Denn zu der Zeit hatte das Unternehmen schon mehrere Partnerschaf-

Abb. 7: Irrtümlich hohe Preise für Bayern-Barcelona-Karten

ten mit Vereinen. In Deutschland war es unter anderem der FC Bayern, in England kooperierte die Plattform mit dem FC Chelsea. Passenderweise also genau die Finalisten. Uli Hoeneß beschwichtigte, was das Finale am 19. Mai betreffe, kooperiere man nicht mit Viagogo: »*Unsere Zusammenarbeit bezieht sich auf die Bundesliga.*«

Auf Viagogo wurden trotzdem zahlreiche Finalkarten angeboten. Die kamen vorwiegend aus Spanien, wo man sich auf ein Endspiel zwischen Real Madrid und FC Barcelona eingerichtet hatte und an einem Spiel FC Chelsea – FC Bayern kein Interesse hat. Aus Barca wurde Chelsea, aus Real wurde Bayern. Da machten viele Spanier lieber Kasse, vor allem in Zeiten der Wirtschaftskrise.

Beim Handel mit Bundesligatickets ergriff Uli Hoeneß später Partei für den Ticketvermittler.

»*Wenn die Karte dann statt der normalen 60 Euro 80 oder 90 kostet, finde ich das in Ordnung*«, meinte Hoeneß. Ah ja!

Weil aber vor allem mit Auswärtskarten reger Handel getrieben werde, kündigte Hoeneß schließlich an: »*Wir werden den Vertrag mit Viagogo, der zum Ende der Saison 2013/14 ausläuft, nicht verlängern.*«

Ein Jahr später wiederholte sich das Geschachere mit minderwertigen Königsklassen-Tickets. Bayern-Fans boten Unsummen für das vermeintliche Spitzen-Duell FC Bayern – FC Barcelona. Das wurde aber nicht nur in der Champions League ausgetragen, sondern auch am 24. Juli 2013. Der feine Unterschied war, dass es sich hierbei um eine Partie des »Uli Hoeneß-Cup« handelte.

Dass die Tickets für dieses Turnier galten, schrieben viele eBay-Anbieter nur sehr klein in die Beschreibung.

In der Bundesliga decken wir Reseller uns hauptsächlich über Gästekartenkontingente ein. Da ist es einfacher heranzukommen. Je sportlich erfolgreicher der FCB ist, desto einfacher bekommen wir Gästekarten. Denn welcher Hamburger, Berliner oder Frankfurter will unbedingt nach München, um dann doch eine 95-prozentige Niederlage zu sehen? Selbst viele Fans sehen darin einen guten Gelegenheitsschwarzhandel und machen uns Profis Konkurrenz. Die von mir erzielten Überschüsse pro Ticket liegen bei mir zwischen 70 und 370 Euro.

Auch mit zukünftig 75 000 Zuschauern Kapazität wird jedes Spiel in München ausverkauft sein, ja selbst ein Stadion mit 120 000 Plätzen wäre 17 mal voll. Selbst die Auswärtskarten sind so stark nachgefragt, dass man die gegnerischen Stadien nur mit Bayern-Fans füllen könnte – 42 000 Bayern-Fans wollten in der Saison 2014/2015 nach Paderborn fahren.

Bei solchen Bedingungen ist ein Ende der hohen Schwarzmarktpreise nicht abzusehen. Die Münchner bleiben für uns Reseller daher die Bundesliga-Goldgrube Nummer eins.

3.3 Borussia Dortmund

Die zweitbegehrtesten Bundesligakarten sind jene von Borussia Dortmund. Allerdings gibt es Einschränkungen. Während man beim FC Bayern München bedenkenlos wirklich in jedes Spiel investieren kann, verhält es sich beim BVB schon deutlich risikoreicher. Oder im Finanzfachjargon: Karten vom FC Bayern haben als Wertpapiere durchweg AAA-Rating, die Tickets vom BVB schwanken zwischen AAA und A. Da zählen viele Faktoren.

Zum Beispiel ist der Signal-Iduna-Park (das Westfalenstadion) mit 81 000 Sitzplätzen größer. Ein Unterschied von fast 6 000 Plätzen ist schon beachtlich. Die wenigsten Klubs bringen derart viele Auswärtsfans nach Dortmund mit. Ein weiterer Faktor ist die geringere Fanbasis. Der BVB hat zwar ebenfalls enormen Zuspruch, aber an jenen des FC Bayern kommt er nicht heran.

Gewichtigstes Argument ist jedoch die Kaufkraft. Im reichen Süden Deutschlands fällt es vielen leichter, mal einen oder zwei Hunderter draufzulegen. Die Regionen um München, wie zum Beispiel Starnberg, zählen zu den meist wohlhabenden in Europa. Im vergleichsweise ärmeren Ruhrpott sitzt das Geld nicht so locker.

Und schließlich kommt noch der Starkult hinzu. Dem FC Bayern gelingt es deutlich besser, seine Kicker als Idole zu verkaufen.

Manche Teenie-Mädchen wollen unbedingt Schweini live sehen, auch wenn sie von Abseits keine Ahnung haben. Viele Kids schwärmen von Nationaltorhüter Manuel Neuer.

Sie glauben nicht, wie viele Anfragen ich bei Bayern-Kartenauktionen von verzweifelten Eltern erhalte, die unbedingt den Preis nach unten handeln wollen, weil ihre Kinder so gerne Manuel Neuer mal aus der Nähe sehen möchten. Das gibt es bei sonst keinem Verein, auch nicht beim BVB. Da wir Profischwarzhändler immer alle Eventualitäten einkalkulieren müssen, ist es eben nicht so einfach wie beim FC Bayern, wahllos Tickets einzukaufen, sondern die Investitionen sind genau abzuwägen.

Nichtsdestoweniger: Auch mit Dortmund-Tickets lässt sich enorm viel Geld verdienen. In absoluten Zahlen handeln wir Profis sogar am meisten mit BVB-Karten, weil hier der Beschaffungsaufwand ungleich einfacher ist, als beim FC Bayern. Es ist ein ganz angenehmer Zustand, wenn in frühen Vorverkaufsphasen die Wahrscheinlichkeit hoch ist, an viele Karten heranzukommen und je näher das Spiel rückt, desto mehr Rendite winkt. Das war nicht immer so.

Noch vor ungefähr zehn Jahren wurden BVB-Karten verschenkt und als Beigabe in McDonalds-Menüs oder über Verlosungen ausgegeben, nur um die Tribünen voll zu bekommen.

Erst seitdem der BVB sich sportlich berappelte und zu einem dauerhaften Bayern-Konkurrenten wurde, schossen auch die Ticketpreise in die Höhe. Das meiste Geld lässt sich definitiv mit Champions-League-Tickets verdienen. Wenn der BVB in der Königsklasse antritt, sind Aufschläge von dreihundert Prozent der Standard, fünfhundert Prozent keine Seltenheit.

Richtig absahnen lässt sich bei Champions-League-Begegnungen, wenn superattraktive Teams die Gegner sind, wie Real Madrid oder Arsenal London. Dasselbe gilt, wenn in der Vorrundenphase ein türkisches Team der Gegner ist, wie zum Beispiel Galatasaray oder Besiktas Istanbul. Viele in Deutschland lebende Türken sind mit ihrem Herzen Anhänger türkischer Teams und legen eine ziemlich hohe Zahlungsbereitschaft an den Tag, um ein Gastspiel ihres Vereins in Deutschland mitzuerleben.

Trifft der BVB in der K.O.-Phase auf das nahegelegene Ajax Amsterdam knallen bei uns Schwarzhändlern die Sektkorken. Denn hier lassen sich zwei Tickets für 80 Euro einkaufen und für 400 bis 500 Euro im Schnitt weiterverkaufen.

Schlecht sieht es hingegen aus, wenn nach fünf Spielen schon feststeht, dass der BVB ins Achtelfinale einzieht und es in der Gruppenphase sportlich um nichts mehr geht. Dann fallen die Preise dramatisch. So wie zum Beispiel beim BVB-Spiel gegen den RSC Anderlecht im Dezember 2014. Da verdient man nichts mehr.

Für uns ist es wichtig, dass das sportlich entscheidende Gruppenspiel ein Heimspiel ist. Das ist natürlich auch Glückssache. In der anschließenden K.O-Phase hingegen geht es im Rückspiel immer um die Entscheidung des Weiterkommens. Ab dieser Phase gilt das Bayern-Prinzip: Investieren, was das Zeug hält!

Als das Champions-League-Halbfinal-Hinspiel gegen Real Madrid am 24. April 2013 bevorstand, brach beim Ticketvorverkauf der absolute Wahnsinn aus. Viele BVB-Fans versuchten gar nicht erst, sich über die völlig überlastete Hotline Karten zu besorgen. Sie campierten vor dem Verkaufsbeginn an den Vorverkaufsstellen, damit sie ihre Chancen auf ein Ticket erhöhen.

Ob auf dem Alten Markt oder vor der Thier-Galerie – schon zwei Tage vor der Kartenausgabe stellten sich die Fans dort an. Um die menschlichen Bedürfnisse einigermaßen befriedigen zu können, hatten viele Einweggrills und warme Decken dabei. Es soll sogar vereinzelt Fälle gegeben haben, wo Anstehende in die Hose pinkelten, nur um ihren Platz in der Warteschlange nicht preiszugeben.

In diesen Schlangen standen jedoch auch von uns Schwarzhändler-Profis angeheuerte Hilfskräfte, die gegen Bezahlung Tickets besorgen mussten. Da den angeheuerten Einkäufern zu ihrem Stundenlohn eine satte Provision von mindestens 50 Euro pro beschafftem Ticket winkte, boxten sich einige den Weg frei und drängelten sich vor Fans, die schon viel länger anstanden. Sechs beschaffte Tickets sind immerhin ein Monat verdoppeltes Hartz IV.

Immer wieder musste in der Nacht die Polizei anrücken, um Schlägereien zu unterbinden. Schließlich erhöhte jeder Meter weiter vorne die Chance darauf, eines der begehrtesten Tickets seit zehn Jahren zu ergattern. Denn es stand nicht nur ein Spitzenspiel auf dem Programm, sondern die Aussicht auf etwas, das es zuvor noch nie gab: Ein rein deutsches Champions-League-Finale!

65 369 Zuschauer passten in das Stadion, das Doppelte hätte die Borussia locker absetzen können. Vereinsmitglieder, Fanclubmitglieder, Dauerkarteninhaber, sie alle forderten eine privilegierte Kartenzuteilung für sich ein.

'Ist doch klar, dass die Wellen hochschlagen, wenn wir Dealer da mitmischen und das ohnehin schon knappe Kartenkontingent noch weiter verknappen, nur um dann bei eBay oder Viagogo damit Kasse zu machen.

Und das klappte beim Madrid-Spiel fantastisch! Zwei Karten für Kategorie 3 auf der Westtribüne: 600 Euro Minimalgewinn. Gelegentlich endete eine Auktion auch mal bei deutlich über 1 000 Euro. Nur mit der Partie Bayern gegen Barcelona war mehr zu verdienen. Hier konnte man mit Kategorie 1-Karten ungelogen 3 500 Euro Überschuss erzielen.

Diese Entwicklungen beim Halbfinale waren es auch, die das Fass beim BVB in Bezug auf den Schwarzmarkt zum Überlaufen brachten. Denn zahlreiche Schwarzhändler hatten sich dutzende Karten gesichert, vor allem Kollegen aus dem Ruhrpott und den Niederlanden.

Borussia Dortmund forderte daher per Twitter dazu auf, Wiederverkäufer zu melden und kündigte an, dass es künftig für Spiele dieser Art keinen freien Verkauf mehr geben werde. Die begehrten Karten sollen dann lediglich für Vereinsmitglieder erwerbbar sein.

Das Halbfinale verlief für Bayern und den BVB sportlich traumhaft. Die Münchner putzten den FC Barcelona gleich zweimal mit 4:0 und Dortmund bezwang in zwei superspannenden Spielen Real Madrid. Das deutsche Finale im Londoner Wembley-Stadion war perfekt.

NEUES ANGEBOT 6x1 Tickets Bayern Dortmund Finale Final UEFA Champions League 25.05.2013 London
EUR 1 590,00   Noch 2 T. (Dienstag, 20:27)
Sofort-Kaufen
+ EUR 6,00 Versand

Champions League Finale Wembley am 25.05.2013 (2 Tickets) CL Uefa BvB-FCB
Sitzplätze in der Kategorie 1
EUR 6.790,00
Sofort-Kaufen
Kostenloser Versand
13 Beobachter

Champions League Finale Wembley am 25.05.2013 (2 Tickets) CL Uefa BvB-FCB
EUR 2000,00   Noch 2T. 1Std. (Dienstag, 22:00)
29 Gebote
+ EUR 4,50 Versand

Abb. 8: Bietwettkämpfe beim deutschen Champions-League-Finale

Und schon wieder ging es bei eBay rund. Wer hier garantiert dabei sein wollte, musste für zwei Tickets im Durchschnitt 3 000 Euro aufbringen. Manche hatten sechs Karten und mehr ergattert, die gingen pro Stück für über 1 500 Euro im Sofort-Kauf bei eBay weg.

Abzüglich der Einkaufskosten kann man sich von diesem Erlös schon einen Kleinwagen oder ein gutes gebrauchtes Mittelklassefahrzeug leisten. Adieu, monatliche Leasingraten!

Karten unter 1 000 Euro pro Stück gab es für das Champions-League-Finale 2013 überhaupt keine, obgleich UEFA, die englische FA und die Londoner Polizei alles daran setzten, den Schwarzmarkt zu bekämpfen. Die Verantwortlichen überwachten Auktionsportale, Webseiten und nahmen Firmen ins Visier, die unbefugt Hospitality-Pakete anboten.

42 (haha...) Webseiten wurden abgeschaltet, viele Ticket-Auktionen abgebrochen und am Finaltag neun Personen verhaftet, die vor dem Stadion Karten aus Firmenkontingenten verhökern wollten. Einige Schwarzmarkt-Tickets aus dubiosen Quellen wurden eingezogen und für karitative Zwecke umverteilt. Die Begünstigten waren Kinder einer deutschen Schule, ein Londoner Jugendfußballklub sowie Kollegen des damals zeitgleich ums Leben gekommenen Soldaten Lee Rigby.

Dabei blieb es aber längst nicht. Weil sich extrem viele Fans über den Schwarzhandel mit den begehrten Champions-League-Karten erbosten und Druck auf den Verein machten, da sie bei den legendären Spielen selbst gern dabei gewesen wären, drehte Borussia Dortmund ab dieser Zeit richtig auf, um mit rechtlicher Hilfe den Weiterverkauf seiner Tickets gänzlich zu unterbinden.

Schon einige Monate zuvor erhielten manche eBay-Auktionierer von der Rechtsanwaltskanzlei Becker und Haumann eine Abmahnung, wenn sie Tickets für BVB-Spiele im Internet anboten.

Aufgrund der Auswüchse bei den Champions-League-Spielen war es vielen schwarz-gelben Fans mehr als recht, dass endlich glaubwürdig gegen die bösen Schwarzhändler vorgegangen wird. Denn oft genug warfen die Anhänger den Vereinsverantwortlichen vor, sie würden ja eh nichts gegen die abzockende Tickethändler-Brut unternehmen.

Doch mit der Glaubwürdigkeit ist es so eine Sache.

Auf die rechtlichen Besonderheiten beim Ticketschwarzhandel komme ich in einem späteren Kapitel noch sehr ausführlich zu sprechen.

Fakt aber ist, dass der Bundesgerichtshof mit Urteil vom 1. September 2008 *(Az. I ZR 74/06)* den Weiterverkauf von Eventkarten für Privatpersonen ausdrücklich erlaubte, vor allem, wenn diese tatsächlich kurzfristig verhindert sind. Das ist auch Borussia Dortmund und den Juristen der Kanzlei Becker und Haumann bekannt.

Deshalb suchte man anderweitig nach Angriffsmöglichkeiten, um die Weiterverkäufer zur Strecke zu bringen.

Viele Inserenten begingen fatale (und vermeidbare!) Fehler. Sie verwendeten in ihren Auktionen zum Beispiel das Vereinswappen des BVB, Stadionbilder oder den Sitzplan, um Bietern das Event schmackhaft zu machen. Damit tappten sie in die Falle, denn sie verletzten Marken- und Urheberrechte des Fußballvereins und lieferten den Anwälten perfektes Abmahnfutter.

Es rappelte richtig in der Kiste. Etliche hundert Abmahnungen wurden von Becker und Haumann verschickt. Die Juristen gingen auf die Anbieter wie hungrige Löwen los. Sie mahnten alles und jeden ab, der irgendwie auch nur ansatzweise einen Rechtsverstoß beging. Dazu zählten vor allem folgende Vergehen:

1. Die AGB wurden nicht abgebildet
2. Das Angebot wurde nicht als »Sofort-Kauf« angeboten
3. Das Angebot lag mindestens über 15 % des Originalticketpreises
4. Unautorisierte Nutzung bzw. Abbildung des Vereinslogos
5. Unautorisierte Nutzung bzw. Abbildung des Stadionplans

Viele Abgemahnte fragten sich zunächst, wie die Anwälte überhaupt an die eBay-Verkäuferdaten herangekommen sind?

Des Rätsels Lösung offenbart eBay in einer Stellungnahme selbst:

»Bitte haben Sie Verständnis dafür, dass es eBay in streitigen Angelegenheiten nicht möglich und zumutbar ist, die Sach- und Rechtslage vollständig aufzuklären. Wir sind gehalten, Angebote zu entfernen, wenn Rechteinhaber eBay gegenüber versichern, dass diese Angebote ihre Rechte verletzen. Andernfalls sind wir selbst eventuellen Haftungsansprüchen ausgesetzt.«
[...]

»Wir sind [...] berechtigt, Ihre personenbezogenen Daten an folgende Empfänger weiterzugeben:
Durch Geheimhaltungsvereinbarungen gebundene Teilnehmer des eBay VeRI-Programms in Zusammenhang mit einer Untersuchung wegen Betrugs, Verletzung geistigen Eigentums, Produktpiraterie oder einer anderen rechtswidrigen Handlung, sofern wir dies nach eigenem Ermessen für notwendig oder sinnvoll erachten.

In solchen Fällen werden wir Daten wie Name, Anschrift, Ort, Postleitzahl, Land, Telefonnummer, E-Mail-Adresse und Firma offenlegen.

Wir leiten personenbezogene Daten auf Anfrage auch an Strafverfolgungs-, Aufsichts- oder Steuerbehörden weiter, soweit wir dazu verpflichtet sind. Außerdem werden Daten auf Anfrage an Rechteinhaber im Rahmen des VeRI-Programms übermittelt.«

Mit freundlichen Grüßen
eBay-VeRI-Team

Es genügt also völlig, wenn Anwälte versichern, dass sie gegenüber eBay einen Anspruch auf Beauskunftung haben.

Dabei gab es mehrere Fälle, wo es überhaupt nicht mehr um Marken- oder Urheberrechtsverletzung ging, sondern es wurden auch Verkäuferdaten von Auktionen eingeholt, bei denen die Privatverkäufer zum Ticketweiterverkauf laut BGH-Urteil ganz klar berechtigt waren.

eBay interessiert das nicht. Sobald sich Anwälte melden, hat das Auktionshaus die Hosen voll. Die Provisionen auf Ticketverkäufe kassiert man gerne, aber sobald die Goldesel in Bredouille kommen, werden sie bereitwillig zur Schlachtbank geführt. eBay will keinen Ärger mit irgendwelchen Anwälten, selbst wenn die Abmahnungen gegen die Mitglieder obskur sind.

Ohne Prüfung der Sachlage werden alle Daten herausgegeben und die Probleme auf die Mitglieder abgewälzt. Das Online-Auktionshaus ist ausschließlich daran interessiert, seinen eigenen Arsch zu retten, wenn es brennt.

eBay teilte den Anwälten sogar Vergehen von Auktionen mit, die gar nicht im Bewertungsprofil zu finden waren. Die Daten muss eBay also zwingend aus seiner Datenbank gekramt haben. Sobald ein Rechtsanwalt Bambule macht und Verkäuferdaten haben will, gibt eBay diese also heraus.

Das war uns Profis ja schon vorher klar, ganz unabhängig von der Vorgehensweise von Becker und Haumann. Vor allem stellt sich die Frage, warum eBay eine so große Motivation an den Tag legt, den Anwälten sogar Datensätze zu vergangenen Auktionen liefert, von denen die Anwälte gar keine Kenntnis haben. Kassiert eBay etwa gutes Geld von den Anwälten, um seine Mitglieder an die Advokaten zu verraten?

Während sich Betroffene in Internetforen nach jeder Abmahnwelle verzweifelt Ratschläge austauschen, welche Fristen bei Abmahnungen einzuhalten sind, wie eine Unterlassungserklärung formuliert sein muss oder ob ihre geliebte Dauerkarte nun gesperrt wird, schauen wir Profis diesem Treiben völlig entspannt zu.

Ich habe Ihnen ja geschildert, wie wir falsche Adressen bei eBay hinterlegen und die Kartenabbildungen manipulieren. Wir machen das ohne schlechtes Gewissen, denn wir sehen darin eine unabdingbare Notwendigkeit, um nicht dem Verrat durch eBay zum Opfer zu fallen. Zurecht, wie man sieht!

Die Anwälte suchten nach allen Möglichkeiten, um den vielen kleinen Privatanbietern den Garaus zu machen. Während es rechtlich erlaubt ist, die Eintrittskarten bei Auktionen abzubilden, bekamen sogar Betroffene eine Abmahnung, wenn die Tickets abgebildet waren, aber ein BVB-Logo darauf zu sehen war.

Sobald auch nur ansatzweise einer der aufgezählten Verstöße zutraf, fragten die Anwälte bei eBay die Verkäuferdaten an, das Online-Auktionshaus gab diese direkt heraus und es wurde eine Abmahnung verschickt.

Das war aber längst noch nicht alles! Abgemahnt wurden auch Personen, die es sich anders überlegten und die Auktion selbst abbrachen, auch wenn das Angebot nur wenige Minuten (!) existierte. Genauso traf es Privatverkäufer, die ihre Tickets tatsächlich zum Originalpreis inserierten, aber dummerweise in der Auktion den Stadionplan verwendeten oder die AGB nicht verlinkten.

Irgendwann spielte es überhaupt keine Rolle mehr, ob die Leute die Tickets zum Normalpreis anboten oder wegen Bezugs über Dritte von Anfang an gar nicht an die ATGB gebunden waren. Wer Tickets bei eBay einstellte, auch wenn der Anbieter im Rahmen der bisherigen Rechtsprechung korrekt handelte, bekam die Aufforderung, eine beigefügte Unterlassungserklärung zu unterzeichnen und natürlich ordentlich Geld an die Anwälte zu bezahlen.

Die meisten Betroffenen latzten mehrere hundert Euro. Studenten, Familienväter, Rentner – sie alle mussten bluten.

Aber auch dabei blieb es nicht! Die Betroffenen wurden zusätzlich noch zwölf Monate vom Ticketbezug ausgesperrt. Damit verloren sie ihre BVB-Dauerkarte, denn die muss ja innerhalb dieser Frist bei Borussia Dortmund aktiv verlängert werden. Kann man aber keine Karten mehr kaufen, läuft der Abo-Vertrag aus und die Dauerkarte ist futsch.

»Unserer Mandantin liegt nichts ferner, als zu Unrecht oder mit unverhältnismäßigen Mitteln gegen ihre eigenen Kunden vorzugehen, die mit ihr in aller Regel emotional eng verbunden sind«, schreibt Becker/Haumann den Abgemahnten.

Doch genau das passierte!

Vordergründig sah es so aus, als würde der Verein den Schwarzhändlern habhaft.

Bloß: Das Gegenteil war der Fall! Wir Profihändler wissen ganz genau, dass wir keine Vereinslogos oder geschützten Aufnahmen verwenden dürfen. Dafür sind wir einfach zu lange im Geschäft.

Eintrittskarten dürfen hingegen immer abgebildet werden, selbst wenn darauf ein Vereinslogo zu sehen ist. Denn ein Wappen auf den Karten ist ein Produktbestandteil.

Karteneigentümer sind also nicht verpflichtet, das Logo zu entfernen. Und das kann ihnen auch kein Anwalt zur Last legen. Die Anwaltskanzlei unterstellte aber den Anbietern eine missbräuchliche Verwendung, holte bei eBay die Daten ein und schon hatten die Betroffenen eine Abmahnung. Manche bezahlten bis zu 800 Euro für ein Vergehen, das gar nicht abmahnfähig ist.

Es ist wie beim Filesharing – die arme, alleinerziehende Mutter bekommt eine Abmahnung über mehrere tausend Euro, weil ihr 12-jähriger Sohn zehn MP3-Dateien aus Versehen per P2P getauscht hat und die kommerziell agierenden Banden ziehen Filmportale auf, haben ihre Impressumsadresse auf den Cayman Islands und scheffeln damit Millionen.

Urheberrechtsverletzung wegen Verwendung des Logos ist oft das einzige, auf was sich die Anwälte nennenswert stützen können. Wir Profihändler freuen uns über die tumbe Lemminge-Masse, die da ins Messer hineinrennt. Sie dient für uns echte Schwarzhändler nämlich wie ein Blitzableiter.

Doch nicht nur die Vorgehensweise an sich war anrüchig. Der Deal zwischen Borussia Dortmund und Becker/Haumann war auch ein lokaler Klüngel. Anwalt Haumann war nämlich früher Sozius in der Rechtsanwaltskanzlei von Dr. Gerd Niebaum. Richtig, in der des Ex-BVB-Präsidenten. Ein Vorstand von Borussia Dortmund und ein Sozius der Kanzlei spielen angeblich regelmäßig zusammen Tennis.

Als immer mehr Betroffene um rechtlichen Rat suchten, warnte eine Verbraucherschutzzentrale unter Bezugnahme auf das BGH-Urteil die Abgemahnten sogar davor, die Anwaltsrechnungen zu bezahlen.

Wer glaubt, dass es den Akteuren hier vorrangig um die Schwarzhandelsbekämpfung ging, der glaubt auch, dass Zitronenfalter Zitronen falten. Der eine Amigo besorgte dem anderen Amigo lediglich ein Geschäft und alle Beteiligten verdienen gut daran. Die Abmahnungen spülten den Verantwortlichen wieder einige zehntausend Euro in die Taschen.

War das im Sinne der Borussen-Fans, die sich im Schwarz-Gelb-Forum dafür stark machten, dass der Schwarzhandel beseitigt werden möge? Es verletzte das Gerechtigkeitsempfinden zahlreicher Fans, wenn Schwarzhandel mit 400 Euro Gewinnmarge verboten wird, aber Anwälte dann Serienbriefe abfeuern, in denen sie die gleiche Summe als Gebühr verlangen.

Diese irrwitzige Vorgehensweise legt den Verdacht nahe, dass es von Anfang an gar nicht darum ging, die Schwarzhändler zu bestrafen, sondern irgendwie an Geld zu kommen und die armen naiven Privatverkäufer finanziell abzuziehen. Einfache Privatpersonen wurden mit dubiosen Beschuldigungen ausgepresst, während die echten Schwarzhändler völlig unbehelligt blieben.

Das war dann auch vielen Beobachtern nicht mehr geheuer. Etliche BVB-Fans wünschten sich zwar, dass gegen Ticketschwarzhändler vorgegangen wird, aber doch nicht so!

Deswegen kippte irgendwann die Stimmung und es solidarisierten sich wieder einige Dortmunder Fans mit den Abgemahnten. Wir

Profihändler lachten uns angesichts dieser Entwicklung hingegen ins Fäustchen.

Abmahnanwälte sind nicht erst seit dem Redtube-Desaster vor dem Landgericht Köln verpönt. Wir in der Branche haben den Eindruck, dass diese Spezies auch unter Fußballfans noch weitaus unbeliebter ist, als wir Ticketschwarzhändler. Die Fußballvereine müssen also mit Advokaten kooperieren, die bei unsicherer Rechtslage Ansprüche durchsetzen wollen, obwohl sie gleichzeitig geradezu sozial verachtet sind.

Wenn dann auch noch im wesentlichen kleine Fische verfolgt werden, die wirklich nur wegen privater Verhinderung ihre Karten angeboten haben, dann ist der Veranstalter und Mandatgeber ziemlich gearscht.

Wir Profi-Schwarzhändler sind die ersten, die sich von einem Verein abwenden, wenn mit ihm nichts mehr zu verdienen ist. Unser Herz hängt nicht am Verein Borussia Dortmund und auch nicht an Schalke oder dem FC Bayern. Wenn uns tatsächlich mal eine Dauerkarte gesperrt wird, na und? Für echte Fans hingegen, die einmal unachtsam Handel damit trieben und denen ihr schönes Hobby damit weggenommen wird, bricht hingegen eine Welt zusammen.

Bei der Vorgehensweise, die die Anwaltskanzlei an den Tag legte, war von vornherein klar, dass sie nicht nur die Falschen erwischt, sondern auch noch mehrfach unangemessen bestraft.

An uns große Fische kommen sie nicht heran, weil wir zu dreist agieren. Die privaten Verkäufer, die tatsächlich aus der Not heraus ihre Karten inserieren und vom BGH-Urteil eigentlich geschützt sind, ahnen oft nicht, dass sie etwas tun, wodurch ihnen eine Abmahnung ins Haus flattern kann.

Wir Profis hingegen wissen um das Unrecht unseres Tuns. Deshalb treffen wir von vornherein Vorsichtsmaßnahmen, um gar nicht erst von Rechtsanwälten behelligt werden zu können.

Dabei handeln wir schon beim Ticketeinkauf rechtswidrig. Wir verschweigen dem Veranstalter, dass wir die Tickets zum gewerblichen Weiterverkauf einkaufen. Damit ist der so genannte Schleichbezug erfüllt, der gegen das Gesetz gegen den unlauteren Wettbewerb (UWG) verstößt. Der BVB hat aber schon erkannt, dass er dummerweise dagegen nichts unternehmen kann und schreibt:

»Nur wenn uns ein Kunde vorsätzlich über eine Weiterveräußerungsabsicht täuscht, haben wir eine letztliche rechtliche Handhabe. Dies muss aber in jedem Einzelfall nachgewiesen werden.

Da es sich meistens um innere Absichten handelt, die man unseren Kunden am Verkaufsschalter nicht ansehen kann, fällt dieser Beweis erwartungsgemäß sehr schwer. Borussia Dortmund bleibt indes dennoch nicht untätig, sondern handelt im Rahmen des rechtlich Möglichen.

Sobald wir beispielsweise ebay-Auktionen wahrnehmen, die BVB-Tickets enthalten, versuchen wir an den Verkäufernamen zu gelangen. Da ein Weiterverkauf lediglich gegen unsere ATGB verstößt – ein genereller Ticketverkauf auf Internetauktionen jedoch nicht untersagt ist, stehen dem Veranstalter jedoch auch nur eingeschränkt Möglichkeiten zur Verfügung.

Ebay hingegen darf ebenfalls nur in bestimmten Verstoßfällen – schon allein aus datenschutzrechtlichen Gründen, Adressen rausgeben. In den Fällen des Bekanntwerdens, lassen wir diese Auktionen bei ebay sperren und fordern die jeweiligen Verkäufer zur Abgabe einer Unterlassungs- und Verpflichtungserklärung auf. Gleichzeitig werden diese Verkäufer regelmäßig für den Ticketerwerb 12 Monate gesperrt.

Mit Beginn der Rückrunde der abgelaufenen Saison und dem immer erfolgreicheren Auftreten unseres BVB ist das Interesse natürlich gewachsen.

Nicht nur, dass neue Fans den Weg ins Stadion finden, auch Trittbrettfahrer sehen die Möglichkeiten, Geld zu verdienen und stellen sich in Vorverkaufsschlangen an, wählen den Online-Ticketshop oder das Callcenter, um an Eintrittskarten zu gelangen. Einzig allein zu dem Zweck, hiermit einen möglichen Reibach zu erzielen. Dies erfolgt immer dann, wenn der Erfolg und das gestiegene Interesse besonders groß ist – das kennen auch andere Bundesligisten, sowie der DFB, mit denen wir diesbezüglich im regen Austausch stehen.

Solange es keine gesetzlichen Maßnahmen gibt, die dies unterbinden, kann der Verein nur im Rahmen seiner Möglichkeiten tätig werden und die Kunden bei Erkennen sperren. Sie sehen also, dass Borussia Dortmund das Mögliche zur Vermeidung eines Online-«Schwarzhandels« unternimmt.«

Ich deale seit Jahren bei eBay, Viagogo & Co. und habe noch nie (!) auch nur einen einzigen Cent an Anwälte überwiesen.

Neben meinem normalen Wohnsitz verfüge ich noch über eine Mietwohnung in einem großen Hochhaus, wo ich mir zunutze mache, dass einige Wohnungen in dem Block nicht vermietet sind. Daher sind auch in der Briefkastenanlage im Erdgeschoss einige Fächer unbesetzt.

Eines Abends hängte ich mit Tesafilm ein kleines Namensschildchen an das Brieffach und registrierte auf den Namen einen eBay-Account. Zwei Tage später warf der Postbote die Bestätigungspostkarte mit dem Verifizierungscode ein. Mit diesen Account verhökerte ich dann kräftig BVB-Karten.

Bald darauf flatterte eine Abmahnung herein. Die angelte ich mit einer Grillzange aus dem Kasten und amüsierte mich köstlich. Ich überlegte hin und her, ob ich nicht an die Anwaltskanzlei einen richtig schön beleidigenden Brief schreibe, um die Blutsauger erst so richtig scharf zu machen.

Wäre das eine Show, wenn die Bande dann irgendwann vorbeischaut und vom Eigentümer des Hochhauses erfährt, dass die Wohnung seit x Monaten leer steht. Welcher Geist hat denn dann auf den Brief geantwortet? Ich habe es aber bleiben lassen. Im Brief stand ungefähr:

```
Wim Bledons tausendstes Pseudonym
- nachfolgend Schuldner genannt -
```

```
verpflichtet sich hiermit gegenüber der Borussia
Dortmund GmbH & Co. KGaA, persönlich haftend Borus-
sia Dortmund Geschäftsführungs-GmbH, vertreten
durch ihre Geschäftsführer Herrn Hans-Joachim Watzke
(Vorsitzender) und Herrn Thomas Treß, Rheinlanddamm
207-209 in 44137 Dortmund,
- nachfolgend Gläubigerin genannt -
```

```
1. es zu unterlassen, Eintritts- bzw. Dauerkarten für
Spiele von Borussia Dortmund, insbesondere im Inter-
net, zum Beispiel bei eBay, im Falle der privaten
Weitergabe mit der Absicht, es zu einem wesentlich
höheren Preis als den, der auf dem Ticket angegeben
ist, anzubieten oder zu veräußern (dies ist insbeson-
dere dann anzunehmen, wenn insbesondere im Rahmen von
Internetauktionen, z.B. eBay, die Option »Sofortkauf«
(Festpreis) nicht ausschließlich ausgewählt wird oder
```

das/die Ticket(s) auf anderen Internet-Ticketplattformen – z.B. viagogo, seatwave – um 15% höher als der jeweilige Originalpreis angeboten wird/ werden);

2. sich zu verpflichten, bei jeder Weiterveräußerung und/oder Weitergabe eines Tickets die ATGB der Gläubigerin (abrufbar unter http://www.bvb.de) im Rahmen der Weiterveräußerung und/oder Weitergabe gegenüber dem jeweiligen Erwerber oder Empfänger des Tickets zu vereinbaren und einzubeziehen;

3. für jeden Fall der schuldhaften Zuwiderhandlung gegen die oben genannten Verpflichtungen in Ziffer 1 und 2 an die Gläubigerin eine von der Gläubigerin nach billigem Ermessen festzusetzende Vertragsstrafe zu zahlen, wobei der Schuldner durch das zuständige Gericht gemäß § 315 Abs. 3 BGB die von der Gläubigerin festgesetzte Vertragsstrafe auf ihre Angemessenheit überprüfen lassen kann;

4. einen pauschalen Schadensersatzbetrag i.H.v. (Anm.: hier stand eine hübsche dreistellige Zahl) EUR zum Ausgleich der Rechtsverfolgungskosten auf das Konto der BECKER HAUMANN PartG, Kontonummer: 44939XXX, Bankleitzahl: 44010046 (Postbank Dortmund), mit dem Verwendungszweck »Aktenzeichen/Nachname« zu zahlen.

Von mir bekommen die gar nichts, weder eine Unterlassungserklärung, noch Geld!
Aber wie beim FC Bayern und der Sache mit dem Restaurant-Typ verhält es sich auch beim BVB. Eine solche Vorgehensweise, wie sie Becker/Haumann an den Tag legt, kann man sich nur erlauben, solange man so viele Vorbestellungen verzeichnet, dass das Stadion dreimal ausverkauft wird.

Heute mag das noch der Fall sein. Die Zeiten, wo man Karten einem »Happy Meal« beilegen musste, haben die Vereinsverantwortlichen schon vergessen.

Dabei können diese schneller wiederkommen, als man »olé« rufen kann. Zum Ende der Hinrunde der Saison 2014/2015 war der BVB Tabellensiebzehnter der Bundesliga.

»Wenn mir das einer zu Beginn der Saison gesagt hätte, den hätte ich in eine Nervenheilanstalt einliefern lassen. Aber es ist scheinbar alles möglich im Leben«, frotzelte Fußball-Kaiser Franz Beckenbauer. Wohl wahr.

Der Verkaufsboom kommt, wenn der sportliche Erfolg da ist und er geht, wenn die Erfolge ausbleiben.

Sollte sich so etwas wie diese Seuchenhinrunde mal über zwei, drei Saisons hinziehen und der BVB über einen längeren Zeitraum eher im unteren Drittel einrichten, ist der Zuschauerschnitt ruckzuck wieder bei 65 000.

Dann will man von Dauerkartensperren nichts mehr wissen. Aber ob dann die Abgemahnten zurückkommen, ist mehr als fraglich.

Bei derartigen Methoden wirkt es, als stürzen sich die Anwälte im Auftrag der Vereine wie Bluthunde auf die einfachen Privatverkäufer.

Wenn aber ein Besitzer seinen Hund auf alles hetzt, was den Fuß ungefragt auf sein Grundstück setzt, egal ob Einbrecher oder Briefträger, darf er sich nicht wundern, wenn ihn irgendwann niemand mehr besucht.

Die Verantwortlichen wollen augenscheinlich die Schwarzhändler drankriegen und verärgern in Wirklichkeit ihre treuen Fans, die ausnahmsweise mal nicht an einem Spiel teilnehmen können.

Und sie verärgern die besser betuchten Anhänger, die keine Möglichkeit haben, sich Tage und Nächte für die Kartenbeschaffung um die Ohren zu schlagen.

Denn man darf nicht übersehen, dass viele finanziell Privilegierte es zu schätzen wissen, wenn wir ihnen unkompliziert Karten beschaffen und sich durch uns Schwarzhändler für sie die Chance erhöht an einem Event teilzunehmen, weil eben nicht mehr das absolute Prinzip »First come, first served« gilt.

Das Scheckbuch zählt.

Die Vorgehensweise von Borussia Dortmund und Becker/Haumann gleicht irgendwie teilweise auch einer Polizeirazzia in einem legalen

Bordell. Anbieter und Kunde fragen sich gleichermaßen, worum es überhaupt geht? Prostituierte wollen gar nicht vor dem Geschäft geschützt werden und deren Kunden schon gar nicht. Wenn da die Polizei beim Geschlechtsakt aufkreuzt, ist die Wahrscheinlichkeit hoch, dass beide zusammen die Beamten angiften, sie mögen doch bitte Leine ziehen.

Beim Kartenschwarzhandel verhält es sich ähnlich. Es gibt zahlreiche Kunden, die sind total dankbar, dass wir ihnen Karten zu gesalzenen Preisen verkaufen. Diese Dankbarkeit bekomme ich überdurchschnittlich oft von BVB-Anhängern entgegengebracht.

Ein sehr generöser BVB-Fan fühlte sich alles andere als abgezockt, als ich ihm Karten für ein Bundesligaspiel im Nennwert von 80 Euro für vereinbarte 260 Euro verkaufte. Der drückte mir glatt 300 in die Hand und sagte: »*Stimmt so, Sie hatten ja auch Anfahrtsweg!*«

Ein anderer lud mich noch zu Zeiten des Westfalenstadions trotz hohen Aufschlags auf Bratwurst, Pommes und Getränk ein. Dabei kamen wir und seine Begleitung ins Gespräch.

Als die Begleitung in irgendeinem Zusammenhang das Wort »Schwarzhandel« fallen ließ, reagierte der Käufer sofort mit heftigem Kopfschütteln und sagte ziemlich resolut: »*Was ich bereit bin zu bezahlen, ist ganz allein meine Sache. Geht keinen etwas an, auch nicht die Borussia!*«

Während der Verein auf dem Mannschaftsbus oder Fanartikeln das Motto »Echte Liebe« beschwört, hat die Vorgehensweise mit Fairness und Verständnis für einfache Verkäufer, die sich ein- oder zweimal einen Ausrutscher leisteten, nichts mehr zu tun.

Es geht nur ums Geld und nicht um irgendwelche moralischen Ansinnen.

3.4 FC Schalke 04

Hohe Glaubwürdigkeit im Kampf gegen den Schwarzhandel mit Fußballtickets legen nicht nur Borussia Dortmund und seine Anwaltstruppe an den Tag. Während die Borussen aus allen Kanonenrohren abfeuern, ihre Anhängerschaft mit Abmahnforderungen überziehen, und aus völlig uneigennützigen Motiven die Einnahmen der Gelegenheitsschwarzhändler wieder auf die eigenen Konten schaufeln, wählte Lokalrivale Schalke 04 einen weniger komplizierten Weg, um an diese Kohle zu kommen. Der Verein kooperierte direkt mit der Online-Ticketbörse Viagogo und betätigte sich quasi selbst als »Zweitmarkthändler«.

Zunächst kämpfte Schalke engagiert gegen den Schwarzmarkt. Der Klub sperrte beispielsweise Tickets, die über die Plattform Seatwave gehandelt wurden.

Doch vor dem Landgericht Essen erlitt Schalke im Jahr 2009 dann eine Schlappe. Dem Verein wurde unter Androhung eines hohen Ordnungsgeldes verboten, Karten zu sperren oder für ungültig zu erklären, bloß weil diese über eine Zweitticket-Plattform gehandelt wurden.

In der Berufung hob das Oberlandesgericht Hamm dieses Urteil zwar wieder auf, aber nur, weil Seatwave Formfehler beging. In der Sache selbst war Schalke juristisch ausgebremst.

Wenn man den Schwarzhandel schon nicht bekämpfen kann, warum dann nicht gleich an diesem mitverdienen? Das muss wohl die darauf einsetzende Überlegung gewesen sein und unterscheidet sich nicht von jener mexikanischer Polizisten im Antidrogen-Kampf, bevor sie die Seiten wechseln und als Leibgarde der Mafia fungieren.

Schalke wandelte sich also vom Paulus zum Saulus.

Am 19. Dezember 2012 wurde öffentlich bekannt, dass Viagogo ab der Saison 2013/2014 offizieller Ticket-Partner des FC Schalke 04 wird. Karteninhaber der Königsblauen sollten künftig ihre Eintrittskarten für Heimspiele über Viagogo verkaufen, falls sie das Spiel nicht selbst besuchen können.

»Unsere Partnerschaft mit viagogo haben wir so gestaltet, dass Faninteressen und Vereinsinteressen gewahrt bleiben. Zudem haben wir als Verein die Anzahl von Spielen bestimmt, bei denen wir ein kleines, limitiertes Kartenkontingent käuflich anbieten«, erklärte Schalkes Marketingvorstand Alexander Jobst.[2]

Konkret sah der Vertrag vor, dass Viagogo an Schalke pro Saison mindestens 1,2 Millionen Euro bezahlt. Im Gegenzug erhielt die Ticketbutze für zehn der 17 Heimspiele jeweils 300 Karten, um sie mit Aufschlag und hohen Gebühren für Käufer und Verkäufer auf der eigenen Internetseite zu verkaufen. Der Vertrag sollte über drei Jahre gehen und

Viagogo somit an Schalke 3,6 Millionen Euro für den Vertrieb von 9 000 Eintrittskarten bezahlen. Geld, das der verschuldete Ruhrpott-Verein mehr als gut gebrauchen konnte.

Im Vertrag war aber auch festgelegt, dass Viagogo höchstens 100 Prozent Preisaufschlag auf die Karten nehmen durfte.

Und das galt auch nur für Begegnungen, die voraussichtlich gar nicht ausverkauft sein werden, denn »*Karten für Spiele gegen die Bayern oder Borussia Dortmund und ähnlich gefragte Partien sowie Stehplätze und Gästekarten im Allgemeinen*« waren ausdrücklich davon ausgenommen.

Jedem Depp fällt hier schon auf, dass da etwas nicht stimmen kann.

Denn 3,6 Millionen Euro geteilt durch 9 000 Eintrittskarten macht 400 Euro pro Ticket, die das in der Schweiz registrierte Unternehmen mindestens erlösen müsste, nur um seine Sponsoringkosten wieder hereinzuholen. Zinskosten für die 3,6 Millionen Euro und eventuelle Gewinne sind da noch nicht mit eingerechnet.

Viagogo müsste also deutlich mehr als die zugegebenen 300 Karten ausgehandelt haben oder aber der Laden subventioniert mit Tickets anderer Klubs die überteuert eingekauften Schalke-Karten.

Zu dieser Zeit hatte Viagogo schon weitere Deals mit Vereinen. Schalke war der zehnte Bundesliga-Partner. Es ging dem Unternehmen offenbar vorwiegend darum, den Schwarzmarkt von Eintrittskarten in den Stadien zu etablieren und aus der Ecke des Zwielichtigen heraus zu manövrieren.

»*Wir freuen uns auf die Zusammenarbeit ab der kommenden Saison*«, äußerte Vorstand Jobst.

Damit waren die Vereinsverantwortlichen aber auch die einzigen. Die Fans gaben noch am gleichen Tag der Deal-Bekanntgabe ihre Meinung in zahlreichen Internetforen kund.

»*Ich fasse es einfach nicht*«, schrieb ein User entsetzt.

»*Das habe ich mir auch gerade gedacht, als die Info über die Schalke-App aufflackerte. Beim HSV gerade mit Tamtam rausgekegelt und wir haben nix besseres zu tun, als uns dieser Abzockerbude anzuhängen*«, lautete zwei Minuten später der nächste Kommentar.

»*Ein Grund mehr, euch nicht zu mögen*«, schrieb hämisch ein Dortmunder. Am treffendsten brachte aber jener Kommentar das Dilemma zum Ausdruck:

»Muahahaha, da bekommen Fans wegen jeder bei ebay eingestellten Karte (auch Festpreis ohne Gewinn!) eine Abmahnung, und jetzt gibt's den «offiziellen Schwarzmarkt«.

In der Tat, die Haltung von Schalke war so bigott, dass es kaum zu beschreiben ist. Denn nur ein paar Monate, bevor der Viagogo-Deal bekannt gegeben wurde, erhielten noch zahlreiche Schalke-Fans Abmahnungen, wenn sie ihre Karten bei eBay verkauften. Seit ungefähr 2007 gingen die Königsblauen harsch gegen Kartenanbieter jeder Art vor. Etliche Betroffene erhielten einen Anwaltsbrief mit der Aufforderung, eine Unterlassungserklärung mit folgendem Text abzugeben:

```
Hiermit verpflichtet sich
Name, Vorname, Straße, PLZ, Wohnort

1. es bei Meidung einer für jeden Einzelfall der
Zuwiderhandlung unter Ausschluss der Einrede des
Fortsetzungszusammenhangs fälligen Vertragsstrafe in
Höhe von bis zu 2500,00 € ab sofort zu unterlassen,
Tickets des FC Gelsenkirchen-Schalke 04 e.V. zum Kauf
zu überhöhten Preisen anzubieten bzw. zu veräußern

2. nachfolgend lückenlos Auskunft zu erteilen über
die Herkunft der angebotenen Tickets für Heimspiele
des FC Gelsenkirchen-Schalke 04 e.V., falls diese
nicht von FC Schalke 04 Arena Management GmbH erworben wurden. Entsprechende Nachweise sind beizufügen.
```

Diese Abmahnpraxis behielt man trotz des Viagogo-Deals bei. Und das, obwohl der Bundesgerichtshof den privaten Weiterverkauf ausdrücklich erlaubte!

Es schien, als sei Viagogo endgültig in der Bundesliga angekommen. Die Plattform schloss nicht nur einen Pakt mit Schalke, sondern bekam vom Verein auch noch den Rücken freigehalten, dass Schwarzhandel künftig nur noch exklusiv bei ihnen stattfinden möge. Besser geht es doch gar nicht!

Allerdings unterschätzten die Vereinsverantwortlichen den Aktivismus der eigenen Anhänger. Die Wellen schlugen innerhalb weniger Wochen richtig hoch. Das war wohl auch nur beim FC Schalke 04 möglich, denn Viagogo hatte sich hier zwar einen prominenten, aber für Wucherpreise denkbar schlechten Verein ausgesucht. Prompt erinnerten die Aktivisten nämlich an die Vereinshistorie als Klub des einfachen Arbeiters.

»*Der Malocher zockt den Kumpel nicht ab*«, wurde in den Internetforen immer wieder entgegen gehalten, wenn befürwortende Stimmen zu Viagogo auftauchten.

Dieser Satz würde beim FC Bayern ins Leere greifen. Er verdeutlicht die kulturellen Unterschiede der Vereine.

Abb. 9: Protest der Schalke-Fans (Quelle: schalker-block5.de)

Schalke zeigte sich von dem Fanprotest zunächst unbeeindruckt. Um den Protest gegen die Kooperation zu bündeln, wurde schließlich die Initiative »*viaNOgo*« mit der Kampfansage »*Unser Ziel – Stoppt den Deal*« gegründet. Flyer, Info-Broschüren, Banner, Doppelhalter, Fahnen und vieles mehr wurden angefertigt. Fans gingen mit Kampagnen-T-Shirts zu Schalke-Spielen, ja sogar öffentliche Plakatwände wurden angemietet.

Die Initiatoren riefen eine Unterschriftensammlung ins Leben, um eine außerordentliche Mitgliederversammlung einzuberufen. Zu guter

Letzt bereitete sich die Fanbewegung auf die Ende Juni 2013 stattfindende Jahreshauptversammlung des Vereins vor, um dort ihrem Ärger über den Viagogo-Vertrag Luft zu machen.

Der Druck auf den Schalke-Vorstand wuchs rasant. Am 6. März 2013 forderte die Kampagne Vereinsboss Clemens Tönnies per Anwalt zu einer Stellungnahme auf. Erst nach zwei Monaten signalisierte der Vorstand über den Fanbeauftragten des Vereins, dass er gesprächsbereit sei. Vorwürfe der Verlogenheit standen im Raum. Das Klima war mehr als frostig. Die Initiative formulierte schließlich neun Anträge für die Jahreshauptversammlung. Einer davon lautete:

»*Es wird beantragt, den Kooperationsvertrag mit der Onlineticketbörse Viagogo GmbH [...] am 30.06.2016 auslaufen zu lassen und somit nicht zu verlängern.*«

Ein anderer Antrag sah vor, dass der Verein »*Sorge dafür trägt, dass die Eintrittskarten für die Heimspiele der ersten Fußballmannschaft des FC Gelsenkirchen-Schalke 04 e.V. nicht über dem Verkaufspreis, der dem Ausgabepreis des Vereins entspricht, weiterveräußert werden dürfen. Weiterhin ist ein Vertrieb über jegliche Internetplattformen (wie www.viagogo. de, etc.), verbindlich zu untersagen. [...]*« .

Wenige Tage vor der Jahreshauptversammlung goss der Vorstand aber noch einmal so richtig Öl ins Feuer. Er lehnte nämlich pauschal alle Anträge der Fans ab. Ohne Begründung!

»*Dies ist ein Vorgang, den es in dieser Form in der Schalker Vereinsgeschichte wohl noch nie gegeben hat*«, zeigte sich die Initiative entsetzt. Um dennoch die Anträge behandeln zu lassen, wandten sich die Aktivisten an den Schalker Ehrenrat. Außerdem suchte man nach Formfehlern bei der pauschalen Ablehnung.

Bei der »Jahresknallversammlung«, wie die BILD titelte, kochte dann die Wut richtig hoch. Clemens Tönnies und der Rest des Schalker Vorstands durften sich in einer hitzigen, stundenlangen Diskussion viele Vorwürfe anhören.

»*Undemokratisch und mitgliederverachtend*« seien die Handlungen gewesen und die Fans seien »*verraten und verkauft*« worden, waren noch die sachlichsten Äußerungen.

Pfiffe, Schimpftiraden, »ViaNoGo-Rufe« und das Fazit, »*der Mythos Schalke ist zerstört*« gehörten ebenfalls zu den Anfeindungen.

Die Viagogo-Gegner setzten eine Probeabstimmung durch, in der sich mit 80 Prozent von 9 000 anwesenden Mitgliedern die überwältigende Mehrheit für einen sofortigen Ausstieg aus dem Vertrag aussprach – allerdings war dieser Beschluss rechtlich nicht bindend.

Der Verein tat dann das genaue Gegenteil dessen, was die Fans verlangten und ebnete Viagogo mehr oder weniger den Weg.

Der Schalke-Vorstand ließ den Vertrag zum 1. Juli 2013 wirksam werden. Er änderte die Allgemeinen Geschäftsbedingungen (AGB) beim Kartenverkauf und bestimmte, dass Viagogo der Weiterverkauf von Karten zu einem höheren als dem Verkaufspreis erlaubt ist.

»Der Schwarzmarkt bleibt illegal, und wir werden ihn weiter bekämpfen«, meinte Marketingchef Jobst. Doch der Kampf gegen den digitalen Schwarzmarkt sei einer gegen Windmühlen, da man der Hintermänner nur schwer habhaft werden könne. Also *»offizialisiere«* man ihn lieber nach den eigenen Regeln in Zusammenarbeit mit dem Branchenführer.

viaNOgo-Initiator Michael Eckl äußerte die Sorge, dass so eine »Lex Viagogo« in den Schalker AGB zu einer kompletten Legalisierung des Schwarzmarktes im Internet führen könnte.

»Die neuen AGB des Vereins dürften vor Gericht kaum haltbar sein. Man kann ja schlecht den einen Schwarzmarkt erlauben und den anderen verbieten«, so Eckl.

Der Schalke-Vorstand hingegen war der Meinung, dies sei möglich und man habe dazu auch rechtlichen Rat eingeholt.

Die Kampagne viaNOgo gab aber nicht auf. Im Gegenteil – jetzt legte man sich so richtig ins Zeug. Am 3. Juli 2013 schrieben die Aktivisten einen Offenen Brief an die Vereinsbosse.

```
Sehr geehrte Herren im Vorstand,
sehr geehrter Herr Tönnies,

im Vorfeld der Jahreshauptversammlung (JHV) unter-
schrieben bereits mehrere tausend Mitglieder gegen
die Partnerschaft mit Viagogo.
Bei der JHV am 29.06.2013 gab es erneut unüberhör-
bare Proteste gegen die Zusammenarbeit mit dem Ti-
```

cketdealer Viagogo. Über 80% der Mitglieder sprachen sich nicht nur bei der Abstimmung gegen Viagogo aus. Die Versammlung musste mehrmals unterbrochen werden, weil Anti-Viagogo-Sprechchöre durch die Arena hallten. Was danach passiert ist, können wir gar nicht in Worte fassen, mehrere hundert E-Mails und Nachrichten erreichten uns seit der JHV und sprechen eine mehr als deutliche Sprache.
In keinem Gespräch, in keiner E-Mail gibt es Verständnis für die Abzocke unseres Vereins in Zusammenarbeit mit Viagogo. Die Leute sind entsetzt, wütend, traurig und fühlen sich ausgebeutet.
Uns erreichten Rückmeldungen aus allen Teilen des Stadions, egal ob von VIPs, Stehplatzgängern, Kritikern und sogar von S04-Mitarbeitern, die hinter vorgehaltener Hand ihr Unverständnis äußern. Selbst von Liga-Konkurrenten erhielten wir Beileidsbekundungen!
Alle sind sich einig: Dieser Deal geht zu weit! Der Vorstand hat die Grenze des guten Geschmacks überschritten und die Kommerzialisierungsschraube weit, sehr weit überdreht!
Sie haben mit diesem Deal einiges an Vertrauen kaputt gemacht und den S04 in ein sehr negatives Licht gerückt. Was braucht es noch, damit Sie endlich einlenken?
Wie lange wollen Sie noch die Atmosphäre und die Stimmung in unserer Arena mit diesem unnötigen Thema belasten? Was hindert Sie daran, einzusehen und zuzugeben, dass es ein Fehler war, einen Deal mit diesem Zweitmarkthändler einzugehen Reagiert endlich, kündigt diesen unsäglichen Vertrag und hört auf, die Stadiongänger abzuzocken!

Mit vereinskameradschaftlichen Grüßen
die Fan-Initiative viaNOgo

Dabei blieb es aber nicht. Die Aktivisten beobachteten vor allem, was sich nach dem Vertrag auf der Viagogo-Plattform mit Schalke-Karten abspielte. Denn der Vereinsvorstand hatte auf der Jahreshauptversammlung die wütenden Anhänger zu beruhigen versucht, man werde »mit Argusaugen« die Geschehnisse auf dem Ticketportal überwachen. Das übernahmen nun die Aktivisten. Und sie wurden schnell fündig.

Prompt entdeckte die Kampagne »*auffällige Angebote zum Raul-Abschiedsspiel*«. Und noch so einiges mehr. Zwei Tage später schrieben die Aktivisten wieder einen Brief an den Schalke-Vorstand:

»Für zwölf (!!!) Heimspiele werden jeweils insgesamt zwischen 74 und 77 Tickets für die Blöcke U, 51 und 9 angeboten – identische Blöcke und identische Plätze! Die Angebote können von uns allesamt mit entsprechenden Screenshots belegt werden. Ach ja, wir haben natürlich auch die Gegenprobe gemacht und versucht, einzelne Tickets einzustellen. Für uns Privatanbieter ist allerdings die Möglichkeit noch nicht freigeschaltet, auch dazu gibt es die entsprechenden Screenshots. Es ist also absolut offensichtlich, dass die angebotenen Tickets allesamt aus dem S04-Kontingent stammen und dass man uns Fans – diesmal Klartext gesprochen – verarschen will! Ist das der von Ihnen gewünschte Dialog? Will man so den Umgang miteinander wieder positiver gestalten? Wir sagen ganz eindeutig Nein! Wir alle haben noch genau im Ohr, dass von zehn Spielen mit jeweils 300 Karten die Rede war. Glauben Sie, wir Schalker sind wirklich dumm und dümmer? Wie bitte erklärt sich dieses Angebot [...]?«

Dies ist aus unserer Sicht ein absolut klarer Verstoß – nicht gegen die Vertragsbedingungen zwischen dem FC Schalke 04 und viagogo, sondern gegen das Versprechen, das SIE und die weiteren Herren aus Vorstand und Aufsichtsrat in aller Öffentlichkeit

```
allen Mitgliedern unseres Vereins gegeben haben!
Herr Jobst, WIE wollen Sie uns das erklären? WAS
sollen wir Ihnen und Ihren Vorstands- und Aufsichts-
ratskollegen überhaupt noch glauben? [...]
Und jetzt kommen Sie bitte nicht damit, dass die
viagogo-Ticketpreise exakt einen (!) Cent unter dem
max. 100%igen Aufschlag liegen, denn dann machen Sie
sich endgültig lächerlich!
viaNOgo is watching you - gemeinsam mit deutlich
mehr als 80% der auf der JHV anwesenden Schalker!

Die »Kleine« Gruppe 2.0
```

Damit waren die Vereinsbosse in Erklärungsnöten. Die investigative Vorgehensweise der viaNOgo-Initiatoren war schon bemerkenswert.

In der Tat, die auf Viagogo gehandelten Zahlen ließen den Schluss zu, dass es eine Diskrepanz gab zwischen den offiziell bekannt gegebenen 300 Karten für zehn Spiele und dem, was tatsächlich angeboten wurde.

Das erstaunte auch mich, denn ich verfolgte die Entwicklung natürlich auch mit Argusaugen. Ist ja immerhin potentielle Konkurrenz und sehr wichtig für eine Entscheidung, ob man in Schalke-Wertpapiere investiert oder nicht.

Jetzt wurde es wohl auch dem Vorstand zu heiß. Vermutlich wollte man es sich nicht antun, in den kommenden drei Jahren Vertragslaufzeit ständig mit derartigen Schreiben konfrontiert zu werden. Es ging nämlich danach alles sehr schnell.

Am 9. Juli 2013, also nicht mal eine Woche nach dem Brandbrief, gab Schalke bekannt, dass man die Zusammenarbeit mit der Ticketplattform Viagogo beendet. Als Begründung für die schnelle vorzeitige Auflösung führten die Verantwortlichen an, Viagogo habe sich trotz mehrmaliger Aufforderung nicht an die vertraglichen Vereinbarungen gehalten.

»Nach erfolglosen Abmahnungen haben die Königsblauen daraus die einzig mögliche Konsequenz gezogen: Der FC Schalke 04 hat den Vertrag mit Viagogo fristlos gekündigt«, schrieb der Verein.

Wogegen die Ticketplattform jedoch genau verstoßen hat, wurde nicht genannt. Viagogo widersprach dem Vorwurf des Vertragsbruchs. »Wir haben alle Aspekte unseres Vertrags erfüllt. Die Ankündigung, dass Schalke 04 die Partnerschaft mit uns nach nur einer Woche lösen will, hat uns daher sehr überrascht«, antwortete Viagogo.

Der zuvor heftig gescholtene Marketingvorstand Jobst wies darauf hin, »der Vorstand des FC Schalke 04 hat seinen Vereinsmitgliedern auf der Jahreshauptversammlung sein Wort gegeben, genau zu prüfen, ob die Vertragsinhalte umgesetzt werden. Wir haben unser Wort gehalten.«

Außerdem bedankte er sich bei jenen Vereinsmitgliedern, die »auf konstruktive Weise auf das Fehlverhalten von Viagogo aufmerksam gemacht haben, auch wenn die Fälle bei uns im Einzelnen bereits bekannt waren«.[3] Das beruhigte dann schlussendlich die Gemüter der Fans.

»Der 01.07.2013 ist zunächst als einer unserer schwärzesten Tage in die Schalker Vereinsgeschichte eingegangen. All unsere Mahnungen und Warnungen schienen umsonst, Unverständnis, Frust und Trauer machten sich breit. Um so größer die Überraschung, als wir heute erfahren haben, dass Sie, Herr Jobst, auf der Jahreshauptversammlung keine leeren Worte geredet haben, sondern Ihr Versprechen komplett eingehalten und viagogo tatsächlich aufgrund deren Fehlverhalten die rote Karte gezeigt haben. Chapeau, Herr Jobst! Die Kleine Gruppe 2.0 zieht ihr königsblaues Cap und bedankt sich aufrichtig bei Ihnen, dies auch im Namen zahlloser weiterer viagogo-Gegner«.

»Ziel erreicht – Der Deal ist gestoppt«, meldete die Kampagne zufrieden. Doch wie es im Fußball so ist – Abpfiff ist erst, wenn die Verlängerung vorbei ist. Die kam in Form eines juristischen Nachspiels. Viagogo ließ sich die zurückweisende »Behandlung« von Schalke nicht gefallen. Die Vertragsauflösung baute nämlich Druck auf das Ticketunternehmen auf. Am 22. Juli 2013, also genau zwei Wochen nach dem Schalke-Ausstieg, gab auch der VfB Stuttgart bekannt, dass er seine Zusammenarbeit mit dem Laden zum Vertragsende im Juni 2014 beenden wolle.[4]

Dafür sollte Schalke des Teufels Rache zu spüren bekommen. Zunächst versuchte Viagogo seinen ehemaligen Vertragspartner öffentlich so richtig in die Pfanne zu hauen.

Viagogo-Sprecher Steve Roest plauderte munter aus, dass man tatsächlich nicht über zehn, sondern im Geheimen eine Vereinbarung über zwölf Spiele getroffen habe. Schalke hätte dies sogar von sich aus angeboten.

Dem Westdeutschen Rundfunk spielte irgendjemand Dokumente zu, die das belegen sollen.

Offenbar versuchte das Ticketunternehmen, den Vorstand vor den eigenen Fans zu brüskieren und gezielt als Falschspieler hinzustellen.

Schalke wehrte sich heftig gegen diese Behauptung und wies sie entschieden als »unwahr« zurück. Vielmehr habe Viagogo den Verein »massiv unter Druck gesetzt«, um höhere Kartenkontingente zu erhalten.

Ob Schalke tatsächlich Vereinbarungen über mehr Spiele getroffen hat, als der Vereinsvorstand vor den Fans zugeben wollte, lässt sich kaum klären. Fakt ist, dass Roests Behauptungen mit den viaNOgo-Entdeckungen übereinstimmten.

Es könnte aber auch sein, dass die Schalke-Leitung die Wahrheit sagte und Roest unterfütterte die Beobachtungen der viaNOgo-Initiative mit einer offiziellen Zugabe. Wie dem auch sei, wer den Pakt mit dem Teufel sucht, darf sich über eine solche Vorgehensweise nicht wundern.

Die Fans hingegen waren über den Ausgang in der Sache zufrieden. »Ab sofort ist Viagogo nur noch ein Kapitel unserer Vereinsgeschichte«, schrieb der FC Schalke Supportersclub e.V. am 9. Juli auf seiner Webseite. Naja, fast.

Viagogo scherte die Kündigung durch Schalke einen Dreck. Das Unternehmen hat nämlich mehr Geld auf dem Konto, als so mancher Bundesligist.

»*Viagogo wird auch in Zukunft einen sicheren und transparenten Marktplatz für Schalke-Tickets bieten – auch ohne Partnerschaft. Bereits jetzt sind auf viagogo Tickets für jedes Spiel der Saison erhältlich und die Verkaufszahlen steigen rasant. Der einzige Unterschied besteht darin, dass der Verein nun nicht mehr davon profitiert.*« [...] und »*Die Ankündigung, dass Schalke 04 die Partnerschaft mit uns nach nur einer Woche lösen will, hat uns daher sehr überrascht. Die Entscheidung ist für uns, für den Club und vor allem für die Fans sehr bedauerlich, da der Club von dem Sponsoring stark profitiert hätte. Die gute Nachricht für die Käufer und Verkäufer von Tickets ist, dass wir nicht auf eine Partnerschaft mit den Fußballclubs angewiesen sind, um einen transparenten Marktplatz anzubieten. Wir sind in Deutschland weiter auf Wachstumskurs und freuen uns auf eine spannende Zukunft«*, schreibt das Unternehmen kackfrech in seinen abschließenden Pressemitteilungen.

Und tatsächlich: Der Bundesliga-Spielplan stand kaum fest, die Karten waren noch gar nicht gedruckt, da war für nahezu jedes Schalke-Heim- und Auswärtsspiel schon bei Viagogo der Kartenbezug möglich.

3.5 Hamburger SV

Der Flirt mit Viagogo flog nicht nur dem FC Schalke um die Ohren. Die Parallelen zwischen dem Hamburger SV und dem Schweizer Webportal gleichen sich fast haargenau.

Schwarzhandel mit Tickets ist auch beim HSV als großem Traditionsverein kein neues Phänomen. Schon vor über 15 Jahren war die Kartenknappheit so groß, dass manche Schlachtenbummler auf trickreiche Ideen kamen, um im Volksparkstadion live dabei zu sein.

Beim Kracherspiel HSV gegen den FC Bayern in der Saison 1999/2000 entstand eine wahre Hysterie um die 53 000 verfügbaren Karten. Als am 8. November 1999 der Vorverkauf begann, war nach nur fünf Stunden das Spiel ausverkauft.

Viele Karten landeten auf dem Schwarzmarkt. 300 DM pro Ticket war anschließend der Schwarzmarkt-Durchschnittspreis für eine (!) Karte.

»Es ist schwer, einen Schwarzmarkt in den Griff zu kriegen. Wir werden wie immer Kontrolleure vorm Stadion postieren, doch an die Telefon-Anbieter kommen wir kaum ran«, seufzte hilflos HSV-Sportchef Holger Hieronymus.

Ganz unlieb schien Hieronymus die Situation aber anscheinend doch nicht, denn sie diente gleichzeitig als Indikator für das starke Interesse am HSV.

»Seit Januar vergangenen Jahres, als noch keiner wusste, wann wir gegen die Bayern spielen würden, gingen bei uns Vorbestellungen ein, wir hätten über 100 000 Karten verkaufen können. Ein schönes Gefühl für uns«, meinte der Sportchef.

Wer beim normalen Verkauf leer ausging und auf dem Zweitmarkt keine hohen Preise zahlen wollte, kam zuweilen auf kuriose Ideen.

»*Mein Opa liegt im Sterben. Er möchte noch ein letztes Mal die Bayern in Hamburg sehen*«, rief ein Fan mit weinerlicher Stimme beim HSV an. Ein anderer versuchte sich Karten zu erschwindeln, indem er am Telefon sagte:

»*Ich möchte meine Karte abholen. Ich hatte dem HSV doch schon Bargeld geschickt.*« Als der Sachbearbeiter nachhakte, ob das Geld per Einschreiben versandt worden sei, antwortete der Mann forsch: »*Nö, das hat bisher auch immer so geklappt.*«

Ein weiterer Bewerber schwindelte: »*Mir ist mein Portemonnaie mit meiner Dauerkarte gestohlen worden, ich brauche ein Ersatzticket.*« Als er gefragt wurde, ob der Diebstahl bei der Polizei gemeldet wurde und ob er eine eidesstattliche Versicherung unterschreiben würde, war er schnell verschwunden.

Ja, mit HSV-Tickets konnte man zur richtigen Zeit gutes Geld verdienen und das nicht nur dann, wenn das Derby gegen den FC St. Pauli anstand.

Kumpels und ich standen oft am Stellinger Bahnhof, wedelten mit Karten und ich freute mich riesig, wenn ich wieder einen Zwanziger über Preis kassierte. Bei Spielen gegen Dortmund oder Schalke waren es sogar Fünfziger und bei Bremen-Begegnungen wanderte auch schon mal ein Hunderter pro Ticket als Überschuss direkt ins Portemonnaie.

Mit prall gefüllter Brieftasche gingen wir dann abends auf die Reeperbahn. Deswegen hatten HSV-Spiele immer ihren besonderen Reiz und ich erinnere mich gerne an diese Zeit zurück. Es hatte einfach Flair.

Ungefähr zwei bis drei Jahre später war das aber alles anders. Der Handel verlagerte sich fast komplett ins Internet. Auf gut Glück ging irgendwann kaum noch jemand ohne Karte zum Stadion. Da wir immer dort anbieten müssen, wo sich unsere Kundschaft herumtreibt, waren die heißen Abende nach erfolgreichem Handverkauf irgendwann vorbei.

Doch auch im Internet war mit HSV-Tickets durchaus gut Kasse zu machen. Zwar nicht so doll, wie mit Dortmund- oder Bayern-Tickets, aber es lief. Vor allem, als die Hamburger noch im oberen Drittel der Tabelle mitspielten.

Die Empörung der Fans war irgendwann ziemlich groß. Der HSV war deshalb lange Zeit im Kampf gegen den Ticketzweithandel aktiv und sogar ein echter Vorreiter in Sachen Schwarzmarkt-Bekämpfung.

Im Jahre 2007 ging der Verein rechtlich gegen die Plattform bundesligakarten.de vor und obsiegte vor dem Hamburger Oberlandesgericht. Das Gericht urteilte damals, dass die AGB wirksam seien und »*ein Weiterverkauf von Eintrittskarten in jedem Fall ein wettbewerbswidriges Umgehungsgeschäft darstellt, wenn der Weiterverkäufer Kenntnis von den AGB hat und den Weiterverkauf nicht einstellt.*«[5]
Mit dem Urteil wollte sich das Ticketportal aber nicht zufrieden geben und zog vor den Bundesgerichtshof.

2009 verklagte der HSV zusätzlich die Internetplattform Seatwave. Dem Portal sollte es verboten werden, Karten für Heimspiele der Hamburger vermarkten zu dürfen. Zudem wollte man dem Portal untersagen, damit zu werben, dass dort die Karten legal gehandelt würden.

In der ersten Instanz gewann noch der HSV, doch das »Rückspiel« vor dem Landgericht verlor der Verein deutlich. Schuld an dem negativen Prozessverlauf war ein fatales »Eigentor«. Der Verein flirtete wie Schalke nämlich gleichzeitig mit Viagogo.

Der HSV konnte sich den konsequenten Widerstand leisten, denn in dieser Zeit war der norddeutsche Traditionsklub sportlich noch einigermaßen erfolgreich. Immerhin spielte er international in der Europaleague. Nur drei Jahre später war der sportliche Höhenflug gänzlich verpufft. Der Verein ergriff deshalb jeden finanziellen Strohhalm.

Viagogo wurde offizieller Zweitmarkt-Ticket-Partner des HSV. Ein solches Privileg mit Werbung durch den Bundesligaverein ist für alle Beteiligten bares Geld wert, für den Verein wie das Unternehmen Viagogo – auf Kosten der Fans.

Genau wegen dieser Geschäftsbeziehung aber kassierte der norddeutsche Klub schon im Gerichtssaal eine Klatsche noch bevor die neue Bundesligasaison begann.

Das Klageverfahren gegen Seatwave zog sich schon über mehrere Jahre und sollte ein wichtiger Musterprozess für die ganze Liga sein. Die Liga war nämlich zwiegespalten. Manche Klubs warteten mit Spannung auf eine rechtlich abgesicherte Handhabe gegen den Weiterverkauf ihrer Tickets, manche auf die Legalisierung.

»*Der Ausgang des Hamburger Prozesses hätte entscheidend werden können für die weitere Rechtsentwicklung des Ticketzweitmarktes. Der Prozess* war eine Bedrohung für die gesamte Zweitmarktindustrie«, bestätigte der ehemalige Justiziar des HSV, Jan Räker.

Doch dieses Spiel vergeigte der HSV, weil er eben gleichzeitig mit Viagogo anbandelte. In der zweiten Instanz gewann Seatwave, eine Revision wurde nicht zugelassen.

In London löste die Hamburger Entscheidung Genugtuung aus. Joe Cohen, Gründer und Chef von Seatwave, kommentierte in einem Interview mit dem Portal jp4sport.biz das Urteil: *»Es ist wichtig, weil es das Geschäftsmodell stärkt, das wir seit fünf bis sechs Jahren in Deutschland mit wachsendem Erfolg betreiben. Wir sind Viagogo extrem dankbar.*

Es war uns sehr klar, dass der HSV seine Position durch das eigene Verhalten kompromittiert hat. Wir glauben auch, dass der HSV nicht ganz aufrichtig war in seiner Argumentation. Der Verein hat den Wiederverkauf unterstützt, solange er ihm den Großteil des wirtschaftlichen Nutzens versprach«, meinte Cohen.

Als Ticket-Partner durfte Viagogo laut Vertrag pro Heimspiel 1 500 Karten verkaufen – mit einem Aufschlag von bis zu 100 Prozent zum Originalpreis. Bearbeitungs- und Versandkosten nicht mit eingerechnet. Der HSV erhielt für diesen Deal 800 000 Euro fix pro Saison und 85 Prozent vom Verkauf jeder Karte. Der Vertrag ging über zwei Jahre und war zum 31. Juli 2013 wieder kündbar.

Bei derartigen Konditionen aber liegt auf der Hand, dass es Viagogo nicht um die Einnahmen aus dem Reselling-Geschäft mit den HSV-Karten selbst ging. Sondern um Schaffung von Akzeptanz.

Viagogo verhält sich wie ein Kettensägenhersteller, der vor dem Regenwald Flyer für seine neuesten Modelle an Touristen und Fauna-Forscher verteilt. Jeder ist wütend ob dieser Dreistigkeit, aber irgendwann, so das Kalkül, ist das gesellschaftlich heftig kritisierte Geschäftsmodell stillschweigend und ohnmächtig akzeptiert.

Für das ausverkaufte Saison-Finalspiel gegen den FC Bayern am 3. Mai 2014, konnten Fans bei Viagogo durchaus noch Karten bekommen, allerdings mussten sie dafür ihre Brieftasche weit öffnen. Statt Karten zum Originalpreis für 63 Euro fingen die günstigsten Karten mit Block 16c (Westtribüne) dort bei 126 Euro an. Diesmal reichte der Verein keine Klage ein, sondern verdiente am Verkauf einfach mit. Die Initiative »Fußball muss bezahlbar bleiben« bezeichnete das als *»legalisierten Schwarzmarkt«.*

»Die Möglichkeit der Kündigung muss unbedingt genutzt werden«, forderte deshalb Supporters-Chef Ralf Bednarek und erklärte, viele Fans verstünden die Zusammenarbeit mit Viagogo »als Kriegserklärung«.

Die Anhänger reagierten aufgebracht, dass der Verein seine Tickets zu Spekulationsobjekten macht. »Dank Viagogo wissen wir jetzt zumindest, dass Vereine wie Schalke oder der HSV die eigenen Fans nur noch als auszunehmendes Melkvieh betrachten«, empört sich ein aufgebrachter Fan im Internet.

Der HSV hingegen rechtfertigte sich, er stelle »Viagogo nur ein kleines Karten-Kontingent zur Verfügung, zwei Prozent der Stadionkapazität, mit der wir eine signifikante Summe erwirtschaften«, so Marketing-Vorstand Joachim Hilke.

Damit machte der HSV seine ganzen Bemühungen im Kampf gegen Seatwave selbst zunichte. Denn man konnte nicht glaubhaft auf der einen Seite Seatwave den Weiterverkauf verbieten und auf der anderen Seite Viagogo den Schwarzhandel erlauben.

»Dieser Argumentation stand der Inhalt und die Umsetzung des Vertrages entgegen, den die Klägerin mit der Viagogo AG abgeschlossen hatte«, urteilte Richterin Ruth Hütteroth.

Peng! Den Pakt mit dem Teufel, wie HSV-Anhänger den Deal bezeichneten, musste sich der Verein nun auf allen Ebenen vorwerfen lassen.

Vor allem trat der Verein seinen Mitgliedern auf die Füße. Die beschwerten sich reihenweise, dass jeder die Möglichkeit habe, zu übertrieben Preisen Eintrittskarten zu erwerben, obwohl noch nicht einmal der Mitgliedervorverkauf begonnen habe, der ja als Vorteil einer HSV-Mitgliedschaft angepriesen wird.

»Boykottiert Viagogo! Tickets nur zu fairen Preisen! Und vor allem: Tut euren Unmut kund! Schreibt an den HSV und teilt den Offiziellen mit, dass ihr das Gebaren des Vorstandes im Fall Viagogo nicht akzeptiert! Wir werden jedenfalls alles in unserer Macht stehende tun um diese unheilige Allianz zu bekämpfen und sind uns einer breiten Unterstützung aus der gesamten Fanszene des HSV sicher! Fußball muss bezahlbar sein, der HSV muss wieder ein fanfreundlicher Verein werden! Viagogo? ViaNOgo!«, endete der Brandbrief von verschiedenen Mitgliedern.

Der Druck von den Mitgliedern, der Verein möge doch bitte die

Zusammenarbeit beenden, stieg rapide an. Auf der HSV-Mitgliederversammlung wurde das Problem im Oktober 2012 angesprochen. Am Ende stand als empfehlender Beschluss, so bald wie möglich aus dem Vertrag auszusteigen.

Das fruchtete. Nach nur drei Monaten wurde der Vertrag zum 1. Juli gekündigt. Viagogo verklagte den HSV postwendend auf 200 000 Euro Schadenersatz.[6]

Wenn solche Schwergewichte der Branche die Aufmerksamkeit auf sich ziehen, ist uns kleineren Profi-Schwarzhändlern das nur recht.

Es ist auch ein Beispiel, wie sich die Zustände ändern können. Während wir am Stellinger Bahnhof mit HSV-Tickets dealten und Vorbeilaufenden HSV-Tickets zu überhöhten Preisen anboten, sind wir heute nur noch eine Randnotiz. Das macht das Handeln angenehmer. Selbst wenn wir bissige Kommentare zu hören bekommen, es genügt ein Verweis auf Viagogo und schon wird die Kritik leiser.

Heute hat sich das mit dem HSV-Schwarzmarkt von selbst erledigt. Vom einstigen Glanz ist trotz Investoren-Engagements nicht viel übrig. Bis auf ganz wenige Top-Spiele sind im Reselling mit HSV-Tickets keine nennenswerten Erlöse mehr zu erzielen.

3.6 Eintracht Frankfurt

Sportlich ist der einzige hessische Bundesligist nicht gerade ein Überflieger. Der Traditionsverein hat in den letzten 25 Jahren keine Titel mehr gewonnen. Dafür aber Zuspruch von Fans. Die Zuschauerzahlen gingen bei den Frankfurtern kontinuierlich bergauf.

Eintracht Frankfurt ist damit neben Borussia Mönchengladbach der einzige Verein, bei dem sich trotz fehlender Pokale nennenswert Karten hochpreisig verkaufen lassen. Dazu mögen sicherlich zahlreiche Spiele beigetragen haben, bei denen der Kampfgeist des Teams auch in ausweglosen Situationen aufblitzte.

In zwei Saisonfinals erreichten die Frankfurter als Endresultat Ergebnisse, die noch zur Halbzeit dieser Spiele undenkbar erschienen. So sicherte sich die Eintracht im Jahre 1999 mit einem 5:1 gegen den 1.

FC Kaiserslautern den Bundesliga-Klassenerhalt – alle fünf Frankfurter Tore fielen innerhalb von 20 Minuten.
Noch verrückter war das Spiel um den Bundesliga-Aufstieg 2003. Mit 6:3 siegte das Team – drei Tore fielen in den letzten vier Minuten und es hätte kein einziger Treffer weniger sein dürfen. In der allerletzten Sekunde zog man an Lokalrivale 1. FSV Mainz 05 vorbei.
Derartige Spiele sind heute bei Frankfurter Fans eine Legende und blieben auch jenen Anhängern im Gedächtnis, die nicht Spieltag für Spieltag ins Stadion pilgern. Mit solchen Fußballfesten, die unter den eingefleischten Fans fast schon einen ähnlichen Stellenwert einnehmen, wie für Bayern-Anhänger die Meisterschaft, legte der hessische Verein die Basis für einen dauerhaften Fanzuspruch. Es macht sich gut, wenn eine Mannschaft bis zum Schluss kämpft und das geflügelte Wort von Sepp Herberger, ein Spiel dauere immer 90 Minuten, lebendig hält.
Diese Begebenheiten sind der ideale Nährboden für steigende Ticketpreise. Tatsächlich kann man mit Frankfurter Karten hin und wieder einen guten Schnapp machen, für professionelles Reselling eignen sie sich jedoch eher nicht.
Das liegt vor allem am vergleichsweise großen Stadion. Mit 51 500 Plätzen gehört die Kapazität zu den größeren in Deutschland. Nur vier bis fünf Mal ist ein Frankfurter Heimspiel pro Saison ausverkauft. Mit Sitzplätzen ist hier kaum etwas zu verdienen. Es gibt aber in Frankfurt eine Begehrtheit, die durchaus Margen über 300 oder 400 Prozent ermöglicht. Das sind die Stehplätze der Nordwestkurve, also der Frankfurter Heimfans.
An diese heranzukommen, ist relativ schwierig. Denn die meisten dieser Plätze sind als Dauerkarten ausgegeben.
In Zeiten, wo es der Frankfurter Eintracht sportlich wie finanziell nicht gut ging, formierte sich die Frankfurter Ultra-Bewegung. Zahlreiche dieser Anhänger standen schon zu Zeiten des alten Waldstadions mit ihren Kutten auf den Stehrängen. Als dann die neue Commerzbank-Arena zur WM in Deutschland um das Jahr 2005 gebaut wurde, führte die Eintracht ein Abonnement-System auf Dauerkarten ein. Fast alle Stehplätze wurden seinerzeit als Dauerkarten-Abo ausgegeben. Für die seinerzeit finanziell klamme Eintracht war das gut. Sie verkaufte mit 26 000 ausgegebenen Dauerkarten zu Saisonbeginn das halbe Stadion aus.

Das führte allerdings zu der misslichen Lage, dass kaum noch ein Kontingent für Gelegenheitsbesucher zur Verfügung stand. Wer keine Stehplatz-Dauerkarte in den Anfangsjahren des neuen Stadionbaus ergattern konnte, hatte schlicht und ergreifend Pech gehabt und musste mit einem Sitzplatz vorlieb nehmen.

Die Anzahl der Kündigungen solcher Stehplatz-Dauerkarten konvergiert Saison für Saison gegen Null. Die wenigen Stehdauerkarten, welche tatsächlich zurückgehen, gibt der Verein bewusst nicht wieder als Dauerkarten aus, sondern erhöht damit schrittweise die Zahl jener Karten, welche Spieltag für Spieltag in den Einzelverkauf gehen.

Und um genau diese wenigen verfügbaren Stehplatz-Einzeltickets prügeln sich die Fans regelrecht. Kaum ist der Vorverkauf für ein Bundesligaspiel freigegeben, sind die Stehplätze binnen weniger Stunden vergriffen. Bei Top-Spielen können es auch Minuten sein.

Klar, dass die Margen bei solchen Umständen explodieren. Ein Stehplatz-Ticket kostet regulär zwischen elf und 16 Euro. Bei eBay bringt es minimal 40 Euro, egal für welches Spiel. Wer aber zwei Stehplatz-Tickets für die Spiele gegen Bayern München oder Borussia Dortmund ergattert, kann aus 32 Euro Einsatz auch gut und gern 250 EUR machen. Also fast 800 Prozent Gewinn.

Bei derartigen Zahlen stellt sich für uns nicht die Frage, ob wir investieren. Hier gilt dasselbe Prinzip, wie bei Tickets für den FC Bayern: Kaufen, was man kriegen kann!

Von allen anderen Kategorien hingegen sollte tunlichst Abstand genommen werden. Damit kann man nämlich ganz gehörig auf die Nase fallen und schwere Verluste erleiden.

Im Jahre 2006 investierten Kumpels und ich eine größere Summe in Tickets für das UEFA-Cup-Spiel Eintracht Frankfurt gegen Bröndby Kopenhagen. Wir hielten dies für eine sichere Bank. Denn die Eintracht erreichte den DFB-Pokal nicht über die Bundesliga-Platzierung, sondern als DFB-Pokalfinalist. Den Pokal konnte man gegen Bayern München zwar nicht gewinnen, aber das Trostpflaster Europapokal nahmen viele Eintracht-Fans mit Kusshand.

Schließlich hatte der Klub seit 1993 nicht mehr international gespielt und musste sogar als einer der letzten vier verbliebenen Bundesliga-Traditionsvereine, die seit Ligagründung dabei waren, wiederholt absteigen.

Nach fast 15 Jahren ohne internationalen Auftritt, so unser Kalkül, seien viele Eintracht-Anhänger bestimmt »ausgehungert« und lechzen geradezu nach dem internationalen Auftritt.

Sie wären bestimmt bereit, jeden Preis zu bezahlen, um das erste Mal dabei zu sein, wenn die Mannschaft wieder das internationale Parkett betritt. Und dann auch noch gegen den Verein Bröndby Kopenhagen, mit dem man noch eine Rechnung offen hatte.

Denn 1990 war wieder so ein typisches Eintracht-Spiel. Hier gewann Kopenhagen im Hinspiel 5:0 und die Hessen schafften es fast noch, das Ergebnis zu egalisieren. Mit 4:1 schied Frankfurt damals aber dann doch aus.

Die Voraussetzungen waren blendend, die Weichen auf satte Gewinne gestellt und entsprechend richteten wir unsere Einkaufsstrategie aus. Kräftig investieren, galt die Devise. Medien heizten den Hype zusätzlich an.

Doch es folgte pure Ernüchterung. Zum Schluss fanden nur 40 000 Zuschauer den Weg ins Stadion. Schlecht war das nicht, wenn man es in Relation zu anderen Zuschauerzahlen von Bundesligisten setzt. Änderte aber faktisch nichts an der Tatsache, dass knapp 8 000 Sitzplätze frei blieben.

Das Investment mündete für uns Reseller in einem Alptraum. Teilweise mussten wir Tickets gnadenlos verramschen. Was mal 25 oder 30 Euro im Einkauf kostete, ging für einen schnöden Zehner wieder weg. Bei fünf Tickets ist da glatt ein Hunderter futsch.

Das Kopenhagen-Spiel war teures, aber wirksames Lehrgeld. Es zeigte, dass man nie mit absoluter Gewissheit sagen kann, ein Spiel sei eine sichere Investition.

Es gibt zu viele Unwägbarkeiten. Wir hatten zu wenig in die Kalkulation einbezogen, dass das Spiel mitten in der Woche ist und noch dazu im TV übertragen wird. Beide Aspekte verderben oft gründlich den Schwarzmarktpreis.

Denn viele Leute sind eben nicht bereit, hunderte Euro auszugeben, wenn sie erst um Mitternacht daheim sind und am nächsten Tag wieder zur Arbeit müssen. Und Familien mit Kindern können zeitlich erst recht nicht. Auch viele Jugendliche bekommen oft keine Erlaubnis von ihren Eltern, ein Spiel zu besuchen, bei dem sie erst spät nachts heimkehren, wenn sie am nächsten Tag in die Schule müssen.

Der Zeitpunkt eines Spiels ist oft Dreh- und Angelpunkt für die Preisentwicklung. Ein schlechtes Anstoß-Timing lässt uns seitdem eher von einer Investition Abstand nehmen.

Das Reselling mit Frankfurt-Karten wurde in den Folgejahren generell immer schwieriger. Der Verein zog zunehmend restriktiver die Zügel gegen Ticketschwarzhandel an. Wer noch mit höheren Ticketzahlen mitmischen will, muss entweder früh aufstehen und im Internet beziehungsweise an den Vorverkaufsstellen im Rhein-Main-Gebiet die wenigen verfügbaren Stehplatzkarten abgreifen oder aber so trickreich vorgehen, wie ein Bekannter von mir. Es existieren nämlich zahlreiche Eintracht-Fanclubs (EFCs). Diese sind bei der Ticketvergabe besonders privilegiert. Um zu verhindern, dass Fanclubs nur gegründet werden, um an Dauerkarten zu gelangen, gibt es lange Probezeiten. Bestehende Fanclubs hingegen sind davon nicht betroffen.

Mein Branchenkollege kaufte einem Fanclubinhaber seinen nur noch auf dem Papier existierenden EFC für einen vierstelligen Betrag einfach ab.

Auf diese Weise sicherte er sich ein Kontingent von mehreren Stehplatz- und Sitzplatz-Dauerkarten.

Und da Dauerkarteninhaber bei Top-Spielen noch einmal gesondert bezugsberechtigt sind, kann er bei den richtig lukrativen Spielen ebenfalls zulangen. Mit den Verkäufen zu Bayern München oder Borussia Dortmund sind in der Regel sämtliche Kosten wieder drin.

Auf solche Maßnahmen kommt nicht jeder und es verdeutlicht, wie trickreich manche aus unserer Branche vorgehen.

Der Kampf gegen den Ticketschwarzhandel ist einer gegen Windmühlen. Selbst wenn die Tickets nur an Fanclubs ausgegeben werden, kann man immer noch nicht sicher sein, dass davon nicht eine Menge in dunklen Kanälen landen.

3.7 Werder Bremen

Das Problem des Ticketschwarzhandels ist für den SV Werder Bremen heute bei weitem nicht mehr so akut, wie es noch vor ungefähr zehn Jahren der Fall war. Als die Norddeutschen noch Saison für Saison um die Meisterschaft mitspielten und ein Abo auf die Champions-League-Teilnahme hatten, war der Verein für uns eine Goldgrube. Denn von allen Meisterschaftsanwärtern gehörte das Weserstadion mit seinen 43 000 Plätzen nicht zu den großen Arenen. Aus ganz Niedersachsen reisten jedoch Fans zu Spielen an, daher war die Nachfrage oft enorm.

Heute ziehen nur noch Stehplatzkarten für die Ostkurve sowie Top-Begegnungen gegen Champions-League-Aspiranten und natürlich das Nordderby gegen den HSV. Hier sind immer noch Gewinne von locker 500 Prozent zu erzielen. Denn wie bei Eintracht Frankfurt wollen viel mehr Fans in die Bremer Stehkurve, als Plätze zur Verfügung stehen.

In den vergangenen Jahren versuchte Werder den Schwarzmarkt in Bremen einzudämmen, zum Beispiel durch die Einführung der Plastikdauerkarte oder die Nachverfolgung von Ebayhändlern. Doch dann schien Werder beim Zweittickethandel genauso zwiegespalten zu sein, wie Schalke und der HSV. Die Klubführung dachte darüber nach, ob man nicht Viagogo als Sponsor ins Haus holt. Immerhin winkte ein siebenstelliger Betrag.

Der Aufschrei der Fans war enorm. Deutlich schneller als beispielsweise der HSV bezog Bremen denn auch Stellung.

»Wir haben das abgelehnt. Wir wollen nicht, dass Tickets zu Spekulationsobjekten werden«, meinte Werder-Chef Klaus Filbry.

Was heißt werden? Bremen ist vor allem ein lukrativer Ort für die Last-Minute-Combos. Schon seit geraumer Zeit stehen zu jedem Spiel meist dieselben Tickethändler vor dem Stadion herum.

Ein ehemaliger Kollege von mir, der hauptsächlich über das Internet aufgekaufte Tickets vor den Stadien in Dortmund, Gelsenkirchen und Bremen verkaufte, zog sich nach Turbulenzen irgendwann vom Osterdeich zurück. Der Markt ist nämlich überdurchschnittlich stark in der Hand von Ausländern.

Manchen von ihnen fehlen etwas die rhetorischen Fähigkeiten, einen Käufer davon zu überzeugen, was er doch für ein Glück habe, bei uns Schwarzhändlern kaufen zu dürfen.

Wenn jemand bei meinen aufgerufenen Preisen pampig wird, und meint, dass es Abzocke sei, was ich veranstalte, dann versuche ich gut Wetter zu machen, anstatt die Eskalationsspirale noch höher zu drehen.

»Gut, es kostet jetzt etwas mehr, aber dafür ist es ja auch ein Top-Spiel!« oder *»Ja, aber ich musste die Karten auch aufwendig beschaffen und stand*

um acht Uhr morgens bei Regen an der Vorverkaufsstelle!« sind dann typische um Verständnis buhlende Floskeln.

Merke ich dann, es zieht nicht und der Interessent bleibt immer noch grantig, habe ich genau zwei Möglichkeiten.

Die erste ist: Ich ziehe mich aus dem Deal zurück, verabschiede mich höflich, gehe ein paar Schritte weiter und warte woanders lieber auf den nächsten Kunden.

Die zweite ist: Ich gebe noch einmal einen Preisnachlass. Wie ich reagiere, ist situationsabhängig.

Schwierige Kunden muss man sensibel behandeln. Wie bei anderen Handverkaufsgeschäften auch. Das fällt einigen, die ihre eigenen Spielregeln durchsetzen wollen, verhältnismäßig schwer. Und genau diese Gruppe konzentrierte sich zunehmend vor dem Weserstadion.

Statt Beschwichtigungen und ein wenig psychologischem Geschick fallen dann eher Sätze wie: »*Entweder bezahle Preis oder du nix gucke Spiel!*«

Dass beim Käufer unmittelbar nach Abfeuern solcher Sätze der Hahnenkamm anschwillt, liegt auf der Hand. Natürlich, wer die Kartenbündel in der Tasche hat, ist eindeutig in der besseren Machtposition. Doch man muss das ja nicht herauskehren.

Mein Bekannter zog sich nicht zuletzt deshalb zurück, weil es in der Saison 2011 zu einer brenzligen Situation gekommen ist. Er beobachtete aus nächster Nähe, wie sich zwischen Interessent und Schwarzhändler ein Spannungsverhältnis aufbaute. Beide wurden sich nicht handelseinig.

Schließlich kam der Interessent auf eine selten dumme Idee. Er wollte sich die Tickets näher anschauen und der Verkäufer gab sie ihm dazu in die Hand.

Als der Interessent dann die Karten in der Hand hielt, meinte er schnippisch, dass er diese zum Originalpreis haben wolle, oder sie andernfalls jetzt beschlagnahme und damit zum Verkaufshäuschen gehe, um den Verkäufer dort anzuschwärzen.

Das kann man theoretisch machen. Aber in den Augen der Verkäufer ist das »Selbstjustiz«. Hier gilt immer noch die Regel, wer ein Ticket nicht zum aufgerufenen Preis bezahlen will, möge doch bitte Leine ziehen. Den Händler in die Enge zu treiben, ihn zu erpressen und ihm zu drohen, man würde dies und jenes tun, kann schnell zu einer Eskalation führen.

Genau das passierte.

Der Schwarzhändler griff in seine Tasche und ein Schnappmesser ging auf. Außerdem eilten weitere Verkäufer ihrem Kumpel zu Hilfe. Man darf nicht vergessen, dass diese Einnahmen für die Combos oft von existentieller Bedeutung sind.

Während wir mehrere tausend Euro Gewinn im Monat mit Tickets machen und uns davon das eine oder andere Luxusgut zulegen oder die Einnahmen in Ticketmassen noch lukrativerer Events reinvestieren, bedeuten für die Combos schon wenige hundert Euro der Lebensunterhalt für eine oder zwei Wochen. Den müssen sie sich untereinander oft auch noch teilen. Deswegen sollten bauernschlaue Käufer gut aufpassen, sich in die Lage des Gegenüber versetzen und dann noch einmal genau abwägen, ob sie jemanden unter Druck setzen.

Doch egal, wie man es dreht und wendet, solche Aktionen sind wirklich das Letzte, was wir gebrauchen können. Dass nach einer Messerbedrohung wenig später die Polizei auf dem Plan steht und nach Ticketverkäufern Ausschau hält, ist abzusehen. Dabei spielt es dann auch keine Rolle, dass die Mehrheit friedlich ihren Geschäften nachgehen will. Denn durch Eskalationen richtet die Polizei plötzlich ein Augenmerk auf uns, wohingegen wir vorher beiläufig und unverdächtig als normale Randerscheinung eines Fußballspiels ein paar Karten in die Höhe halten konnten.

Die geschilderten Erlebnisse beziehen sich auf das Jahr 2011. Wie es heute am Osterdeich aussieht, kann ich nicht sagen, da ich keine Berichte mehr bekomme.

Wenn du umgeben bist von Amateuren, die dir mit ihrem unprofessionellen Verhalten das Marktumfeld zerstören, dann mache es wie mein Bekannter: Zieh dich zurück!

3.8 Borussia Mönchengladbach

Borussia Mönchengladbach ist einer der wenigen Klubs neben den üblichen Champions-League-Kandidaten, bei dem sich zu ausgewählten Spielen einer guter Schnitt mit dem Weiterverkauf von Tickets machen lässt.

Das liegt an der Mischung aus Traditionsverein, sportlichen Erfolgen und überdurchschnittlich hohem Fanzuspruch.

Spiele gegen die Lokalrivalen Borussia Dortmund, Schalke 04 oder das Rhein-Derby gegen den 1. FC Köln sind immer ausverkauft, schon allein wegen der Nähe zu diesen Städten. Allerdings sollte man sich beim Reselling auch nur auf diese wenigen lukrativen Spiele beschränken. Bei manchen auf den ersten Blick viel versprechenden Partien kann man – so wie bei Eintracht Frankfurt und Werder Bremen – gewaltig auf die Nase fallen.

Borussia Mönchengladbach geht von allen Vereinen am glaubwürdigsten gegen den Schwarzmarkt vor. Dazu mag auch der Aktivismus der eigenen Anhängerschaft beitragen.

Ein Hauptauslöser gegen den Schwarzhandel zu Felde zu ziehen, war vor allem das DFB-Pokal-Achtelfinale gegen Schalke 04 am 21. Dezember 2011.

Schon am zweiten Tag des Vorverkaufs waren alle Karten ausverkauft. Schnell fanden sich zahlreiche Tickets zu horrenden Preisen auf dem Schwarzmarkt wieder, sehr zum Ärger derer, die keinen Platz mehr ergattern konnten. Mitglieder des Vereins hatten das Vorkaufsrecht. Bis zu 50 Tickets pro Person durfte jeder reservieren. Das ist nobel vom Verein, bloß wird gerne übersehen, dass so mancher Fanclubvorsitzende mit uns Schwarzhändlern kollaboriert.

Die Privatpersonen hätten sich bei der Verteilung im Schnitt an zwei bis fünf Tickets gehalten, meinte Verwaltungsleiter Michael Plum.

Nun, die vielleicht schon, aber nicht die Profi-Weiterverkäufer.

Weil ein Gladbach-Dauerkartenbesitzer für das Spiel gegen Schalke kein Ticket mehr bekam, blies er zum »*Kampf gegen den Ticketschwarzmarkt*« und gründete eine Facebook-Gruppe.

600 Fans, auch aus anderen Vereinen, schlossen sich der Aktion an. »*Wir können nicht alle Schwarzen Schafe auf einmal eliminieren, aber frei nach Favre: Wir müssen von Halunke zu Halunke denken*«, so der Aktionsgründer.

Schon einige Wochen zuvor wurden für das Rückrunden-Spiel gegen den FC Bayern zwei Karten für 250 statt regulären 40 Euro versteigert, was im Borussia-Forum für Unmut sorgte. Das Pokalspiel gegen Schalke war allerdings der Überkocher.

Die Facebook-Gruppe versuchte es zunächst mit guten Worten. Jeder, der im Internet ein Angebot für überteuerte Pokalkarten fand, sollte den entsprechenden Link bei Facebook posten. Daraufhin schrieben etliche der dort organisierten Mitglieder dem Verkäufer eine einfache Nachricht: »*Kampf dem Ticketschwarzmarkt*«.

Immerhin erreichte dieser virtuelle Flashmob, dass sich einige Gelegenheitsverkäufer damit einschüchtern ließen und Auktionen vorzeitig beendeten.

Normalerweise halten sich die Fußballvereine bei solchem Aktivismus zurück und beobachten das Ganze höchstens wohlwollend. Nicht so Borussia Mönchengladbach.

»*Ich finde die Gruppe toll, großes Lob an alle. Borussia ist jetzt gefordert! Wir verfolgen jede Auktion mit Borussia-Karten im Internet und bitten den Verkäufer, die Auktion zu beenden*«, so Verwaltungsleiter Plum.

Wenn ein Verein den Anbietern schreibt, hat das natürlich mehr Gewicht. Nun ja, wir Profis lassen uns auch davon nicht groß beeindrucken, denn wir kennen uns in den Rechtslagen oft besser aus als so mancher Volljurist, doch die Aktion hatte bei Gladbach durchaus Erfolg. Von 96 Auktionen konnte der Verein 63 direkt beenden. Mutmaßlich werden allerdings viele Tickets später wieder woanders angeboten worden sein.

Bei den Aufforderungen allein blieb es aber nicht.

Völlig neu war, dass Borussia Mönchengladbach ein Budget bereitstellte, um Tickets von Schwarzhändlern im Internet selbst zu ersteigern und wieder zum Normalpreis an die Fans weiter zu geben.

»*Schließlich müssen wir davon ausgehen, dass es Leute gibt, die wirklich verhindert sind. Oft sogar kaufen wir die Karten selbst, um sie dann zum normalen Preisen wieder zu verkaufen, und schließen das Vereinsmitglied, den Verkäufer der jeweiligen Auktion, aus. Die Zusammenarbeit mit den Fans und vor allem mit der Facebook-Gruppe funktioniere sehr gut*«, erklärte Plum die Aktion.

Offen gestanden, das nötigte uns aus der Schwarzhändler-Szene Respekt ab und versetzte mich in Staunen. Dass ein Verein derart aktivistisch zu Werke geht und sogar bereit ist, Geld in die Hand zu nehmen, hätte von uns keiner vermutet.

Beim restlos ausverkauften Spiel gegen den FC Bayern vier Wochen später behielt der Verein diese Strategie bei und wies auf seiner Internetseite darauf hin, dass er sämtliche Auktionen und Kaufangebote auf den eingängigen Online-Plattformen verfolge, Testkäufe tätige und alle Vereinsmitglieder umgehend ausschließe, die Tickets mit dem Ziel erwerben würden, diese gewinnbringend zu veräußern.

»*Dauerkartenbesitzer, die ihre Dauerkarten für dieses Heimspiel anbieten, verlieren ihr Vorkaufsrecht für die kommende Saison*«, hieß es in der Mitteilung.

Auch gegen Viagogo zog der Verein zu Felde.

»*Wir wollen jedem Fan die Möglichkeit geben, hier zu den normalen Eintrittspreisen, solange Karten verfügbar sind, ins Stadion zu kommen. Da brauchen wir keine Agenturen oder Zwischenhändler, die Karten künstlich verknappen und sie zu maßlos überteuerten Preisen an die teilweise verzweifelten Fans geben*«, sagte Geschäftsführer Stephan Schippers im Interview mit dem »Wall Street Journal Deutschland«.

Die Aktion ließ wiederum die Preise für die wenigen verfügbaren Tickets steigen.

Vor dem Spiel gegen den FC Bayern München am 20. Januar 2012 wurde die günstigste Karte bei Viagogo für 454 Euro gehandelt – zehnmal mehr, als die teuerste Karte im regulären Verkauf kostete.

Wir sind durch die Ereignisse bei Borussia Mönchengladbach natürlich vorsichtiger geworden und geben bei eBay und Viagogo nur noch Adressen an, die nicht mit dem direkten Ticketbezug in Zusammenhang stehen.

3.9 Böse Verkalkulierungen

Nun kennen Sie den Schwarzhandel bei sieben großen Bundesligaklubs. Diese sind als einzige relevant für Ticketschwarzhandel. Viele Fans werden einwenden, dass die Bundesliga doch aus viel mehr Vereinen besteht.

Was ist mit dem VfB Stuttgart? Was ist mit Bayer 04 Leverkusen? Was ist mit den Traditionsclubs aus Köln, Kaiserslautern und Nürnberg? Sind die denn alle nicht attraktiv?

Um es knallhart aus Schwarzhändler-Sicht auszusprechen: Nein! Jetzt werden sich natürlich Fans dieser Klubs auf den Schal getreten fühlen. Doch wer außerhalb der sieben genannten Vereine mit Tickets spekuliert, holt sich in der Regel ganz blutige Nasen.

Selbst Europapokal-Karten von Stuttgart und Leverkusen sind bei eBay oft wertlos.

Das Stuttgarter Stadion fasst 60 000 Zuschauer. Zu Europacup-Spielen kommen unter der Woche manchmal weniger Fans als zu Freundschaftsspielen. Das Stadion ist dann oft nur zu einem Drittel gefüllt. Wer hier Tickets auf Vorrat einkauft, kann das Geld auch in den Neckar werfen. Für weniger als einen Zehner musste ich schon Europapokal-Rückspielkarten abgeben.

Dasselbe gilt für Champions-League-Tickets bei Bayer Leverkusen. Auch hier habe ich mich mal gewaltig auf das Kreuz gelegt und tausende Euro in den Sand gesetzt. Die kriegst du auf dem Zweitmarkt einfach nicht mehr los!

In der Regel finden diese Spiele unter der Woche statt und sie werden im Fernsehen übertragen. Auch wenn manche Partien nur im Pay-TV laufen – die Fans gehen dann eben in die Kneipe oder schauen im Internet auf einschlägigen russischen Seiten die Sky-Streams.

Auch vermeintliche Derbys sind längst nicht so attraktiv wie früher. Für Kaiserslautern gegen Mainz würde ich keine Tickets mehr einkaufen. Selbst beim Revierderby Schalke gegen Dortmund musste ich schon größere Mengen mit Verlust abgeben.

Das Nordderby HSV gegen Bremen hat zwar immer noch Charme, aber es ist de facto ein sogenanntes Kellerduell geworden. Früher spielten hier zwei Traditionsteams mit großer sportlicher Perspektive gegeneinander, seit Jahren befinden sich diese Teams aber im Tief.

Wenn wir so wie Investmentbanker zocken wollen, dann gilt es, Vorsicht walten zu lassen. Wir können nicht »hedgen«, also uns gegen fallende Preise absichern. Wir müssen von vornherein wissen, ob ein Investment lohnt oder nicht.

Bei Retortenteams lohnt es definitiv nicht. Karten für die TSG Hoffenheim oder VfL Wolfsburg mit Aufschlag auf dem Zweitmarkt zu verkaufen, ist schwieriger als eine Flasche Lebertran an den Mann zu bringen. Selbst in der Saison 2014/2015, als der VfL Wolfsburg um die Meisterschaft mitspielte und seinen Champions-League-Platz sicher hatte, war das 30 000 Zuschauer kleine Stadion nur ganz wenige Male ausverkauft.

Gleiche Bedingungen finden wir bei Hoffenheim vor.

Ich hatte mal verschiedene Stehplatzkarten für den Hoffenheim-Block S2 für die Spiele gegen Borussia Dortmund und FC Augsburg, die ich im Auftrag loswerden musste. Zwischen fünf und sieben Euro zahlte man mir noch dafür.

Da ist es lukrativer, wenn zum Beispiel ein Traditionsverein wie Eintracht Braunschweig in der Bundesliga spielt. Das Stadion ist ein kleiner Schuhkarton mit 26 000 Plätzen, aber davon wurden 15 000 mit Dauerkarten besetzt. Braunschweig hätte noch locker weitere 15 000 Dauerkarten absetzen können. 9 000 Tickets standen letztendlich noch für den freien Verkauf zur Verfügung. Und von denen gehen fünf Prozent der Stadionkapazität für Auswärtsfahrer des Gegnerteams ab. Damit sind nur noch 8 300 Karten für Braunschweiger übrig.

Insgesamt lag bei jedem Heimspiel des niedersächsischen Klubs die ungefähr drei- bis vierfache Bestellmenge vor. Bei Bayern- und Dortmund-Spielen war der Ansturm locker zehn- bis zwölfmal so hoch, wie Tickets zur Verfügung standen. Es gab zur Bundesligazeit der Braunschweiger fast keine Auktion von zwei Braunschweig-Tickets, die unter hundert Euro endete.

Damit rechnete ich nicht.

Ja, es gehört auch zu bösen Verkalkulierungen, solche Chancen im Vorfeld nicht zu erkennen. Deshalb ärgere ich mich schon, dass ich mich nicht rechtzeitig um wenigstens vier Dauerkarten bemühte. Allein diese hätten mir mehrere tausend Euro Gewinn einbringen können.

Ein weiteres Feld, auf dem die Spekulation in der Regel gewaltig fehlschlägt, sind Fußballspiele der Deutschen Nationalmannschaft. Zumindest dann, wenn es sich um EM- und WM-Qualifikationsspiele handelt. Diese finden häufig Mittwoch abends statt, werden fast immer im Free TV übertragen und oft sind ganz kleine Länder wie Nordirland, San Marino oder die Färöer Inseln der Gegner. Aber selbst wenn es gegen Schweden oder Rumänien geht, macht das beim Kartenweiterverkauf keinen Unterschied.

Wer hier überlegt, aufgrund der Euphorie um die DFB-Elf groß einzukaufen, dem kann man nur sagen: Finger weg!

Sie fallen damit todsicher auf die Nase.

Heikel sind Relegationsspiele. Natürlich geht es um eine Menge, wenn ein Team um den Aufstieg und das andere um den Klassenerhalt kämpft. Es gibt Partien, da schießen die Preise kräftig nach oben. Bei manchen Duellen hingegen fallen die Preise.

Das gilt vor allem, wenn das Hinspiel mit einer großen Tordifferenz beendet wurde und das Rückspiel kaum noch Relevanz hat. So etwas weiß man natürlich im Vorfeld nie und nach dem Hinspiel Karten für das Rückspiel einzukaufen, ist nicht machbar. Schwarzmarkt-Neulinge riskieren hier ihre Euro, Profis nehmen davon hingegen lieber Abstand.

Last but not least zählt auch das Abschiedsspiel von Michael Ballack in Leipzig zu meinen verpassten Chancen. Ich hätte über meine Kontaktleute an hunderte Karten herankommen können. Die hatten sich reichlich eingedeckt und boten mir einen dicken Stapel an. Genug Cash-Reserve war da.

Aber ich winkte ab.

Denn ich hatte noch das Abschiedsspiel von Franz Beckenbauer in Erinnerung, das Mitte der Neunziger auf dem Sender Premiere als Free TV-Sendung übertragen wurde.

Alle großen Alt-Stars waren dabei, aber das Zuschauerinteresse eher verhalten, obwohl es ein Benefizspiel war.

Und auch bei anderen Abschiedsspielen brach nicht wirklich ein Boom aus.

Bei Michael Ballack aber wollten plötzlich viel mehr dabei sein. Damit rechnete ich überhaupt nicht. Da machten die anderen ihre satten Geschäfte obwohl ich hier tausende Euro hätte umsetzen können. Dass ich nicht mal mit einer kleinen Position eingestiegen bin, wurmte mich dann doch.

Preisbildungsprozess wissenschaftlich interessant

Wann man investiert, ist oft jahrelanger Erfahrung geschuldet. Der Unterschied zwischen Gewinn und Verlust ist eigentlich immer nur der richtige Zeitpunkt.

Die meisten Schwarzhändler, die ich kenne, investieren nach Bauchgefühl. Ich hingegen überlasse ungern etwas dem Zufall und werte Entwicklungen aus.

So habe ich zum Beispiel zu vielen Bundesliga-Partien und Pokalfinals hunderte historische eBay-Auktionen gespeichert. Mit diesen Daten versuche ich auszurechnen, wie sich der Schwarzmarktpreis entwickeln kann.

Das ist teilweise echt schwer, weil so viele Faktoren berücksichtigt werden müssen.

Ab wann kosten Tickets auf dem Zweitmarkt im Schnitt 200, 400 oder 1 000 Euro? Bei welchen Spielen wird die magische psychologisch wichtige Preisgrenze von 1 000 Euro überschritten? Wie beeinflussen Tabellenränge und gewonnene beziehungsweise verlorene Spiele den Preis?

Das sind superspannende Fragen, die sicher auch wissenschaftlich interessant sind und Stoff für die eine oder andere BWL-Bachelorarbeit bieten kann.

Haben Duelle endgültigen Charakter, wie zum Beispiel bei Welt- und Europameisterschaften, ist das definitiv ein potentieller Preistreiber. Dafür lauern aber wiederum zahlreiche andere Gefahren, die Kalkulationen über den Haufen werfen können.

Sie merken schon: Es gibt keine absolute Garantie für hohe Gewinne.

3.10 DFB-Pokalfinale

Das DFB-Pokalfinale im Berliner Olympiastadion ist bei Margen eine echte Wundertüte. Meist gibt es satte Gewinne mit mehreren hundert Euro Überschuss pro Auktion. Es kommt aber ebenso vor, dass Tickets weit unter Wert abgegeben werden müssen. Die Ursache dafür liegt an der Zeitspanne zwischen Kartenbestellung und dem stattfindenden Finale.

Der DFB bietet die Pokalfinalkarten meist vor dem Jahreswechsel an. Bis zum 31. Dezember muss eine Kartenbestellung vorliegen. Aus Sicht des DFB ist das clever, denn zu diesem Zeitpunkt ist noch nicht einmal das Viertelfinale ausgetragen. Acht Teams haben daher noch die Möglichkeit, ins Finale zu kommen.

Der DFB-Pokal-Wettbewerb ist sportlich ein echtes Kuriosum. Regelmäßig kommen echte Underdogs ins Finale, die keine große Fanbasis haben. Ist der FC Bayern Finalist, steigen die Kartenpreise zwingend, selbst wenn der DSC Wanne-Eickel als Finalist aufläuft.

In der jüngeren DFB-Pokal-Geschichte erreichten der MSV Duisburg, 1. FC Union Berlin und Alemannia Aachen als Underdogs das Finale. Und bei keinem dieser Teams war der FC Bayern Finalgegner.

Für die Fans dieser Teams ist das Zuckerbrot, für Schwarzhändler hingegen eine Katastrophe. Denn wir decken uns im Winter regelmäßig über die DFB-Seite stapelweise mit Tickets ein. Und das auch noch unter hohem Aufwand, denn man muss die Karten an viele Adressen senden lassen. Hinzu kommt, dass die Vergabe ausgelost wird und man oft nicht so viel bekommt, wie man bestellt hat.

Schwarzhändler können sich hier auf zwei Arten größere Kontingente beschaffen. Zum einen lassen sich Tickets über unterschiedlichen Adressen bestellen. Diese werden an sämtliche Freunde, Bekannte, Verwandte, etc. geschickt, die dann auch oft einen kleinen Bonus kassieren, dass sie ihre Adresse beziehungsweise ihr Bankkonto zur Verfügung stellen.

Am besten aber fahren hier Schwarzhändler, die als offizielle Ticketpartner eine Kooperation mit dem DFB haben. Sie nehmen die Tickets auf Kommission.

Steigen die Preise, verkaufen sie diese im Internet weiter. Fallen die Preise, weil zufällig ein Zweitligist ins Finale kommt, dann können sie die Karten relativ risikolos wieder zurückgeben.

Meist sind es Reiseunternehmen, die mit dem DFB kooperieren und große Kartenbündel zugeteilt bekommen. Einige kamen jedoch auf den Trichter, dass es lukrativer ist, die Tickets mit sattem Aufpreis im Internet zu verscherbeln und die Busfahrt einfach ausfallen zu lassen. In den vergangenen Jahren ist dies häufiger passiert, als man sich das vorstellen kann. Ein Busreise-Veranstalter aus dem Ruhrgebiet ist da Experte drin.

Weil zum Bestellungszeitpunkt Fans von acht Teams hoffen, dass ihre Mannschaft das Finale erreicht, übersteigen die Bestellungen im Winter immer die Kapazität des Berliner Olympiastadions. Der DFB reduziert hier also sein Risiko auf null. Er wird seine Karten zu den kalkulierten Preisen immer los und muss nicht fürchten, ein halbleeres Olympiastadion vorzufinden, sollten sich tatsächlich mal die TSG Hoffenheim und der VfL Wolfsburg im Finale gegenüberstehen.

Im Februar scheiden im Viertelfinale aber weitere vier Teams aus. Die Fans jener Vereine benötigen ihre bestellten Karten dann gar nicht mehr. Im Halbfinale werden dann noch einmal Fans von zwei Mannschaften enttäuscht, die nicht nach Berlin fahren werden. Damit wurde Fans von sechs ausgeschiedenen Teams Karten zugelost, die sie aber gar nicht mehr brauchen.

Spielt Wolfsburg gegen Stuttgart, ist für die Bayern-Anhänger das Pokalfinale uninteressant. Die werfen ihre Karten dann auf den Markt. Die wenigsten bieten die Karten aber Wolfsburgern oder Stuttgartern direkt an.

eBay ist für viele die Anlaufstelle. Natürlich haben die Auktionierer gleich die passende Ausrede parat: Wenn man schon das Pech hatte, sein eigenes Team ausscheiden zu sehen, will man sich das Losglück wenigstens noch mit einem Trostpflaster vergolden.

Stehen sich aber zwei attraktive Teams unter Beteiligung des FC Bayern gegenüber, schießen die Kartenpreise durch die Decke. 2013 war das zum Beispiel der Fall.

Am 1. Juni hatte der VfB Stuttgart die Chance, den Bayern das legendäre Triple noch zu vermiesen und selbst eine durchwachsene Saison mit einem Pokaltitel zu krönen. Die Bayern-Fans hatten hingegen gleichzeitig die Chance, nach dem Champions-League- und Meisterschaftstriumph dabei zu sein, wie ihr Verein mit dem dreifachen Titelgewinn Geschichte schreibt. Aus Schwarzhändler-Sicht einfach perfekt. Wenn sich dann noch haufenweise Eventies dazugesellen, die sich kaum für Fußball interessieren, was will man mehr?

Die Karten-Nachfrage explodierte regelrecht. Beim FC Bayern gingen innerhalb weniger Tage nach Erreichen des Pokalfinales über 100 000 Ticket-Wünsche ein. Das entspricht einem Drittel der Gesamtbestellmenge beim DFB, denn im Vorjahr bewarben sich über 300 000 Fans für Endspiel-Tickets.

Sowohl dem VfB Stuttgart wie auch dem FC Bayern standen aber nur rund 21 000 Karten zur Verfügung. Aufgrund der hohen Nachfrage hatten die Vereine ihre Ticket-Kontingente für das DFB-Pokal-Finale ausschließlich an Vereinsmitglieder und Dauerkartenbesitzer vergeben.

Original kosteten die Karten 40 Euro im Fanblock, 55 Euro in den Kurven und 90 Euro die Haupttribünen-Karten.

Wer hier an einen Batzen Karten herankam, konnte vom Erlös in die Karibik fliegen. Aus 160 Euro für vier Fanblock-Tickets wurden mal eben 1 200 Euro und mehr gemacht – ein Aufschlag von fast 800 Prozent!

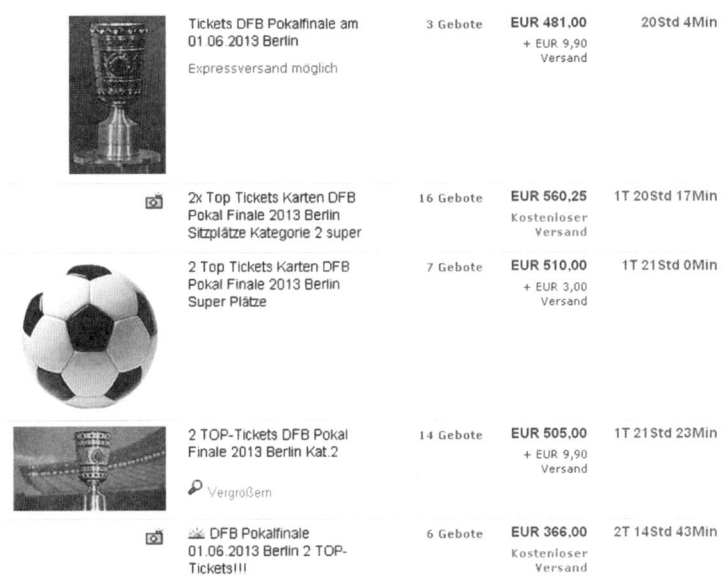

Abb. 10: DFB-Pokalfinal-Auktionen – mindestens 300% Reingewinn

Gleiche paradiesische Zustände gab es ein Jahr vorher als Dortmund und Bayern aufeinander trafen. Wer dabei sein wollte, musste gute Beziehungen haben, Glück oder ziemlich viel Geld. Jeweils 20 000 Eintrittskarten für den Endspielschlager gingen an die beiden Finalisten.

35 000 verteilte der Verband, ein Großteil davon ging an die sogenannte »DFB-Familie«, also Prominente, Profivertreter oder Ehrenamtliche. 11 000 landeten im offenen Verkauf.

Solche geilen Partien laufen natürlich nicht immer. Wie schon erwähnt, gibt es auch häufig Underdog-Begegnungen. Und das kann schnell ins Gegenteil umschlagen. Statt hohen Umsätzen winken hier dann Verluste. Zwar nicht in drastischer Form, denn das Pokalfinale ist immer ein Fußball-Leckerbissen, aber je nach Ticketanzahl kann das unschön werden.

In einer solchen Situation habe ich mal die Last-Minute-Combos erlebt, Sie wissen schon, diese Herumlungerer vor dem Stadion. Während um 16 Uhr schon das Frauen-Pokalfinale ausgetragen wurde, kamen die Last-Minute-Combos und kauften manchen Leuten vor dem Stadion die Karten für das um 20 Uhr stattfindende Herrenfinale knapp über Originalpreis ab, in der Hoffnung, drei Stunden später die Karten den verzweifelten Suchenden mit sattem Aufschlag wieder anzubieten.

Um 18 Uhr trafen dann Fanclubs beider DFB-Pokalfinalisten auf den Busparkplätzen ein. Da sich zwei nicht ganz so attraktive Mannschaften gegenüber standen, hatten einige Anhänger stapelweise Kartenüberschuss im Gepäck.

Es dauerte nicht lange, da füllte sich der Stadion-Vorplatz mit so vielen Kartenanbietern, dass man als Käufer bequem nach bestimmten Blöcken Ausschau halten konnte.

Als dann auch noch um 19 Uhr jene Profi-Schwarzhändler vor dem Olympiastadion aufschlugen, die ihre übrige Internet-Ware an den Mann bringen mussten, war das Überangebot derart groß, dass die Nerven bei den Last-Minute-Händlern blank lagen. Wenn die gewusst hätten, was drei Stunden später auf dem Vorplatz los sein würde, hätten die kein einziges Ticket eingekauft!

Bis auf jene paar Einzelverkäufer, denen die Last-Minute-Combos am Nachmittag mit Aufschlag die Karten abkauften, machte an dem Abend niemand mehr Gewinn. Jeder vor dem Stadion musste mit Verlust abgeben. Und den größten Verlust machten natürlich die Last-Minute-Dealer. Es kam zu wüsten Beschimpfungen. Manche Combos drohten anderen Kartenverkäufern Gewalt an, sollten sie sich nicht verziehen.

Bei einem seitlich vom Stadion befindlichen Würstchenstand in der Nähe zu den Busparkplätzen wurde sogar mit Gläsern und Flaschen geworfen.

Immer wieder waren lautstarke Drohungen zu hören. Die Polizei musste ständig eingreifen und einfache Fans oder Familienväter mit Kindern vor der aggressiven Meute schützen.

»*Der Ticket-Schwarzmarkt hat sich auf die Resale-Plattformen im Internet verlagert. Es gibt dort unendlich viele Angebote von Geschäftemachern,* die den normalen Fan verdrängt haben. Ich schätze mal, das Verhältnis liegt inzwischen bei 90:10. Die Gewinnchancen sind bei begehrten Tickets einfach zu hoch«, sagte der Münchner Sportanwalt und DFB-Justiziar Martin Stopper der Nachrichtenagentur dpa.

Naja, die Zahl ist wohl etwas hochgegriffen. Ich persönlich vermute, dass circa 30 bis 40 Prozent aller Bestellungen von Profischwarzhändlern erfolgen, die von Anfang kein Interesse daran haben, das Spiel zu besuchen, sondern die Tickets einfach nur weiterverkaufen wollen. Hinzu kommen die großen Kartenmengen von Fans ausgeschiedener Teams.

Eigentlich könnte der DFB den Anhängern der Pokalfinalisten ja auch statt 20 000 jeweils 30 000 Tickets zuteilen. Mildert den Preisanstieg enorm.

Aber wenn fast die Hälfte der Stadionkapazität an die »DFB-Familie« (was immer das auch ist – die Mafia bezeichnet sich auch gern als »Familie«) gehen muss, unter der sich zahlreiche Promis und Eventies befinden, die mit Fußball wenig am Hut haben, dann braucht man sich nicht wundern, dass die Kartenpreise ausfern.

Der DFB wird aber kaum bereit sein, sein Losverfahren wesentlich umzugestalten und damit sein eigenes Abverkaufsrisiko zu erhöhen.

3.11 WM 2006 in Deutschland

Ein »Sommermärchen« sollte es werden – das war 2006 das Leitmotiv der Fußball-WM im eigenen Land. Was hatte man nicht alles daran gesetzt, um nach 1974 die wichtigste Fußballveranstaltung der Welt wieder nach Good Old Germany zu holen?

Emotionale Werbeclips wurden gedreht, Franz Beckenbauer warb unermüdlich, ja selbst Claudia Schiffer und Michael Schumacher holte man mit dazu, um deutlich zu machen: Wir sind der ideale Gastgeber! Im wiedervereinigten Deutschland sollte die Welt zu Gast bei Freunden sein. Und bei den Weltmeistern der Organisation.

Bei der deutschen Ausrichtung stellte sich nicht die Frage, ob man das Event organisatorisch gestemmt bekommt. Das lief wie ein Uhrwerk. Die Stadien waren schon ein Jahr vor der WM-Austragung fertig gestellt, hier und da gab es lediglich kleinere Korrekturen.

Vor allem waren die Spielstätten groß. Im Vergleich zu Frankreich, das 1998 die WM austrug, konnte Deutschland mit deutlich mehr Sitzplätzen aufwarten. Schon das Berliner Olympiastadion (72 000 Sitzplätze), die Allianz-Arena (66 000) und der Signal-Iduna-Park (65 000) waren von der Kapazität her europaweit kaum zu übertreffen. Und trotzdem reichte es nicht annähernd, die gewaltige Nachfrage zu befriedigen.

Für die 64 WM-Endrundenspiele standen 3,37 Millionen Karten zur Verfügung. Nur 913 000 Stück davon gingen jedoch im Vorfeld in den freien Verkauf. Das Gros der Karten wurde aufgeteilt zwischen Partnern und Förderern (555 000), Verbänden der teilnehmenden Teams (468 000), Ehrengästen und Medien (440 000), DFB-Familie (389 000), VIP-Paketen (347 000), FIFA-Familie (191 000) und TV-Rechteinhabern (64 000).

Bei solch streng kategorisierten Verteilungen schwindet für Otto-Normalzuschauer die Chance, an Karten heranzukommen. Wer nicht jemanden kennt oder jemanden kennt, der wieder jemanden kennt, braucht Glück.

Für die erste freie Verkaufsphase vom 1. Februar bis 31. März 2005 gab man 812 000 Karten frei. Dem standen jedoch 8,7 Millionen gültige Ticketbestellungen gegenüber. Davon kamen allein 6,25 Millionen Bestellungen aus Deutschland. Die Chance auf eine Ticketzuteilung lag also ziemlich genau bei 1:10. Die preiswertesten Vorrundenkarten kosteten 35 Euro, ein Finalticket der Kategorie 1 rund 600 Euro.

Natürlich gab es im Vorfeld viel Säbelrasseln.

Stimmt der Name auf dem Ticket nicht mit dem Personalausweis überein, werde der Kartenbesitzer nicht ins Stadion gelassen, so die ständig postulierte Drohung.

Innenministerium und Organisationskomitee hatten vor der WM darauf bestanden, die Eintrittskarten zu personalisieren, um professionelle Schwarzhändler auszuheben und namentlich bekannte Gewalttäter schon im Vorfeld herauszufiltern. Interessenten mussten Namen, Geburtsdatum und Personalausweisnummer angeben, um an den insgesamt fünf Verlosungsphasen der FIFA teilnehmen zu dürfen.

Was uns Schwarzhändlern aber egal sein konnte, denn ob man ins Stadion gelassen wird, ist allein Risiko des Käufers. Wir haben unser Geld dann längst kassiert.

Also machten wir wie gewohnt Business.

Zunächst einmal bestellten wir ganz gewöhnlich Karten an hunderte Adressen, so wie wir es auch beim DFB-Pokalfinale Jahr für Jahr machen. Jeder Profi-Schwarzhändler wohlgemerkt.

Abb. 11: Personalisierte WM 2006-Karte – eine Farce

In Summe waren also mehrere tausend Bestellungen, die beim DFB eingingen, von Anfang an nur darauf ausgerichtet, an Karten zu gelangen, um diese hinterher wieder teurer zu verkaufen. Die Drohungen ließen uns völlig kalt.

Da es egal sein konnte, wann in der zweimonatigen Spanne der ersten Verkaufsphase eine Bestellung aufgegeben wurde, brauchten wir uns auch nicht zu beeilen.

Knapp vier Wochen später rappelte es dann richtig in der Kiste. Bei dutzenden von uns registrierten Mailadressen landete eine solche E-Mail im Posteingang, die sich Millionen Fußballfans sehnlich wünschten:

```
######################################################
Datum Kundennummer Auftragsnummer
22.04.2005 1000XXXXXXX 100XXXXXXX

Sehr geehrte Frau …,
wir freuen uns Ihnen mitteilen zu können, dass Ihnen im Rahmen der Auslosung zur Ticketverkaufsphase
1 anlässlich der FIFA Fussball-Weltmeisterschaft
```

Deutschland 2006 (TM) Einzeltickets für folgendes Spiel zugeteilt werden konnten:

4 Tickets für Spiel Nr. ..., am 23.06.2006, in Köln, Preiskategorie 1, Preis (Einzelpreis x Anzahl) 400,00 EUR
Gesamtbetrag zzgl. Zustellgebühren 400,00 EUR
Zustellgebühren 10,00 EUR
Rechnungs- und Zahlungsbetrag 410,00 EUR
Für jedes Spiel wurde ein eigener Auslosungslauf durchgeführt, unter Umständen konnten Ihnen daher nicht für alle gewünschten Spiele Tickets zugeteilt werden. Sind Ihnen Tickets in einer anderen Preiskategorie zugeteilt worden, so wurden die von Ihnen gewählten Alternativwünsche berücksichtigt.
Die Bezahlung der Tickets wird ab 02.05.05 erfolgen, Ihr Bankkonto wird mit dem Betrag von 410,00 EUR belastet werden. Bitte sorgen Sie für eine ausreichende Deckung Ihres Kontos.
Diese Bestätigung berechtigt nicht zum Einlass zu den Spielen der FIFA Fussball-Weltmeisterschaft Deutschland 2006 (TM), Zutritt erhalten Sie ausschließlich mit den Originaltickets. Vorbehaltlich der ergfolgreichen Zahlung und weiterer Sicherheitsprüfungen werden Ihnen die Originaltickets 6 - 8 Wochen vor dem Beginn der FIFA Fussball-Weltmeisterschaft Deutschland 2006 (TM) zugestellt. Bitte sorgen Sie dafür, dass uns immer Ihre aktuelle Lieferanschrift vorliegt. Änderungen Ihrer Anschrift können Sie kostenlos im Internet unter https://customerservice.fwctc.com/cgi-bin/css_wmd?affiliate=wmd&doc=start vornehmen.

Mit freundlichen Grüßen
Ihr 2006 FIFA World Cup (TM) Ticketing Center
##

Alleine auf diese Weise ergatterte ich circa 80 Karten für die ich im Einkauf etwa 5 500 Euro zahlte.

Und ich war ein kleiner Fisch, der sich ein paar Stunden nachmittags hinsetzte und Bestellungen schrieb. Kollegen von mir hatten viel höhere Kontingente abgegriffen.

Ich selbst half jemandem, ein automatisiertes Bestellskript zu schreiben, mit dem man mit wenigen Handgriffen das Webformular ausfüllte. Wie wir das mit den verlangten Personalausweisnummern hingebogen haben, wird nicht verraten und nehme ich als eines der wenigen Geheimnisse mit ins Grab.

In Übersee kam jemand auf die gleiche Idee, automatisiert Bestellungen aufzugeben.

»*In den USA haben Besteller mit unterschiedlichen E-Mail-Adressen versucht, 2,3 Millionen Tickets für den Schwarzmarkt zu ordern. Unsere Sicherheitssysteme, die seit dem ersten Bestelltag auf Hochtouren laufen, haben aber sofort gegriffen. Hunderte Adressen gecheckt, die dort gemeldeten Personen wussten nichts von einer Bestellung. Das hat alle überrascht, aber der Fall hat auch gezeigt, dass unser System die ehrlichen Besteller perfekt schützt*«, äußerte WM-Organisationskomitee-Sprecher Jens Grittner.

»*Das TÜV-geprüfte Verfahren funktioniert perfekt*«, bestätigte auch DFB-Sicherheitschef Horst Schmidt.

Perfekt war es nicht. Denn meine Kollegen stellten sich nicht so dilettantisch an, auf die Server eine DDoS-Attacke mit tausenden Registrierungen zu fahren, wo man auf den ersten Blick sieht, dass da etwas nicht stimmen kann. Selbstverständlich wurden IP-Adressen über Proxy-Server gewechselt und die Bestellungen auch über einen größeren Zeitraum verteilt. Der Erfolg gab uns recht.

Die 80 Karten reichten mir natürlich nicht. Bei der WM galt der gleiche Grundsatz wie bei FC Bayern-Spielen: Kaufen, was man kriegen kann. Los wird man die Ware immer.

Und es gab ja noch vier weitere Verkaufsphasen. Die zweite Verlosungsrunde fand vom 2. Mai bis 15. November 2005 statt. Hauptsächlich ging es hier um den Verkauf von Team-Serien-Tickets. Bei dieser Kategorie hatte ich leider kein Glück.

Dafür aber ein findiger Programmierer namens »*Ormus*«.

Der erstellte das sogenannte Ormus-Tool – ein AddOn für den Webbrowser Firefox. Was sich wie Nerd-Spielzeug für Computerfreaks anhört, war in Wirklichkeit ein mächtiges Werkzeug. Der Erfinder Ormus ergatterte damit sogar ein TST-7, das höchste Deutschland-Team-Serien-Ticket.

Damit konnte man die deutsche Mannschaft vom ersten Vorrundenspiel bis ins mögliche Finale begleiten. Auf dem Schwarzmarkt war so ein Serienticket bis zu 15 000 Euro wert, also im Prinzip jene Summe, die ich mit den bisher ergatterten 80 Karten erlöste.

Natürlich kaufte Ormus das Serien-Ticket für sich selbst und nicht für den Weiterverkauf. Doch nach seinem persönlichen Triumph stellte dieser Ormus generös allen anderen sein Softwarewerkzeug gratis zur Verfügung. Damit löste er ein gewaltiges Echo in der Öffentlichkeit aus. Denn der kleine Browser-Zusatz funktionierte tadellos.

Gelegentlich kamen nämlich wieder Tickets in den Verkauf zurück, meist für unattraktive Partien wie Paraguay-Trinidad oder Japan-Kroatien. Hinzu kamen welche aus geplatzten Lastschriften oder geänderten Stadionplänen. Diese wurden nach und nach wieder online auf der Seite fifaworldcup.com in den Shop eingestellt, allerdings zu unbestimmten Zeiten.

Man musste also regelmäßig die Seite auf Rückläufertickets überwachen. Genau diese Aufgabe übernahm das Ormus-Tool.

Die Webseite tooor.de war seinerzeit eine riesige Internetcommunity. Dort fanden sich hunderte Fußballfans zusammen, um ihre Jagd mit dem Ormus-Tool nach Eintrittskarten online zu dokumentieren und anderen zu zeigen, welche Karten sie ergattern konnten. Viele von ihnen schlugen sich die halbe Nacht um die Ohren und heulten vor Glück, als sie endlich Karten zugeteilt bekamen. Dabei spielte es gar keine Rolle mehr, ob es eine Partie mit deutscher Beteiligung war. Hauptsache bei der WM im eigenen Land live dabei sein.

Je näher das Turnier rückte, desto größer wurde die Euphorie. Die Emotionen waren so riesig, dass die Betreiber des Forums die schönsten Kommentare in einem Buch zusammenfassten mit dem Titel »*Wir hatten 10 000 Tickets – Die unglaubliche Geschichte einer Internet-Gemeinde auf der Jagd nach Eintrittskarten für die Weltmeisterschaft 2006*«.

Das Buch ist nie in den richtigen Buchhandel gekommen, war aber in den Medien trotzdem präsent.

Keine Frage, Ormus machte mit seinem Tool eine Menge Menschen glücklich. Und uns Schwarzhändler vermögend. Denn wie das bei mächtigen Erfindungen so ist, können diese in falschen Händen auch beachtlichen Schaden anrichten.

Schneller als andere an Tickets zu kommen, das ist ja der eigentliche Knackpunkt, der uns Schwarzhändlern im Gegensatz zu den Normalos den Vorteil verschafft.

Und dazu war das Tool einfach ideal.

Mit der Ormus-Software konnte man sich in der virtuellen Warteschlange auf dem FIFA-Webserver »vordrängeln«. Während die anderen Normalkäufer sozusagen brav Nummern ziehen und hoffen, irgendwann an der Reihe zu sein, waren wir mit der Software ziemlich schnell innerhalb weniger Sekunden am Ziel.

»Prinzipiell haben Sie theoretisch die Möglichkeit auf die Webseite zu gehen in den FIFA-Ticketshop und dann ganz schnell ein Ticket zu kaufen. Nur de facto haben Sie ohne Software heutzutage keine Chance mehr«, bestätigte Franke Haferkamp von der Computerzeitschrift »Chip«.

Für uns mutierte das Ganze zu einem Fulltime-Job.

Wir arbeiteten mit dem Tool rund um die Uhr, um sofort Karten abzugreifen, sobald diese verfügbar waren.

Bald gab es noch ein weiteres Tool namens WMTicketFinder. Es überwachte ebenfalls die FIFA-Webseite und checkte, ob neue Tickets vorliegen. Gleichzeitig öffnete es die entsprechende FIFA-Seite im Web-Browser, sodass der Kauf direkt erfolgen konnte. Dieses setzten wir ebenfalls ein, aber es war noch lange nicht so effektiv wie Ormus.

Wir prahlten anschließend natürlich nicht in Webforen, welch fette Beute wir damit machten.

Die letzten beiden Verkaufsphasen verliefen nach dem Prinzip »First come, first served« – wer zuerst kommt, mahlt zuerst. Logisch, dass unter solchen Voraussetzungen all jene im Vorteil sind, die professionell die Shops überwachen. Wenn man Software im Einsatz hat, die Alarm schlägt, sobald neue Karten vorliegen, was will man denn mehr?

Die Organisatoren waren weitgehend ohnmächtig gegen den Einsatz dieser Technik.

»Wenn sich jemand in die Bank von England oder in das System des Weißen Hauses einklinken möchte, dann gelingt ihm das und ähnlich ist

es hier passiert«, meinte Jens Grittner vom WM-Organisationskomitee zu der technischen Umgehung.

»17 Tage vor WM-Eröffnung kann man sagen, bei der Ticketvergabe ging es nicht fair zu!«, so das Fazit von RTL in den Spätnachrichten.[7]

So ein Pech aber auch!

Für uns gab es nichts Besseres. Ich hatte statt 80 Tickets nun insgesamt 132 Stück ergattert. Geteilt durch zwei mal 350, abzüglich der Einkaufspreise, das war mein Verdienst.

Innerhalb weniger Wochen, brutto für netto, wie immer. Und das war noch wenig. Kollegen von mir hatten durchaus 300 bis 400 Karten. Aber selbst das war noch wenig, im Vergleich zu dem, was die richtigen Absahner im Hintergrund aufzogen.

Wir sind zwar mit dem Handel von Eintrittskarten vermögend geworden, andere aber steinreich.

Dazu gehört vor allem Klaus Peter Schulenberg. Mit seinem Unternehmen CTS Eventim AG ist er oft exklusiver Vermarkter für Sport- und Musikveranstaltungen aller Art. So auch bei der WM 2006 im Auftrag des DFB.

Doch an diesen Auftrag musste man erst einmal heran kommen, denn Ticketvermarkter gibt es viele. Aber wie es in der Wirtschaft so läuft – lukrative Auftragsvergaben mit Millionengewinnen sind sehr anfällig für Korruption. Man musste irgendwie den Auftrag des DFB erhalten, koste es, was es wolle.

2009 nahm die Staatsanwaltschaft München die Ermittlungen gegen Klaus Peter Schulenberg und DFB-Ticketchef Willi Behr auf, wegen des Verdachts der »*Bestechlichkeit im geschäftlichen Verkehr und Untreue*«.

Ende April 2012 ließ sie die Geschäftsräume des DFB in Frankfurt und der CTS Eventim AG in Bremen durchsuchen. Laut den Ermittlern schmierte CTS Eventim den für die Auftragsvergabe mit entscheidenden Willi Behr.

Der sollte sich im Organisationsteam dafür einsetzen, dass CTS Eventim den Zuschlag für den Vertrieb der Eintrittskarten bekommt.

Im Bauwesen und auch bei der Beschaffung von komplexen IT-Lösungen durch den Staat funktioniert das bei der Korruption meist so, dass Vertraute aus den beschaffenden Stellen den Firmen genau die Anforderungen mitteilen, damit das Angebot exakt der Ausschreibung und den Vorstellungen des Einkäufers entspricht.

Und so soll es laut Dokumenten auch zwischen DFB und CTS Eventim abgelaufen sein. Der DFB ist so etwas wie ein Staat im Staate, ein mächtiger, finanzstarker Verband mit eigener Gerichtsbarkeit für seinen Bereich. Wer hier in einem Entscheidungsgremium sitzt, hat die Schalthebel in der Hand. So wie Willi Behr.

Das Organisationskomitee (OK) unter der Präsidentschaft von Franz Beckenbauer bestand aus einer Abteilung für Marketing, einer für Pressearbeit, einer für die Stadionsicherheit und der Abteilung für den Vertrieb der Eintrittskarten.

Der Kartenverkauf sollte hochmodern ablaufen. Auf den Tickets sollten die Namen der Inhaber stehen – und Schwarzmarkthändler keine Chance haben.

Weil nicht jedes Unternehmen über das Know-How verfügt, über drei Millionen Eintrittskarten zu vermarkten, musste eine geeignete Auswahl erfolgen. Dafür holte der DFB Willi Behr ins Komitee. Er brachte Expertise in der Entwicklung von Ticketing-Lösungen über seine Gesellschaft für Softwareentwicklung und Organisation (GSO) mit und war bereits beim FC Schalke 04 tätig. GSO und Eventim arbeiteten zu dem Zeitpunkt geschäftlich schon eng zusammen. Und zwar so eng, dass der Kartenriese die Firma GSO von Behr später übernahm.

Im September 2003 hatte Behr wohl sogar das Angebot von CTS Eventim selbst formuliert, damit es perfekt zu den Beschaffungskriterien des DFB passt und umgekehrt – der Ausschreibungstext sollte perfekt zum Ticketing-System »Euroticket« von Eventim passen. Um das zu erreichen, sollte Behr sogar interne Komitee-Schreiben weiterreichen und Einfluss auf die Formulierung der Ausschreibung nehmen.

Bevor das OK nun aber über den Zuschlag entschied, wechselte Behr die Seiten: Statt als Eventim-Berater zu arbeiten, war er seit Anfang 2004 nun Berater des WM-OK beim DFB.

Und hatte so Einfluss auf die Entscheidung, welche Firma beim Ticketverkauf den Zuschlag bekommt. Mit anderen Worten: Der de facto-Abgeber des Angebots entschied auch gleichzeitig darüber, ob er den Zuschlag erhält.

Bei derartigen Informationsvorsprüngen hatten Eventim-Wettbewerber nicht die geringste Chance.

Im Sommer 2004 erhielt dann tatsächlich CTS Eventim den Zuschlag. Die Staatsanwaltschaft begann relativ schnell mit den Ermittlungen, »*ob CTS Eventim auf diesem Weg unlautere Vorteile bei der Auftragserteilung verschafft wurden*«.

Doch bevor im großen Stil Karten für den Schwarzmarkt vorbereitet wurden, drückte Behr zunächst durch, dass die Provision für Eventim pro verkaufter Karte von zwei auf 2,32 Euro erhöht wird. Das entspricht knapp einer Million Euro Zusatzverdienst. Von dem sollte der Drahtzieher laut Staatsanwaltschaft die Hälfte abbekommen. Behr habe dann von CTS Eventim für seine Dienste als Dankeschön ein 500 000 Euro-Darlehen erhalten, ohne Zinsen, Sicherheiten und Rückzahlungsvereinbarung. Außerdem engagierte sich CTS Eventim bei Behrs Fußballverein SV Weingarten als Sponsor. Sogar die Trikots der Mannschaft waren schließlich mit »Eventim« beflockt.

Weil Behr sich etwas Zeit ließ, das Darlehen anzunehmen, wurde Eventim unruhig und erinnerte Behr daran, den Vertrag zu unterzeichnen. »*Eine Unterschrift dauert maximal 1 Sekunde*«, schrieb ihm Eventim-Vorstand Volker Bischoff per E-Mail.

Aber dieses »Präsent« des zinslosen Darlehens galt offenbar nicht nur für die Auftragsbeschaffung und die Provisionserhöhung. Behr ermöglichte CTS Eventim den Zugriff auf 52 000 WM-Tickets, die ursprünglich für Verbände und Sponsoren vorgesehen waren und in den normalen Verkauf hätten kommen müssen.

Diese Karten wurden beschafft, indem künstlich Rückläufer generiert wurden. WM-Eintrittskarten waren nämlich in zwei Töpfe unterteilt.

Topf eins bestand aus Tickets, die in den freien Verkauf gehen und mit dem Namen der Besitzer markiert wurden.

In Topf zwei befanden sich unmarkierte Tickets für Sponsoren und Verbände wie FIFA, DFB und Regionalverbände.

Knapp zehn Prozent der Karten waren somit ohne Namensaufdruck.

Behr soll fingierte Kontingente für Fußballverbände angelegt haben mit dem Ziel, möglichst viele Rückläufer zu erzeugen. Diese Gruppen-»Verkaufs«-Tickets wurden weitgehend unentgeltlich innerhalb der Fußball-Familie verteilt. Allerdings gibt es bei jeder Weltmeisterschaft Karten im »Gruppen-Verkauf«, die nicht abgerufen werden. Diese Rückläufer hätten nun ohne Preisaufschlag wieder dem freien

Verkauf zugeführt werden müssen, so sahen es die Bestimmungen der FIFA vor.

Die 52 000 Rückläufer-Karten habe Eventim dann für rund 6,5 Millionen Euro gekauft, heißt es im Durchsuchungsbeschluss. Der DFB meint hingegen, die Karten seien »*nicht gesondert*« verkauft, sondern Eventim als Teil des allgemeinen Ticket-Kontingents überlassen worden.

Veräußert wurden die Tickets zunächst an die Münchner Firma O&P Event Marketing, die wiederum der Frau des Steuerberaters von CTS Eventim-Vorstand Schulenberg gehört. O&P verkaufte die Karten dann zu exorbitanten Schwarzmarktpreisen weiter. Die durchschnittlichen Aufschläge lagen bei 329 Prozent. Auf diese Weise erzielte das Geflecht mehr als zwölf Millionen Euro Überschuss.

Über fingierte Beraterverträge schüttete man das Geld dann aus. Schulenberg habe 6,2 Millionen Euro erhalten, Behr rund 3,5 Millionen. Drei Millionen Euro verblieben auf den Konten von O&P und wurden nie abgerufen. Die Ermittler glauben, dass mit dem Geld eine weitere Person aus dem WM-Komitee geschmiert werden sollte.[8]

Die »Welt« bezeichnete die Affäre als »*den größten Ticketskandal in der Geschichte des deutschen Fußballs*«.

Ja, könnte hinkommen.

Vom DFB hat angeblich niemand etwas mitbekommen, die internen Kontrollen versagten völlig. Familie halt.

»*Dass Karten früher oder später auf dem Schwarzmarkt landen, war uns klar und auch nicht zu verhindern. Wer entsprechend viel Geld bezahlt, kriegt jede Karte*«, meinte Behrs Vorgesetzer Horst Schmidt.

Schon klar, aber eines ist merkwürdig: Wenn der DFB behauptet, die Karten wären an Eventim nicht gesondert verkauft, sondern als Teil des allgemeinen Kontingents überlassen worden, so hätten diese zwingend personalisiert werden müssen.

Hatten Behr & Konsorten dem DFB eine solche Personalisierung zugesichert? Wenn ja, wäre der DFB aus der Nummer draußen, dann hat er im guten Glauben darauf vertraut, dass diese Tickets wirklich in den freien Verkauf gehen.

Wahrscheinlicher ist aber eher, dass dem DFB die Kontrolle über den Vertrieb jener 52 000 Karten entglitt und der Verband selbst nicht mehr wusste, ob diese nun personalisiert würden oder nicht. Insgeheim ahnte man wohl, dass mit einem größeren Teil der Tickets etwas nicht stimmt.

Ein Hauptabsatzkanal von O&P war ja offenbar der direkte Handverkauf vor dem Stadion. Leute, die nicht ins Stadion gelassen worden wären, vor allem wenn sie die Tickets noch zu horrenden Preisen vor dem Stadion gekauft haben, hätten für Bambule gesorgt.

Beschwerden beim DFB, Anzeigen bei der Polizei, Wutkommentare im Internet – irgendwann hätten die Medien sicher schon damals Lunte gerochen. Im Sinne der negativen Schlagzeilenvermeidung war es dann natürlich vorteilhafter, jeden Karteninhaber möglichst ungehindert ins Stadion passieren zu lassen, egal ob der Name mit den Tickets im Ausweis übereinstimmt oder nicht.

Und genau das war der Fall.

Es gab ja praktisch überhaupt keine Kontrollen. Dabei brüllte man vor Turnierstart doch wie ein Löwe.

Wer kam überhaupt auf den Vorschlag, sowohl personalisierte als auch nichtpersonalisierte Tickets einzuführen? Man hätte den Zinnober mit den Namen auch gleich ganz lassen können. Denn dadurch wurde von Vornherein das eigene Sicherheitskonzept konterkariert und die Polizei fühlte sich düpiert.

»Mit der Zweiklassen-Vergabe der Tickets wird das Sicherheitskonzept *ad absurdum geführt. Man kann nur hoffen, dass alles gut geht*«, meinte resigniert Klaus Jansen, der Vorsitzende des Bundes Deutscher Kriminalbeamter.

Es lief bei der Eventim-DFB-Achse also auch hauptsächlich über Rückläufertickets. Im Prinzip dasselbe System, wie wir mit dem Ormus-Tool ausnutzten, nur eben tausendfach größer. Und mit dem Unterschied, dass wir uns mit den Bröckchen zufrieden geben mussten, die man uns zurück in den Ticketshop warf, während sich die echten Profis ganze Brotlaibe backten, indem sie für zigtausende Ticketrückläufer selbst verantwortlich waren.

Die größten Schwarzhändler der WM 2006 kamen also aus dem DFB-Komitee selbst.

In Ismael Bhamjee aus Botswana hat man dann außerdem noch ein schönes Bauernopfer gefunden, mit dem man von den eigenen Unzulänglichkeiten gut ablenken konnte. Viel investigative Arbeit brauchte es dazu nicht. Das Mitglied des FIFA-Exekutivkomitees gab während der WM öffentlich zu, mit dem Verkauf von zwölf Tickets für das Spiel England gegen Trinidad und Tobago seine Reisekasse aufgebessert zu haben.

300 Euro pro Eintrittskarte hat der 62-Jährige auf dem Schwarzmarkt kassiert, der Nennwert der Tickets lag bei 100 Euro.

Das Dringlichkeitskomitee der FIFA entband den Funktionär umgehend von seinen Aufgaben während der WM und forderte ihn auf, Deutschland zu verlassen. Dabei waren die Deals von Bhamjee eigentlich gar nicht so schlimm.

Denn Touristen aus Afrika und Südostasien beziehungsweise Entwicklungs- und Schwellenländern konnten sich die Reise nach Deutschland oft gar nicht leisten. Also konnte man die überschüssigen Tickets auch gleich verscherbeln. Die Agentur »Euroteam«, welche diese Kontingente abnahm, gab zu verstehen, dass der Verkauf einigen Fußballverbänden aus »*weniger privilegierten Ländern*« das finanzielle Überleben sichere.

Vor allem war es nichts im Vergleich zu dem, was die Achse zwischen WM-OK und Eventim anrichtete. Für Eventim hat sich der DFB-Auftrag unglaublich gelohnt.

Nach der WM beweihräucherte man sich selbst. Eventim habe »*für eine faire Zuteilung der rund drei Millionen Eintrittskarten gesorgt*«, schrieb der Kartenhändler in seinem Geschäftsbericht.

Auch ohne den Schwarzhandel machte die Firma mit WM-Karten mehr als 20 Prozent operative Rendite. Außerdem steigerte der Deal den Bekanntheitsgrad des Unternehmens enorm. Schulenberg ist heute laut Schätzungen 1,1 Milliarden Euro schwer.

Im Jahr 2003 war das noch anders. Das Unternehmen war gerade erst an der Börse gestartet. Konkurrenten klagen heute, dass Eventim zu einem Quasi-Monopolisten im Kartenhandel gewachsen ist.

Mit solchen Methoden kein Wunder.

Mit den Machenschaften bei den WM-Tickets schien man damals Blut geleckt zu haben, denn immer häufiger kam es danach bei Events zu einer künstlichen Ticketverknappung. Eine bestimmte Anzahl an Karten kommt demnach gar nicht erst in den freien Verkauf, sondern wird erst deutlich später angeboten. Zum Beispiel auf Portalen wie FanSale, die ebenfalls wieder eine Tochter von CTS Eventim ist.

Ein Schelm, wer böses dabei denkt.
»*Im Ticketing sind wir Weltmeister geworden*«, tönte Behr nach dem Ende der WM.
Wer ist wir?
Bei den journalistischen Befragungen zu der Angelegenheit mit CTS Eventim und den Rückläufern zeigte sich Behr hingegen verschlossen.
»*Sie können meinen Anwalt fragen. Wenn der nichts sagt, haben wir Pech gehabt*«, gab er Reportern als Statement.
Gut gekontert! Sollte ich irgendwann mal erwischt werden, bekommen Neugierige dasselbe zu hören.

3.12 EM 2008 in Österreich/Schweiz

Die Euphorie des deutschen Sommermärchens hielt bis zur zwei Jahre später stattfindenden Europameisterschaft in den Nachbarländern an. Allerdings nicht bei mir.

Irgendwie ging diese EM, zumindest was den Schwarzhandel angeht, an mir vorüber. Ein paar wenige Tickets kaufte ich ein, aber das war kaum der Rede wert. Solch eine Anstrengung wie bei der WM 2006 betrieb ich jedenfalls nicht. Warum weiß ich selbst nicht so genau. Ich ging davon aus, dass die Euphorie der WM 2006 nicht zu toppen sei und viele Fans auf den Geschmack des Public Viewing gekommen sind.

Doch da lag ich falsch. Der Ansturm auf EM-Tickets war noch größer als es zur WM 2006 der Fall war.

Für die 32 EM-Spiele standen insgesamt lediglich 1,05 Millionen Karten zur Verfügung. In der ersten Verkaufsphase gingen mehr als zehn Millionen Anfragen ein. 870 100 Karten waren für den freien Verkauf bestimmt. Die Chance auf eine Zuteilung lag also ziemlich genau bei 1:12.

Aufgrund der massiven Überbuchung der Karten verzichteten die Veranstalter auf eine ursprünglich im Juni 2007 geplante zweite Verkaufsphase.

Vielleicht unterschätzte ich das Event. Denn im Vergleich zu den riesigen Arenen waren die Stadien in Österreich und der Schweiz recht klein. Das Wiener Ernst-Happel-Stadion war mit 51 000 Plätzen das mit Abstand größte. Fast alle anderen Austragungsorte hatten nur ungefähr 30 000 Plätze.

Wie sehr solche kleinen Stadien die Preise anziehen lassen, stellte ich später in der Bundesliga fest, vor allem als Eintracht Braunschweig aufstieg. Diese kleinen »Schuhkartons« sind Goldgruben, wenn du rechtzeitig die richtigen Netzwerke aufgebaut und Erfahrung im Einkauf solcher Karten gesammelt hast.

Zum Zeitpunkt der Ticketorder war auch noch nicht abzusehen, welch attraktive Spiele stattfinden. Hätte ich gewusst, dass Deutschland schon in der Vorrunde auf Nachbarland Polen, Gastgeber Österreich und den 98er-WM-Schrecken Kroatien trifft, also allesamt Spiele mit Brisanz, dann hätte ich sicher mehr Engagement beim Ticketeinkauf an den Tag gelegt.

So aber überließ ich das Geschäft anderen und konzentrierte mich mehr auf Konzerte. Mein Bekannter, mit dem ich oft zusammen arbeite, hatte hingegen über sein Netzwerk fast eine dreistellige Anzahl an Tickets geordert. Allerdings war sein Erfolg nicht berauschend. Manche Karten gingen zu Traumpreisen weg, andere wiederum bot er wie Sauerbier an.

Die Kartenpreise zogen erst ein halbes Jahr vor Turnierstart richtig an, als feststand, wer gegen wen spielt. Für das Viertelfinale am 22. Juni 2008 in Wien stiegen die Preise für zwei Tickets auf 3 500 Dollar (seinerzeit umgerechnet 2 430 Euro). Das teuerste Vorrunden-Spitzenspiel war jenes zwischen Weltmeister Italien und Vize-Weltmeister Frankreich am 17. Juni 2008 in Zürich – hier konnte man mit zwei Karten im Schnitt gut 800 Euro verdienen.

Natürlich gab es auch bei der Europameisterschaft im Vorfeld wieder Drohgebärden. Wer seine Eintrittskarte auf dem Schwarzmarkt zu Geld mache, riskiere eine Buße von bis zu 5 000 Euro und müsse in Kauf nehmen, dass sein Ticket annulliert werde. Das übliche Gebrüll eben.

Von den zur Verfügung stehenden Eintrittskarten waren 870 100 (77 Prozent) für den öffentlichen Verkauf bestimmt.

Die restlichen rund 259 900 Tickets waren für Sponsoren, Vertreter der 52 UEFA-Mitgliedsverbände, Medien, die UEFA selbst und das Hospitality-Programm reserviert.

Etwa 169 500 dieser Karten wurden den offiziellen Werbepartnern der EURO 2008 zugeteilt.

Die regulären Preise für die günstigsten Tickets der Europameisterschaft lagen bei 45 Euro für einen Besuch einer Vorrundenbegegnung auf einem Platz der niedrigsten Preiskategorie. Für die günstigste Endspielkarte mussten 160, für die teuersten Plätze 550 Euro bezahlt werden.

Ende Januar 2007 startete der Ticket-Verkauf über die 16 nationalen Verbände, deren Teams sich für die EM-Endrunde qualifiziert hatten. Sie erhielten knapp 400 000 Karten, also 38 Prozent aller vorhandenen Eintrittskarten.

350 000 Tickets brachte die UEFA im Frühjahr 2007 auf den Markt. Das verbleibende Kontingent sollten dann jene Verbände bekommen, deren Teams die Gruppenphase überstehen.

Pro Person konnten bis zu vier Karten erworben werden. Jeder Ticketbesitzer musste der UEFA seinen Namen und seine Adresse bekanntgeben.

20 000 Kartenbestellungen wurden von den Organisatoren storniert, weil die Rechnung stets über dasselbe Konto beglichen wurde. So verbarg sich etwa hinter Dutzenden verschiedenen Bewerbernamen dieselbe Kreditkartennummer.

So blöde sind wir natürlich nicht. Es ist doch klar, dass bei hunderten Bestellungen und immer derselben Kreditkarte die Alarme der Ticketsysteme anschlagen. Wir umgehen so etwas, indem wir virtuelle Kreditkarten-Nummern generieren, die wir dann per Prepaid aufladen. Das geht innerhalb von Minuten.

Bei Kreditkartenanträgen gibt es kein Post-Ident-Verfahren oder ähnliche Verifizierungsmaßnahmen.

Die Verantwortlichen äußerten, sie hätten einige hundert Händler abgemahnt und die in den AGB ausgemachten Vertragsstrafen eingefordert. Falls die Strafen nicht bezahlt werden, würde man vor Gericht ziehen. Ich persönlich habe von keinem einzigen Prozess gehört.

Vor allem die Karten für manche Vorrundenspiele waren teilweise heiß begehrt. Es kam natürlich auf die Attraktivität der Partie an.

Bei manchen Spielen in der Gruppenphase standen Fans mit »Suche Tickets«-Schildern vor dem Stadion. Bei anderen Partien standen wiederum Schwarzhändler an gut besuchten Ecken Wiens und boten verzweifelt ihre Karten den vorbeilaufenden Passanten an. Bei der eigentlich attraktiven Viertelfinal-Partie Spanien gegen Italien hielten hunderte Personen bündelweise Karten vor dem Stadion hoch, zum Schluss blieben zahlreiche Sitzplätze im italienischen Block leer. Selbst beim Halbfinale Russland gegen Spanien fielen die Preise rapide. Käufer mit Geduld bekamen EM-Karten zum Schnäppchenpreis von 50 Euro.

Auch beim Viertelfinale Russland gegen Niederlande waren nicht alle Plätze besetzt, die Karten aber offiziell verkauft.

Das ist hart und kann so manchen unerfahrenen Schwarzhändler in arge Finanznöte bringen. Es war ein Vabanquespiel und ich bin im Nachhinein froh, dass ich mir den Stress nicht gab. Denn um auf einem solchen Markt zu bestehen, wäre verdammt viel Nervenstärke und Erfahrung nötig.

Vor allem gab es noch ein kompliziertes Voucher-System, das ich selbst nicht so richtig überblickte. Alle für das Viertelfinale qualifizierten Teilnehmer vergaben nicht direkt Tickets, sondern Gutscheine, die bei Weiterkommen eingelöst werden konnten. Deutsche, Niederländer oder auch die Spanier wussten mit dieser Organisation umzugehen, bei den Russen und Italienern hingegen klappte das gar nicht.

Etliche Voucher wurden gar nicht eingelöst.

»*Die Vergabe hat sicherlich nicht optimal funktioniert*«, räumte UEFA-Sprecher Wolfgang Eichler ein.

Zumal sich Security und Polizei vor den Eingängen keine erkennbar große Mühe gaben, den Schwarzhandel zu unterbinden. Trotz Personalisierung der Tickets und offensichtlichem Schwarzhandel glaubte man an die Selbstorganisation des Marktes. Das klappte teilweise auch.

Weil der russische Verband gar kein großes Interesse zeigte, nicht benötigte Kontingente zurückzugeben, blieben zahlreiche Plätze beim Viertelfinale im Baseler St.-Jakob-Park unbesetzt. Das Finale in Wien war natürlich wieder lukrativ. Im Internet wurden Tickets für bis zu 4 000 Euro angeboten. Direkt vor dem Endspiel zwischen Deutschland und Spanien lagen die Kartenpreise sogar noch darüber.

Trotz teilweise attraktiver Gewinne war ich hinterher nicht sauer, hier kaum mitgemischt zu haben.

Das ganze Marktumfeld bei der Europameisterschaft war einfach zu rauh.

3.13 WM 2010 in Südafrika

Von den vergangenen WM- und EM-Erfolgen der deutschen Nationalmannschaft war die Bundesrepublik immer noch wie elektrisiert. Nun sollte das größte Sportevent, das je nach Afrika vergeben wurde, folgen. Wenn nicht 2006 Weltmeister im eigenen Land, dann eben 2010 am Kap.

Eines der üblichen Hauptthemen im Vorfeld der WM war:

Wie kann der Schwarzmarkt mit Eintrittskarten unterbunden werden? Um das zu erreichen, wurde in Südafrika sogar eigens ein Gesetz verabschiedet, das den Kartenverkauf ohne Genehmigung des Weltfußballverbands FIFA mit Geldstrafen von bis zu umgerechnet 20 000 Euro oder Gefängnis bis zu fünf Jahren bestraft.[9]

»Es ist sehr wichtig, dass keine Tickets auf dem Schwarzmarkt landen. Es ist einfach zu leicht, beim Kauf der Karten irgendwelchen Betrügern in die Hände zu fallen«, meinte Jaime Bryom, Vorsitzender der Agentur MATCH, die von der FIFA mit der Abwicklung des WM-Ticketing beauftragt wurde.

Er befürchtete schon im Vorfeld einen blühenden Sekundärhandel mit Karten. Die FIFA-Organisatoren überlegten daher, zumindest die Tickets der günstigsten Kategorie mit den Namen der Besitzer zu bedrucken. So wie es bei der WM in Deutschland mit den meisten Karten gemacht wurde.

Doch was sich schon in Deutschland als undurchführbar herausstellte, war in Südafrika eine Illusion. Es war schlicht und ergreifend nicht möglich, Ticket und Identität von zehntausenden Fans bei einem Spiel zu überprüfen.

»In Afrika würde das ins Chaos münden«, meinte ein südafrikanischer Fußballjournalist. Dabei musste diesmal gar nicht aktiv eingegriffen werden. Das wirksamste Anti-Schwarzmarkt-Mittel waren die Rahmenbedingungen, die dazu führten, dass die Stadien sowieso nicht ausverkauft waren. Schon die FIFA beziehungsweise die Organisatoren hatte Probleme, überhaupt zu regulären Preisen ihre Tickets loszuwerden. Vor allem waren die Organisatoren mit der Tatsache konfrontiert, dass viele Plätze der teuren Kategorien 1 und 2 frei blieben, wenn weniger wohlhabende Nationen gegeneinander antraten. Immerhin handelte es sich dabei um zwei Millionen Karten, die 64 Prozent des Gesamtkontingents ausmachten.

Der Plan war, dass die Touristen aus dem reichen Europa, aus Amerika und Asien die Billigtickets für Südafrikaner mit ihren teuren Karten subventionieren. Denn wer sollte schon aus Simbabwe, Botswana oder Namibia anreisen? Aus dem benachbarten Mozambik konnte sich die Reise so gut wie niemand leisten. Denn dort liegt das Jahres(!)-Pro-Kopf-Einkommen bei umgerechnet 400 US-Dollar, also jenem Wert, den eine simple Vorrundenkarte aus den höherpreisigen Kategorien kostet. Das war auch den WM-Ausrichtern schnell bewusst.

Für uns Schwarzhändler war von Anfang an klar, dass wir – außer eben beim Finale – uns nicht groß um Karten bemühen. Denn der exotische Austragungsort in einem vergleichsweise armen Land würde dafür sorgen, dass es eher viele schwarze Händler als Schwarzhändler gibt, die dank des privilegierten Zugangs auf das Kontingent mit dem bisschen Gewinn aus dem Kartenverkauf ihre Familie über Monate durchbringen können.

In den entfernten Industrieländern lief das Ticketgeschäft ebenfalls äußerst schleppend. Vor allem aus dem reichen Europa war kaum jemand erpicht darauf, unter allen Umständen ans Kap zu reisen. Im Januar 2010 zeigte sich DFB-Boss Theo Zwanziger besorgt über die geringe Ticket-Nachfrage.

Kein Wunder, denn seit der vergangenen Europameisterschaft ist zwischenzeitlich weltwirtschaftlich einiges passiert. Am 15. September 2008, also ziemlich genau acht Wochen nach der EM in den Alpenländern, brach die Investmentbank Lehman Brothers zusammen. Und nicht nur die. Plötzlich fielen Banken, Versicherungen und Großkonzerne wie die Dominosteine um. IKB, General Motors, AIG und Hypo Real Estate waren weitere beispielhafte prominente Namen, über die man in den Wirtschaftsnachrichten nur noch Hiobsbotschaften las.

Rezession, Rettungsschirme, Milliardengarantien, sich erschießende Hedge-Fonds-Anleger – wer glaubt, dass dies auf den Schwarzmarkt von Eintrittskarten keine Auswirkungen hat, der irrt gewaltig.

Denn in Krisenzeiten sparen die Leute am Luxus. Niemand merkt so schnell wie wir Schwarzhändler, ob das Geld der Leute noch locker sitzt. Und eine VIP-Loge bei einem WM-Spiel ist nichts Lebensnotwendiges. Die Wirtschaftskrise hielt denn auch bis ins WM-Jahr 2010 an.

Die FIFA war dabei noch auf der sicheren Seite. Die größten Einnahmen, die teuren Lizenzgebühren für die TV-Übertragungen, kassierte allein der Weltfußballverband.

So fußballbegeistert waren die Südafrikaner nicht, dass sie sich um jeden Preis ein Spiel live anschauen mussten. Dieser Faktor war schon ein K.O.-Kriterium, zu investieren. Aber es gab noch einen: Die Entfernung zwischen Europa und Südafrika. Ohne Flugzeug war das Turnier nicht zu bereisen. Als ich zum Zeitpunkt der Vorverkaufsphase mal nach Südafrika-Flügen recherchierte, staunte ich nicht schlecht.

Zum Verkaufsstart der Karten hatten viele Fluggesellschaften noch keinen Flugplan aufgestellt und die wenigen, die bereits einen verfügbar hatten, verlangten ansehnliche Preise. Frankfurt-Kapstadt oder Johannesburg mit Lufthansa oder South African Airways zur WM-Zeit kostete 1 400 Euro – Economy Class wohlgemerkt. Und Billigairlines wie Easy Jet oder Ryanair flogen diese Ziele nicht an. Auch die Reisepakete, die vier von der FIFA lizenzierte Unternehmen (Dertour, Vietentours, Passion Southafrica und Thomas Cook Reisen) aufriefen, waren keine Alternative. Um die 3 000 Euro pro Person kostete bei Vietentours ein knapp einwöchiges Arrangement inklusive des ersten deutschen Spiels gegen Australien.

Wer im Schwarzmarktgeschäft einigermaßen Erfahrung hat, der wusste, dass er unter diesen Voraussetzungen die Finger davon zu lassen hat.

Aber es gab noch etliche Gründe mehr, die gegen eine Investition sprachen. Gravierende Sicherheitsbedenken und Kriminalität, der südafrikanische Winter mit Abendtemperaturen knapp über dem Gefrierpunkt in Städten wie Johannesburg, Pretoria oder Bloemfontein, zusätzliche Kosten für südafrikanische Inlandsflüge, üppige Hotelpreise – all das summiert sich in Zeiten der Weltwirtschaftskrise zu einer Zurückhaltung beim Konsumenten, mit der die FIFA und das Organisationskomitee selbst nicht gerechnet haben. Dass es ausgerechnet im Juni und Juli dort unten sehr kalt ist, war vielen Touristen unbekannt.

Da die südafrikanische Nationalmannschaft des Landes auch noch als notorischer Verlierer gilt, ist es selbst am Schauplatz des Turniers schwer, verlockende Kaufargumente zu finden.

Selbst die Hospitality-Tickets blieben Ladenhüter. Welche Firma will schon riskieren, dass sich in der Belegschaft herumspricht, dass man Geschäftspartner oder einzelne Abteilungen zu teuren WM-Reisen eingeladen hat, während man den Mitarbeitern mit Verweis auf die Weltwirtschaftskrise Enthaltsamkeit predigt?

Last but not least: Kulturelle Missachtungen. Das in Europa konzipierte und bei der WM in Deutschland 2006 bewährte Vertriebssystem über das Internet funktioniert in Südafrika nicht.

Und dann gab es noch Randentwicklungen, die das Live-Erlebnis trübten. Wie zum Beispiel der Einsatz von Vuvuzelas.

Das »Supporter-Instrument« glich einer chinesischen Folter und entwickelte sich zum Ärgernis Nummer eins im Stadion, sodass selbst die TV-Anstalten den Ton herunterdrehten, weil sie den Zuschauern am Bildschirm das monotone Getröte nicht mehr zumuten wollten.

Sechs Monate vor Turnierstart waren nach offiziellen Angaben des Weltverbandes FIFA für die drei WM-Vorrundenspiele Deutschlands gegen Australien, Serbien und Ghana gerade einmal 3 316 Karten abgesetzt. Und davon waren sogar 1 400 Tickets innerhalb der Fußball-Familie des DFB verteilt worden. Regulär erwarben also nicht einmal 2 000 Fans Tickets für die Vorrundenspiele. Im Internet wurden von Fans deutscher Nationalität insgesamt 25 050 Karten gebucht – allerdings für Spiele ohne deutsche Beteiligung.

»Die Zahlen sind normal und entsprechen dem Ergebnis der WM 2002 in Japan und Korea, als wir beim ersten Spiel gegen Saudi-Arabien in Sapporo insgesamt nur 54 Tickets an deutsche Fans verkauft hatten. Der Vergleich zu 2002 bietet sich wegen der Entfernung an und den damit zusammenhängenden Kosten. Auch als wir 2002 im Finale von Yokohama standen, hat das keine riesige Massenbewegung ausgelöst. Damals verkauften wir 2 144 Tickets an deutsche Fans«, gab DFB-Chef Wolfgang Niersbach bekannt.

Wenn aber selbst in Deutschland nichts geht, dann wird es generell extrem schwer. Deswegen dachte die FIFA sogar wieder über den guten alten Verkauf am Kassenhäuschen vor Ort nach und zog in Erwägung, WM-Tickets an verschiedene Geschäfte zu verteilen, damit die Südafrikaner einen einfacheren Zugriff auf die Karten haben.

Nur in den USA war die Nachfrage nach Eintrittskarten für die WM in Südafrika ungebrochen hoch. Wahrscheinlich handelte es sich um mehrere minderbemittelte Schwarzhändler aus Übersee, die nicht mal wissen, wo Südafrika liegt – Hauptsache Tickets eingekauft.

Wohl dem, der unter solchen Voraussetzungen nicht investiert ist. Denn man darf nicht vergessen, dass wir Schwarzhändler in ein Event oft mit tausenden oder gar zehntausenden Euro einsteigen. Wenn wir dann nicht wenigstens wieder den Einkaufspreis erlösen, fehlt uns Geld zum Reinvestieren.

Um unsere Investitionsentscheidung abzusichern, riefen wir öfters zur Kontrolle beim DFB an und fragten, ob es noch genug Karten gebe. Als mehrfach bestätigt wurde, dass noch ausreichend zur Verfügung stünde, war klar, dass wir davon die Finger lassen. Erfahrung mit der WM in Japan und Südkorea 2002, als wegen der Terroranschläge vom 11. September und der weiten Entfernung nahezu gleiche wirtschaftliche Verhältnisse existierten, hatten wir keine.

Die Entscheidung war zum Glück absolut richtig.

Denn hinzu kam noch der fehlende Wohlstand im Austragungsland. Weil in Afrika viele Fußballbegeisterte kaum Geld zum Leben haben, bemühte sich der Weltfußballverband um Sozialverträglichkeit. Damit auch Südafrikaner, die nicht zur Oberklasse gehören, Zugang zu den Stadien erhalten, führte die FIFA eine neue Preiskategorie ein, die ausschließlich Einheimischen zur Verfügung stand. Tickets für die Gruppenspiele gab es schon für 11 Euro zu erwerben.

»*Unsere Verfahrensweise wurde entworfen, um sicher zu stellen, dass das Flaggschiff der FIFA-Veranstaltungen für alle Fußballfans erschwinglich ist*«, meinte FIFA-Generalsekretär Jerome Valcke.

Elf Prozent der insgesamt rund drei Millionen Karten waren ausschließlich für Südafrikaner reserviert. Außerdem schenkte das Organisationskomitee jedem der an den zehn Stadien beteiligten Bauarbeitern jeweils zwei Tickets.

»*Wir wollen, dass jeder Südafrikaner die Möglichkeit hat, ein Spiel im Stadion erleben zu können*«, so Organisator Danny Jordaan.

Das waren in der Tat sehr faire und entgegenkommende Maßnahmen, dennoch blieb die WM für viele Südafrikaner ein Traum. Denn was sich für europäische Verhältnisse sehr preiswert anhört, ist in Afrika für viele immer noch unbezahlbar. Ein so hochpreisiges Event wie eine Fußball-WM in einem Land auszutragen, in dem das monatliche Pro-Kopf-Einkommen für 60 Prozent aller Südafrikaner bei weniger als

500 Rand (ca. 40 Euro) und damit sogar unterhalb der südafrikanischen Armutsgrenze liegt, war schon gewagt.[10]

Das durchschnittliche Monats-Pro-Kopf-Einkommen lag seinerzeit bei umgerechnet etwas über 400 Euro.

Dass deshalb trotz Gefängnisandrohung viele Einheimische ihre zugeteilten Tickets wieder an vermögende Touristen losschlugen, lag auf der Hand. Schließlich konnte der Wert der Karten auf dem Schwarzmarkt ohne Weiteres dem Jahresgehalt eines gewöhnlichen Arbeiters in Südafrika entsprechen.

Das Fußballmagazin »11 Freunde« schrieb später vom *»fairsten WM-Schwarzmarkt aller Zeiten«*. Denn das Überangebot an Karten, vor allem von Sponsorentickets, bescherte dessen Reporter Simon Riesche beim Spiel Holland-Dänemark in Johannesburg einen VIP-Bereich-Zugang zum Spottpreis. Verkäuferin der Karte war eine Südafrikanerin, die den vorgeschlagenen Preis von läppischen 200 Rand (20 Euro) für ein VIP-Ticket fair fand. Es entzog sich wohl der Vorstellungskraft der Frau, dass sie auch das Drei- oder gar Fünffache hätte verlangen können.

Der Käufer erhielt dafür ein Erlebnis mit Canapés und Weißwein als Verpflegung und konnte sich also glücklich schätzen.

Wenn ich mir vorstelle, ich hätte unter solchen Bedingungen im großen Stil investiert, wird mir noch im Nachhinein schwindelig. Es machte nicht den geringsten Sinn, Karten für das Reselling einzukaufen.

Bis auf eben das Finale.

Da geht immer was – egal, wer da antritt. Weder meine Kollegen noch ich konnten jedoch Tickets dafür ergattern.

Dafür aber jemand anderes.

Am 2. August 2010 titelte die Hamburger Morgenpost:

»Matthäus dealte mit WM-Tickets!«

Auf die Frage eines Reporters, ob der deutsche Rekordnationalspieler mit Schwarzmarkttickets gedealt habe, antwortete Lothar Matthäus: *»Ich glaube, diese Frage brauchen Sie mir nicht stellen, jeder weiß, der beteiligt war, dass es mit Schwarzmarkt ganz sicher nichts zu tun hat. Ich habe mit keinem Kartenverkauf einen Euro verdient!«*

Das Problem von Matthäus und seinem Kompagnon war jedoch, dass sie die Karten nicht an irgendwen, sondern an den Journalisten Alfred Mane verkauften.

Bevor Mane seine Karten von Matthäus in Empfang nahm, filmte er in der Lobby des Johannesburger Hotels DaVinci heimlich mit seinem Handy, wie weitere Käufer von Matthäus mit Karten bedient werden. Dabei liefen Audio und Video gleichermaßen. Unverkennbar hörte man Matthäus' Stimme und folgenden Dialog:

Matthäus: »*This is category 2 but not behind the goals!*«

Käufer: »*Ich hab ein bisschen Angst hier!*«

Matthäus: »*Du brauchst keine Angst zu haben!*«

Käufer: »*Hier sind zehntausend!*«

Matthäus: »*Ja, OK!*«

Der Journalist Mane berichtete aus Südafrika für einen albanischen TV-Sender, der ihn auch für das Finale akkreditierte. Die Karten, die er von Lothar Mattäus bezog, brauchte er für Freunde. Die ersteigerte er bei eBay. Verkäufer war ein Münchner namens Murat. Man einigte sich auf 2 800 EUR für zwei Tickets erster Kategorie.

Mane meinte später: »*Der Verkäufer wollte, dass ich Vorkasse gehe, wollte ich von vornherein nicht, habe ich abgesagt. Er wollte mir zusichern, dass er einen starken Geschäftspartner hätte, einen Ex-Nationalspieler, der wäre ganz seriös in der Abwicklung.*«

Murat behauptete, er habe er seinen Bekannten Lothar um Karten gebeten. Später habe er diese auf eBay verkauft, weil er doch nicht zum Finale reisen konnte.

Matthäus habe ihm lediglich einen Gefallen getan, und den Verkauf seiner Karten im Hotel DaVinci in Johannesburg abgewickelt.

Ein SPIEGEL-Reporter sprach Matthäus auf die Abwicklung an.

Reporter: »*Am Samstag als Sie dann die Karten verkauft haben an den Herrn Mane, haben Sie ja davor auch schon Karten verkauft am Tisch, ist ja gefilmt worden!*«

Matthäus entgegnete dazu nur knapp: »*Ich habe keine Karten verkauft am Tisch!*«

Die Videobeweise zeigen jedoch eindeutig, wie Matthäus die Karten in der Hand hält und sie später gegen dicke Geldumschläge den Besitzer wechseln.

Später erläuterte Matthäus im Interview mit SPIEGEL TV:

»*Ich habe vier Kaufkarten gekauft und vier von Al Jazeera. Die vier von Al Jazeera habe ich weitergegeben, umsonst, aber sie sind vertauscht worden, weil sie nicht nebeneinander waren und vier Leute wollten nebeneinander sitzen und der Preis war der gleiche!*«

Reporter: »*Was heißt die waren umsonst? Es hat doch der Murat, ihr Bekannter, die Karten bei eBay angeboten gehabt?*«

Matthäus: »*Das ist richtig!*«

Reporter: »*Dann sind sie ja nicht umsonst weggegangen!*«

Matthäus: »*Ich hab vier Kaufkarten gekauft, die vier Kaufkarten hab ich umsonst weitergegeben und hab sie nur umgetauscht, weil sie nicht nebeneinander waren! Ist ne ganz einfache Erklärung!*«

Nun ja, clever gelöst!

Es ist die Frage, ob Matthäus die ausgetauschten Karten des TV-Senders hätte weitergeben dürfen. Normale Karten kosteten regulär maximal 600 US-Dollar pro Stück. Wenn diese für 2 500 Euro pro Stück weitergegeben worden wären, hätte dies unzweifelhaft als Schwarzhandel ausgelegt werden können.

Hat Matthäus aber tatsächlich die Al Jazeera-Tickets weitergegeben, dann ist das rechtlich praktisch unschädlich.

Ehren- und Incentive-Tickets haben nämlich keinen Preisaufdruck. Auf denen steht meistens der dezente Hinweis: »*Unverkäufliche Ehrenkarte*«.

Das ist aber rechtlich ungefähr genauso habhaft wie die Formulierung »*Abgabe nur in haushaltsüblichen Mengen*«. Also im Prinzip schwammig und ohne echten Belang.

Der Vorfall verdeutlichte, dass das eigens geschaffene Gesetz zur Schwarzmarktbekämpfung reine Zeitverschwendung war. Denn wenn man selbst trotz eines Videobeweises nichts unternehmen kann, hätte man sich doch eigentlich im Vorfeld jede Anstrengung ersparen können.

Vielleicht wäre es für den Brasilianer auch besser gewesen, sich nicht an die Öffentlichkeit zu wenden. Kurz nachdem Mane eine dicke Lippe riskierte, musste er sich nämlich erst einmal eine neue Haustür kaufen und seine Wohnung aufräumen.

3.14 EM Polen/Ukraine 2012

Der Ticketzweitmarkt war zur Fußball-Europameisterschaft 2012 noch durchwachsener und risikoreicher als bei der EM 2008 in den Alpenländern. Kein Wunder, denn die wirtschaftliche Situation war in den beiden osteuropäischen Gastgeber-Staaten nicht deutlich besser als in Südafrika. Der ukrainische Durchschnitts-Monatslohn betrug zur damaligen Zeit ganze 280 Euro.

Bei der EM im eigenen Land im Stadion dabei zu sein blieb für viele Polen und Ukrainer ein Traum. Trotzdem wollten sich den manche erfüllen, denn wann gibt es noch einmal die Gelegenheit, eine EM im eigenen Land zu sehen?

In Gewinnspielen und Lotterieglück lag für tausende einheimischer Fußballfans die einzige Chance, die EM-Spiele nicht in der Fanzone oder in der Stammkneipe verfolgen zu müssen. In der Hoffnung auf einen Glückscoupon tankten viele polnische Fußballfreunde nur noch bei einer bestimmten Tankstellenkette, aßen regelmäßig in einem Fast Food-Restaurant und wechselten die Biermarke.

Oft nützte es trotzdem nichts.

Wer als Einheimischer der Gastgeberländer an Tickets herankam, dachte außerdem automatisch darüber nach, ob er die Billetts angesichts seines geringen Einkommens nicht zu Geld macht.

Zunächst blieben die Schwarzmarktpreise recht stabil. Das lag vor allem an der knappen Zuteilung an echte Fans. Die konnten sich nämlich nur um 41 Prozent des polnischen Kartenkontingents bemühen – der Fußballverband PZPN behielt den Großteil der Karten für Sponsoren, VIPs und Funktionäre zurück.

Forderungen von bis zu 2 500 Zloty (620 Euro) pro Karte wurden aufgerufen. Besonders dreist agierte ein Mitarbeiter des polnischen Gesundheitsministeriums. Der Mann hatte zwei Karten aus dem Pool für Regierungsmitarbeiter erhalten und wollte diese für 1 200 Dollar im Internet verkaufen. Bei den Sicherheitsbeamten ließ das Auftauchen dieser Regierungstickets auf dem Schwarzmarkt die Alarmglocken läuten – immerhin saßen im gleichen Block auch Minister, Diplomaten und ausländische Staatsgäste.

Vor allem die gegenüber Polen noch ärmeren Ukrainer sahen keine Chance mehr, zu fairen Preisen am Turnier im eigenen Land teilzunehmen. Auch hier kosteten Karten bis zu 600 Euro pro Stück, unter 350 Euro war praktisch kein Angebot zu finden. Originalpreise der Karten lagen zwischen 30 und 80 Euro. Die Fans wurden wütend.

Sie beklagten, dass die »korrupten Polizisten« nicht gegen den Schwarzhandel vorgingen. Dabei war das gar nicht notwendig.

Viele Gelegenheitsschwarzhändler konnten ihre Preiserwartungen nicht durchsetzen, mit der Zeit sanken die Preise. Dazu trug vor allem die mangelnde Nachfrage aus Deutschland bei. Vor allem die Zustände in der Ukraine riefen viele Wutbürger auf den Plan.

Da war zum einen der Fall Julia Timoschenko. Während das EM-Turnier immer näher rückte, blieb die frühere Ministerpräsidentin weiter in der Stadt Charkow in Haft. Trotz drastischer internationaler Empörung.

Entwicklungshilfeminister Dirk Niebel kündigte an, er werde auf den Besuch eines Spiels der Nationalmannschaft in der Ukraine verzichten, um damit »*ein politisches Signal*« zu setzen. FDP-Generalsekretär Patrick Döring wollte der Ukraine wegen dieser Zustände sogar auf den letzten Metern die Spiele entziehen und die EM lieber komplett in Polen stattfinden lassen.

Renate Künast von den Grünen plädierte für orangefarbene Schals, welche die Spieler aus Solidarität tragen sollten. Und FDP-Chef Wolfgang Kubicki hatte auch einen Vorschlag parat, was man mit Eintrittskarten für die Fußballspiele machen soll: Zurückgeben!

Doch der Masse war Timoschenko nicht wirklich wichtig. Die B.Z.-Zeitung fragte die Leser schließlich: »*Ist die Fußball-EM in der Ukraine wirklich wichtiger als ihr [Timoschenkos] Leiden?*«

Nennenswerte Auswirkungen hatte die Verquickung des EM-Turniers mit der politisch motivierten Haft von Timoschenko nicht.

Doch es gab noch einen Umstand, der tatsächlich für gewaltige internationale Empörung sorgte.

Fußballverbände und Kommunen bauten in der Ukraine für hunderte Millionen Euro neue Stadien und putzten die Stadtbilder heraus. Um die Städte möglichst für Touristen glanzvoll und einladend zu präsentieren, sollten auf Anordnung der ukrainischen Behörden vor allem rechtzeitig die vielen streunenden Hunde verschwinden. Weil die Tiere in großer Anzahl auf den Straßen präsent waren, fiel lokalen Tierschützern relativ schnell auf, dass Tierfänger unterwegs waren, um die Hundescharen zu beseitigen. Tierschutzorganisationen inspizierten die Lage in der Ukraine. Sie fanden abseits der Großstädte regelrechte Tiermassaker vor. Erschossene, erhängte, vergiftete Hunde und erschlagene Welpen lagen zuhauf auf Halden und in Waldstücken. Tierschützer beobachteten, wie Polizeibeamte mit Gift versetztes Essen an die Hunde verteilten. Ditilin wurde eingesetzt, das die Lähmung der Muskeln und schließlich auch der Atmung zur Folge hat. Die Hunde starben gelähmt, aber bei vollem Bewusstsein einen unvorstellbar leidvollen Tod.

»*Was wir vorfinden, übertrifft unsere schlimmsten Befürchtungen*«, schrieb PETA. Es kursierten im Internet erschreckende Fotos und sogar Aufnahmen von rollenden Hundekrematorien, um die zu tausenden getöteten Hundekadaver an Ort und Stelle zu verbrennen.

Berichte über fahrbare Tierverbrennungsöfen brachten schließlich das Fass endgültig zum Überlaufen, vor allem bei den tierlieben Deutschen. Nein, ins Land des »*Hunde-Holocausts*« wolle man nicht fahren.

Immer wieder kursierte das aus Schwarzhändler-Sicht übelste Wort in den Internetforen: Boykott!

»*Ich werde mir kein einziges Spiel ansehen*«, schrieb ein Empörter im SPIEGEL-Online-Forum.

»*Die UEFA verdient 160 Millionen Euro an einer EM und stellt der Ukraine für das Problem der Straßenhunde 9 000 Euro zur Verfügung. Ist die UEFA nicht moralisch in der Verantwortung wenn sie von «Fair Play» spricht?*«, fragte ein anderer.

Der Aktivismus kannte keine Grenzen mehr. Die Wut richtete sich nicht nur gegen die politisch Verantwortlichen, sondern auch gegen die Profiteure der EM. Im Minutentakt gingen wütende E-Mails in der Adidas-Zentrale ein. Auf den Facebook-Seiten des Sportartikelherstellers machten viele ihrem Ärger gleichsam Luft. Auch die anderen EM-Hauptsponsoren wurden ins Visier genommen. Coca-Cola, McDonald‹s oder

der Carlsberg-Brauerei erging es ähnlich. Die einhellige Meinung war klar: Sponsoren, unternehmt etwas gegen das Tiermassaker, oder wir kaufen eure Produkte nicht mehr! Das zeigte Wirkung.

Die Firmen mussten nun Stellung beziehen.

»Wir sind strikt gegen jede Form der Tierquälerei und erwarten von der ukrainischen Regierung, diesen Vorwürfen gewissenhaft nachzugehen und entsprechende Maßnahmen zu ergreifen«, veröffentlichte Adidas.

Die EM-Sponsoren wandten sich schließlich an den Fußballverband UEFA. Der Verband bezog ebenfalls zerknirscht Stellung.

»Wir haben schon im Juni 2010 einen entsprechenden Brief an den stellvertretenden Ministerpräsidenten Boris Kolesnikow geschrieben.« Vor allem legte man großen Wert auf die Feststellung, dass »die UEFA niemals gefordert hat, freilebende Tiere im Hinblick auf die Euro 2012 aus dem Straßenbild der Städte zu entfernen. Wir respektieren die Würde der Tiere und werden weiterhin an die Behörden appellieren, das auch zu tun.«

Zudem überwies die UEFA einen stattlichen Betrag an die SOS Animals Society Kiev, die mit den Geldern die Populationskontrolle durch Kastration der Tiere in den Griff zu bekommen versuchte.

Der Druck auf die Regierung in Kiew wurde so groß, dass sie im November 2011 schließlich die Tötung streunender Hunde verbot. »Wer die Tiere nicht normal in Tierheimen unterbringe, werde bestraft«, drohte Ministerpräsident Nikolai Asarow.

Die Abkehr von dem brutalen Kurs war selbstverständlich dringend notwendig. Aber es reichte nicht mehr, um den Imageschaden zu begrenzen. Gerade bei den Deutschen war der brutale Massentiermord ein Reibungsthema, das geeignet war, die Attraktivität des Events zu zerstören. Die Differenzen waren unüberbrückbar.

Deutsche Tierschützer in Kiew forderten gar die Umrüstung von Krankenwagen in ambulante Operationswagen für Tiersterilisierungen, was wiederum in der medizinisch schon für Menschen unterversorgten Ukraine totales Unverständnis hervorrief. In Berlin sollte es sogar eine Großdemo mit einem »Lichtermeer für die ermordeten Straßentiere in der Ukraine« geben.

Der Fußball war völlig zur Nebensache geworden.

Aus Schwarzhändler-Sicht ein Alptraum! Wie bitte soll unter diesen Zuständen jetzt noch ein Hype entstehen? Unmöglich!

Die Protestwelle hatte natürlich Einfluss auf die Ticketpreise. Die Spielstätten im Osten der Ukraine waren vom Desinteresse der Fans besonders betroffen.

Kurz vor Beginn der Europameisterschaft waren plötzlich wieder knapp 10 000 Karten für Spiele in der Ukraine verfügbar, teilweise sogar Finaltickets für das Endspiel in Kiew. Für die Gruppenspiele der deutschen Nationalmannschaft gegen Portugal und gegen Dänemark in Lemberg gab es ebenfalls noch tausende Karten.

Die Preise fielen dramatisch. Bei eBay gingen Karten höchstens zum Originalpreis weg, oftmals sogar deutlich darunter. Ein Deutschland-Niederlande-Ticket für das Spiel in Charkow war kurz vor Beginn durchaus für 20 Euro noch zu bekommen.

Auch in Donezk war die Begeisterung für die Partie zwischen den beiden Fußballgrößen Frankreich und England sehr verhalten. Kartentiefpreise waren an der Tagesordnung.

»*Da die EM nur noch eine knappe Woche entfernt ist, wollen viele Fans oft nur noch einen Teil der Ticketkosten wieder herein holen*«, meinte Viagogo-Sprecher Steve Roest.

Nein, mit EM-Karten war nicht wirklich Geld zu machen. In der Ukraine konnten nur andere Schwarzhändler richtig Geld verdienen. Nämlich auf dem Freiluftmarkt, Europas größtem Schwarzmarkt für illegal hergestellte Markenwaren. Auf dem »7 km« in Odessa verscherbelten Händler zigtausende Kopien von Fanartikeln. Handtücher, Badelatschen, Pokalkopien oder Trikots – alles wurde aus China in Containern per Schiff bis nach Odessa geliefert und die Fans konnten zwischen den Spielen nach Herzenslust und Geldbeutel billig einkaufen gehen.

Bei polnischen Spielen konnte man zwar ein bisschen an Karten verdienen, die Zweitmarkt-Ticketpreise lagen deutlich über jenen der Ukraine, aber nennenswert war das nicht.

»*Mit 600 Zloty (knapp 150 Euro) bist Du dabei, ich bin schließlich Patriot. Die Deutschen müssen 200 Euro hinlegen, mindestens*«, versuchte ein Händler am Bahnhof einen unentschlossenen Polen zum Kauf zu animieren.

Neben dem politischen Erdbeben spielte zusätzlich die Anreise eine gewichtige Rolle. Die Ukraine grenzt zwar an das relativ zentralgelegene Polen an, die Städte Donezk und Charkow liegen aber weit im Osten des

Landes und sind daher näher an der russischen, als an der polnischen Grenze. Wer von Düsseldorf nach Charkow mit dem Flieger reiste, war gut elf Stunden unterwegs. Direktflüge aus Deutschland gab es nämlich keine.

Ich konnte echt von Glück reden, dass ich hier nicht investiert war. Die EM 2008 war ja geschäftlich schon miserabel und die wirtschaftlichen Rahmenbedingungen bei der WM 2010 in Südafrika ließen den Schluss zu, dass es in der ökonomisch strukturell ähnlich aufgestellten Ukraine ähnlich zugehen würde. Ich hatte stattdessen eine höhere vierstellige Summe in Tickets für die wenige Wochen später stattfindenden Olympischen Sommerspiele in London investiert.

Irgendwo war ich im Nachhinein dann schon ein bisschen stolz, in den Jahren immerhin so viel Erfahrung gesammelt zu haben, dass ich einigermaßen beurteilen kann, ob ein Investment lohnt oder nicht. Jedenfalls hatte ich jedes Mal Gänsehaut-Gefühl, wenn ich die Zeitung las und wieder ein Artikel erschien, der die EM 2012 zur Nebensache werden ließ.

3.15 WM 2014 in Brasilien

Die FIFA betrieb einen recht großen Aufwand, den Schwarzhandel bei der WM 2014 in Brasilien so gut es ging einzudämmen. Möglicherweise nicht zuletzt wegen der brodelnden sozialen Proteste im Gastgeberland. Über acht Milliarden Euro Ausgaben für sportliche Infrastruktur bei gleichzeitigen monatelangen Streiks von Lehrern wegen Unterbezahlung, maroden Straßen und Schulen und sinkender Wirtschaftskraft ließen der FIFA keinen allzu großen Spielraum bei der Ticketvergabe und Preisgestaltung.[11]

Mit der WM wollte man die sozialen Probleme in den Hintergrund drängen und sich Schlagzeilen um ausufernde Ticketpreise lieber ersparen. Deshalb veröffentlichte die FIFA schon 2011 ein Konzept, um eine klar geregelte Kartenvergabe zu gewährleisten. Sie gründete dazu die FIFA Ticketing AG als Tochtergesellschaft. Deren Geschäftszweck war das Management des Kartenprogramms für den FIFA Konföderationen-Pokal und die FIFA Fussball-Weltmeisterschaft 2014. Die *Match Services AG* wurde als Partnerfirma ausgewählt. Diese Firma war mit der Umsetzung der FIFA-Kartenstrategie (Produktion, Verkauf und Auslieferung der Eintrittskarten in Brasilien und weltweit) betraut.

Die FIFA betonte in ihrem Konzept, sie lege *»großen Wert darauf, dass alle Brasilianer die gleichen Chancen auf Tickets für WM-Spiele in einem der zwölf WM-Stadien haben«.*

Daher werde man alles daran setzen, *»Preisexzesse zu verhindern und die Fans weltweit möglichst vor Kartenfälschungen und Verwerfungen auf dem Parallelmarkt zu schützen«.*

Weiterhin schrieb der Verband in der Broschüre: *»Die FIFA ist sich bewusst, dass skrupellose Händler den Fans weltweit Karten anbieten, obwohl sie dazu nicht berechtigt sind, und warnt die Fans deshalb davor, Karten auf dem Parallelmarkt zu erstehen. Darüber hinaus hat die FIFA MATCH Services beauftragt, ein umfassendes Programm zur Bekämpfung solcher Praktiken umzusetzen und zusammen mit den Behörden, Verbraucherschutzorganisationen und weiteren Akteuren Rechts- und Aktionsstrategien zum Schutz der Fans vor dem Parallelmarkt zu entwickeln. Die Kartenstrategie, die derzeit erarbeitet wird, trägt diesen Bemühungen Rechnung.«*[12]

Der Weltfußballverband richtete sogar eine E-Mail-Adresse ein, unter der man Unternehmen, die sich nicht an die Regeln hielten, anzeigen konnte. Klingt vordergründig aus Sicht der Fans alles sehr beruhigend und glaubwürdig.

Welch Ironie, dass trotz aller Bemühungen ausgerechnet Funktionäre dieser Ticketvergabe-Agentur sowie Ex-Fußball-Legenden der FIFA später »*den größten Ticket-Skandal ihrer Geschichte*« einbrockten, wie die BILD-Zeitung schrieb.[13]

Gegen die kleinen und mittleren Fische in der Schwarzmarktbranche, zu denen ich mich auch zähle, wirkten die Bemühungen der FIFA in der Tat erschwerend. Leicht und locker hunderte Karten einkaufen, Geld überweisen, und auf den richtigen Zeitpunkt des Wiederverkaufs warten, wie wir es aus der Bundesliga oder von Rockkonzerten durchaus gewohnt sind, geht bei derartigem Sicherheitsaufwand nicht.

Aber das bedeutet ja nicht, dass der Schwarzmarkt generell eingedämmt ist. Im Gegenteil, solche Restriktionen befeuern die Zweitmarkt-Preise erst recht, weil die illegalen Tickets nur von den ganz großen Schwarzmarktfischen organisiert werden können. Und die riskieren ihre Haut nicht wegen ein paar läppischen hundert Euro oder einem kleinen vierstelligen Gewinn.

Am 20. August 2013 begann die erste Phase des Ticketverkaufs für die WM 2014 mit über einer Million Stück.

Dass der Kartenvorverkauf so frühzeitig beginnt, hat mehrere nachvollziehbare Gründe. Jeder Veranstalter möchte die Einnahmen aus dem Ticketverkauf möglichst zu einem frühen Zeitpunkt auf dem Konto haben, denn eingenommene Millionen bringen ja auf Tagesgeldkonten immerhin Zinsen.

Aber das ist definitiv nicht der Hauptgrund. Viel wichtiger ist der FIFA, möglichst alle Tickets zu verkaufen. Es klingt vielleicht komisch, aber manche Spiele werden unattraktiver, je näher das WM-Turnier rückt.

Ein Beispiel: In der ersten Verkaufsphase kauft man ein Ticket für ein WM-Vorrundenspiel im Maracanã-Stadion. Nachdem der Spielplan ohne Mannschaften festgelegt wurde, heißt dieses Spiel dann D3 gegen D4. Und diese Partie ist genauso attraktiv wie E1 gegen E2.

Stehen die teilnehmenden Teams noch nicht fest, sind fast alle Spiele gleich. Lediglich ein einziges Team lässt sich im Vorfeld abschätzen, nämlich A1. Das ist immer das Gastgeberland. Ansonsten sind alle weiteren Buchstaben und Zahlen zum Zeitpunkt des Ticketverkaufs Unbekannte. Wer also ein Ticket für das Spiel D3 gegen D4 kauft, weiß gar nicht, was er am Ende sehen wird. Es ist ein Blind Date zwischen Fans und den beiden Teams.

Nach Feststehen der Auslosung heißt dieses Spiel möglicherweise dann Iran gegen Ecuador. Sicherlich interessant, aber vermutlich nicht mit dem gleichen Wert wie zum Beispiel Deutschland gegen Portugal oder England gegen Argentinien. Kurz gesagt: Es geht der FIFA bei einem frühzeitigen Verkaufsstart vornehmlich darum, die Stadien auch bei weniger attraktiven Spielen voll auszulasten und »Rosinenpickerei« zu vermeiden.

Ob DFB-Pokal, Champions-League oder eben Weltmeisterschaft – Finals sind immer die begehrtesten Turnierspiele überhaupt und bilden somit eine krasse Ausnahme!

Wie schon im vorhergehenden Kapitel erwähnt, finden sich beim letzten, alles entscheidenden Duell vor allem Zuschauer ein, die sich in den Vorrundenspielen nicht blicken lassen. Die wollen einfach nur dabei sein. Finaltickets sind daher immer eine sichere Bank.

Von Vorrundenspielen lassen wir Profis ohne Ausnahme die Finger. Denn dass die Preise eine Wundertüte sind, war spätestens seit Südafrika 2010 klar. Damals konnten Fans supergünstig an Tickets gelangen – sie mussten nur noch ein paar tausend Euro für den Flug aufbringen. Genauso verhielt es sich zur WM in Brasilien. Es war problemlos möglich, preiswert an WM-Karten zu gelangen, doch der Flug nach Rio de Janeiro kostete in den letzten Wochen vor Turnierbeginn vierstellig.

In der Gruppenphase konnte man bei eBay eine Woche vor WM-Beginn für unter 100 Euro an zwei Karten für ein deutsches Gruppenspiel gegen Ghana gelangen. Der Knaller war eine Auktion, die am 8. Juni 2014 um 09:09 Uhr MESZ endete. »*2 Tickets WM World Cup 2014 Brasilien – Deutschland Germany – Ghana Cat.2*« zum Endgebot von 34,49 Euro. Keine Public Viewing-Tickets wohlgemerkt, sondern absolut echte Stadiontickets. Derartige Preisausschläge nach unten machen uns Profi-Schwarzhändlern die Kalkulation zunichte.

Während Vorrundenspiele also ein größeres Risiko beinhalten, sind Finalspiele immer eine sichere Bank. Die Originalpreise für Finalkarten lagen bei 754 (Kat.1), 503 (Kat.2) und 335 Euro (Kat.3). Von den

Schwarzmarkt-Mehrerlösen wäre es einem brasilianischen Studenten möglich, sich sein halbes Studium zu finanzieren.

Weil in Europa die Kartenpreise für Vorrundenspiele teilweise stark fielen, kamen einige Touristen auf die gleiche Idee, wie wir damals mit den eingangs erwähnten CeBIT-Tickets. Sie kauften gezielt billige Karten in ihrem Heimatland an, nahmen sie mit nach Brasilien und verhökerten sie teurer vor Ort weiter.

»*Wir hatten schon vor der WM Karten für 30 Spiele. Jeder von uns*«, gab ein interviewter Fan aus Deutschland zu, der mit zwei Freunden zu mehreren Spielorten reiste. Weil sie einen Teil der Tickets zu hohen Preisen weiterverkauften, reduzierte es die Reisekosten enorm: »*Wir kommen am Ende wahrscheinlich bei plus minus null raus*«, meinte einer.[14]

Ja, so waren Freunde und ich auch mal in das Geschäft eingestiegen.

Aber der Vor-Ort-Verkauf war in Brasilien ein verdammt heißes Eisen. Mehrere Dealer wurden in flagranti erwischt, als sie Karten für verschiedene Vorrunden-Spiele vertickten. Laut Polizei waren die Männer Mitarbeiter einer Firma, die an der Stadionrenovierung beteiligt war. Für Arbeitertickets der Begegnungen Frankreich gegen Ecuador, Argentinien gegen Bosnien-Herzegowina und Belgien gegen Russland verlangten die Männer umgerechnet 125 Euro pro Karte, etwa das Doppelte des eigentlichen Wertes.

Verkäufer mussten schon gewaltig aufpassen. Die deutlich clevere Methode war, die Karten anonym im Internet anzubieten und eine Vor-Ort-Übergabe abseits vom Stadion zu vereinbaren. Solche Angebote gab es viele. Der Markt verlagerte sich deutlich weiter ins Internet als es noch 2010 in Südafrika der Fall war. Denn zum einen stand vor den Stadien stets ein großes Polizeiaufgebot, das den verbotenen Schwarzhandel genau überwachte. Zum anderen konnten Verkäufer im Web aus den besten Geboten auswählen und mussten nicht fürchten, für die Karten zu wenig zu bekommen.

In den K.O.-Spielen ab dem Achtelfinale zogen die Preise noch einmal deutlich an. Daher kamen einige Schlaumeier bei der Kartenbeschaffung auf trickreiche Methoden.

Manche liehen sich Adress- und Kreditkartendaten von Dritten aus, um damit auf der Seite der FIFA mehrere Benutzerkonten anzulegen und die »7-Tickets-pro-Person-Regel« auszuhebeln. Limitierte Abgabe war eine Vorsichtsmaßnahme der FIFA, die auch auf den ersten Blick eindrucksvoll wirkte.

Bei Abholung der Karten in den brasilianischen WM-Städten wurde eine Vollmacht des rechtmäßigen Inhabers verlangt. Die musste sogar notariell beglaubigt sein!

Doch die Kontrolleure hatten an den Stadioneingängen nicht einmal die Zeit zu prüfen, ob ein Mann mit einem auf einen Frauenvornamen ausgestellten Ticket den Innenraum betritt, oder umgekehrt. Die Ticketstellen konnten außerdem gar nicht verifizieren, ob es den Notar wirklich gibt. Es genügte völlig, einen beliebigen Stempel auf Papier zu drücken, dazu eine Autorität ausstrahlende, geschwungene Unterschrift und der notariell beglaubigten Ticketabholung stand nichts mehr im Weg. Diese Art der Ticketerschleichung war noch milde.

Manche Gelegenheitsschwarzhändler kauften gezielt vergünstigte Karten für Senioren und verscherbelten sie als Normaltickets weiter. Zahlreiche Rentnerkarten wurden deshalb von jungen Leuten genutzt.

Ja, nicht einmal vor den Behindertentickets machte man Halt. Im Internet kursierten Videos, in denen zu sehen ist, wie sich Fans im Stadion von ihren Rollstühlen erheben.

Das »*Wunder der Weltmeisterschaft*«, kommentierten brasilianische Medien ironisch. Journalistische Recherchen brachten mehrere Fälle ans Licht, in denen Menschen eine Behinderung vortäuschten, um an die limitierten, vergünstigten Rollstuhlfahrer-Tickets zu kommen. Beim Eröffnungsspiel Brasilien gegen Kroatien stand eine Frau die ganze Zeit vor ihrem Rollstuhl. Einige Youtube-Kommentatoren verteidigten, dass es durchaus Behinderungen gebe, wo ein Stehen auch über so einen langen Zeitraum möglich sei. Ein anderer offiziell Gehbehinderter fuhr zwar mit dem Rollstuhl ins Stadion, spazierte aber beim Spiel Ecuador gegen Frankreich munter durch die Tribünenreihen.

Um an jene vergünstigten Karten zu gelangen, mussten Verkäufer bei der Bewerbung und beim Abholen der Tickets ein ärztliches Attest vorlegen, in dem die Behinderung bestätigt ist.

Vielleicht hatten die Gesichteten ja tatsächlich nur geringe körperliche Beschwerden, vielleicht verkauften die »echten« Rollstuhlfahrer ihre Karten weiter, vielleicht kassierten die Ärzte für ihre Atteste aber auch Belohnungen. Ob notarielle Beglaubigungen oder Arztatteste – alles gut gemeinte Vorsichtsmaßnahmen. Doch sie brachten gar nichts.

Die WM-Ausrichter hätten etwas Druck aus dem Markt nehmen können, wenn sie an den Tageskassen noch freie Plätze verkauft hätten. Die gab es zu manchen Spielen reichlich. Denn Sponsoren ließen – wie immer – tausende Karten einfach verfallen. Die Stadionauslastung lag offiziell bei 96 Prozent. Macht bei 3,3 Millionen ausgegebenen rund 132000 verfallene Karten. Diese Fananzahl hätte man damit zu Normalpreisen glücklich machen können.

Ist es gerecht, sich vierstellige Tickets durch Sponsoringaktivitäten zu sichern und sie dann quasi zu »verbrennen«? Die geeignetste Maßnahme gegen ausufernde Schwarzmarktpreise ist die maximale Versorgung mit Tickets. Das wurde versäumt.

In Europa blieb die Fußball WM 2014 relativ schwarzhandelsfrei. Ein Boom mit Ticketmassen war nicht festzustellen. Wäre Deutschland als Weltmeister auch nur im Vorfeld zu erahnen gewesen, jeder professionelle Ticketreseller hätte sich Tag und Nacht die Beine ausgerissen, um auch nur an zwei Finaltickets zu gelangen. Denn es winkten Gewinnmargen jenseits von Gut und Böse, vor allem zum Schluss der Weltmeisterschaft.

Abb. 13: Gebote auf WM-Finaltickets kurz vor Turnierstart

Schon einige Wochen bevor auch nur an den WM-Titel zu denken war, bezahlten Fußballfans circa siebentausend Euro für zwei und zwischen zehn- und zwölftausend Euro für vier Finalkarten. Der Durchschnittspreis lag im Mai 2014 bei viertausend Euro und zog im Juni 2014 auf sechstausend Euro an. Das war bei ebay.de.

Auf der Hauptseite ebay.com sah es nicht anders aus – hier bezahlten Bieter für zwei Endspiel-Tickets zwölftausend US-Dollar, vor allem als das Finale Deutschland gegen Argentinien feststand.

Wie gesagt, im Durchschnitt! Es gab auch vereinzelt Gebote über 15 000 und 18 000 US-Dollar.

Man merkt an solchen Zahlen ganz deutlich, dass die Wirtschaftskrise vorüber ist. Die armen Südafrikaner hatten das Pech, dass ihr Turnier 2010 just in jene Zeit fiel, als kaum jemand Geld ausgeben wollte. Vier Jahre später lieferten sich die Konsumenten weltweit wieder Bieterwettkämpfe, die fünfstellige Zahlen erreichen. Zumindest, was die Endrunden anbelangt.

Wer das Glück hatte, zwei oder vier Finaltickets zugelost zu bekommen, machte damit exakt so viel Gewinn, wie im Lotto 6 aus 49 mit fünf Richtigen plus Superzahl zu erzielen ist. Die Wahrscheinlichkeit, die richtigen Lottozahlen zu treffen, liegt bei 1 : 542 008.

Da 500 000 Bestellungen für 73 000 Endspielkarten vorlagen, lag hier die Wahrscheinlichkeit auf Zuteilung theoretisch bei ungefähr 1:14, wenn man annimmt, dass jede Bestellung zwei Karten umfasst. Also dramatisch niedriger.

Beim Lotto kostet jeder Tipp Geld. Bei Kartenbestellungen braucht man nur viele Adressen, Strohleute und – wenn es ganz professionell angegangen wird – ein bisschen automatisierende Technik.

Bei europäischen Profi-Schwarzhändlern war aber wenig Bewegung im Markt.

Jene Karten, die wir hätten bekommen können, wollten wir nicht und jene, die wir wollten, bekamen wir nicht. Denn die Chance auf eine größere Anzahl gewinnträchtiger Finalkarten war ohne Beziehungen nach Brasilien nicht erfolgversprechend. Daher war die WM 2014 eher für solche Schwarzhändler ein Glücksfall, die ihre Tickets erst gar nicht einkaufen mussten. Und wer hat dieses »Glück«? Natürlich die Funktionäre der FIFA beziehungsweise ihre Vertriebspartner.

Während Deutschland sich Spiel für Spiel unermüdlich in Richtung Finale kämpfte und das Hauptaugenmerk der Schlagzeilen hierzulande auf dem sportlichen Erfolg der Adlerträger statt auf Nebenkriegsschauplätzen lag, dominierte in anderen Ländern das Geschehen abseits des Rasens die öffentliche Wahrnehmung. Dazu zählten die öffentlichen

Proteste der Brasilianer, ganz besonders aber das Schwarzmarktgeschehen.

Die Polizei von Rio de Janeiro nahm noch während der WM den Topmanager Raymond Whelan, ehemaliger Berater der britischen Fußballlegende Sir Bobby Charlton, fest. Vorwurf: Groß angelegter illegaler Verkauf von WM-Tickets. Whelan war Angestellter des FIFA-Vertragspartners Match Services, also genau jener Agentur, die von der FIFA extra für die Bekämpfung des Schwarzhandels beauftragt wurde.

Whelan residierte im Luxushotel Copacabana Palace, in dem gleichzeitig auch die FIFA-Spitzenvertreter und Präsident Joseph Blatter ihre Suiten hatten. In Whelans Zimmer wurden prompt 100 Tickets gefunden.

Aber vermutlich nur übrige Restbestände. Denn nach Angaben der Polizei soll Whelan Kopf einer Gruppe gewesen sein, die durch das aufgebaute illegale Ticket-System bis zu zwei Millionen Reais (rund 665 000 Euro) pro WM-Spiel (!) einnahm. Das ist schon Wahnsinn.

Match Services hatte zudem wiederum Vertriebspartner an der Angel. Einer davon kaufte 304 VIP-Pakete inklusive Zugang zu einer Privatloge für alle Spiele in Belo Horizonte, Rio de Janeiro und Sao Paulo im Gesamtwert von 1,2 Millionen US-Dollar. Auch diese Firma geriet ins Visier der polizeilichen Ermittlungen.

Kein Zweifel, wer so etwas aufzieht, ist der König aller Schwarzhändler. Am 14. Juli 2014 klickten bei Whelan im Hotel die Handschellen. Unter Blitzlichtgewitter führten ihn die Beamten ab, die Nacht verbrachte er im Gefängnis von Rio.

Das war aber nur die Eisbergspitze.

Denn bereits am 1. Juni 2014 nahm die Polizei elf Personen fest. Fünf davon hielten sich ebenfalls im Hotel Copacabana Palace auf. »Operation Jules Rimet« lautete der Codename für die Ermittlungen. Whelan wurde als Bandenkopf ausfindig gemacht, weil die Polizei einen immensen Ermittlungsaufwand betrieb. Sie hörte innerhalb von nur drei Wochen rund 50 000 Telefonate ab, darunter hauptsächlich Anrufe von FIFA-Funktionären. Der Verband gab der Polizei eine Telefonnummernliste der eigenen Mitarbeiter. Peinlich, dass sich dann ausgerechnet im FIFA-Hotel der Hauptumschlagplatz für den blühenden Schwarzhandel befand.

Zu dieser Ticketmafia hatte brisanterweise auch noch eine Gruppe brasilianischer Ex-Fußballstars regen Kontakt. Die ehemaligen Spitzenspieler Dunga, Jairzinho und Carlos Alberto Torres wurden sogar als Zeugen verhört, nachdem die Polizei den Schwarzhändler Mohamadou Lamine Fofana sowie weitere zehn Personen am 1. Juni 2014 verhaftete.

Drei weitere Fußball-Promis wurden ebenfalls als Zeugen einbestellt: Roberto Assis, der Bruder von Ex-Weltfußballer Ronaldinho, der frühere Werder-Profi Junior Baiano sowie der Vater von Brasiliens Superstar Neymar.

Nachdem Whelan auf freien Fuß gesetzt wurde, türmte der 64-Jährige. Die Polizei ließ sofort eine Fahndung einleiten.

»*Er wird nun als Entflohener betrachtet. Wir haben Aufnahmen einer Sicherheitskamera, die zeigen, wie er das Hotel durch einen Lieferanteneingang verlässt*«, sagte Polizeiermittler Fabio Barucke. Die Sicherheitsbehörden äußerten, Whelan habe sich einer bevorstehenden erneuten Festnahme entzogen.

Und als wäre das alles nicht Blamage genug, setzte der FIFA-Partner dem ganzen die Krone auf. Ausgerechnet Match Services beteuerte in einer Pressemitteilung die Unschuld Whelans und kritisierte die Ermittlungsbehörden scharf. Eine konkrete Stellungnahme zu den Begebenheiten wollte die Agentur aber lieber nicht abgeben.

Während die Polizei alleine rund 900 Gespräche zwischen Whelan und dem Hauptverdächtigen Fofana dokumentierte, auswertete und schließlich gegen alle Beteiligten ein Strafverfahren wegen Korruption, illegalen Tickethandels, Bildung einer kriminellen Vereinigung und Geldwäsche einleitete, meinte Match Services, Whelan habe mit Fofana legale Geschäfte abgewickelt. Zu dem Zeitpunkt saßen schon fünf Festgenommene in Untersuchungshaft und die Polizei nahm Whelan seinen Pass ab.

Bei solchen Kalibern fallen die Gelegenheitsverkäufer eigentlich kaum noch ins Gewicht.

Auf die wollen wir aber auch noch einen Blick werfen. Bei Gewinnen von steuerfreien 10 000 Euro fällt es vielen Fußballfans nicht sonderlich schwer, die zugeteilten Finaltickets abzutreten und stattdessen zum Public Viewing zu gehen. Für Brasilianer galt das erst recht. Sie waren bei der Ticketvergabe als Gastgeberland besonders privilegiert. Etwa

60 Prozent aller Tickets für das Finale wurden in Brasilien verkauft. Nach dem grandios katastrophalen Halbfinal-Ausscheiden der Seleção wechselten deshalb viele Karten von Brasilianern in die Hände von Deutschen und Argentiniern.

Denn viele Einheimische verloren nach der 7:1-Klatsche schlicht die Lust am Live-Fußball und wollten ihre Tickets lieber verkaufen. Wieso sich ein fremdes Match live ansehen?

Auf der Käuferseite standen nicht nur die vergleichsweise wohlhabenden Deutschen. Ganz besonders die vom Staatsbankrott bedrohten Argentinier waren bereit, fast jeden Preis zu zahlen. 100 000 Fans machten sich aus dem Nachbarland auf den Weg nach Rio de Janeiro.

Wer bei solcher Nachfrage auf der Verkäuferseite stand, konnte im Prinzip die Preise frei gestalten – trotz aller FIFA-Bemühungen aus dem eingangs erwähnten Leitfaden.

»*Frei*« ist hier wortwörtlich zu nehmen. Ganz vorne wieder mit dabei: Natürlich Viagogo. Mit kleinen fünfstelligen Beträgen wie bei eBay gab man sich hier gar nicht erst ab. Wer am 13. Juli 2014 spätnachmittags im Maracanã-Stadion bei der Partie Deutschland-Argentinien dabei sein wollte, konnte das in jedem Fall – vorausgesetzt, sein Bankkonto war prall gefüllt. Für Tickets der Kategorie 3 (Kurvenplätze) mussten ab 4 000 Euro bezahlt werden. Wer das Spiel von der Seitentribüne mit guter Sicht erleben wollte, musste bis zu 30 000 Euro bezahlen.

Pro Karte wohlgemerkt.

Wer Frau und Kinder nicht wartend vor dem Stadion zurücklassen wollte, musste eben vier Stück nehmen. Insgesamt also 120 000 Euro.

Hinzu kamen die Viagogo-Buchungsgebühren. Macht noch einmal 17 000 Euro. Für geschmeidige 137 000 Euro durfte man live mindestens 90 Minuten Fußball genießen – und es gab ja sogar noch 30 Minuten oben drauf. Sind pro Spielminute 1 141 Euro.

Jeder Normalbürger wird das kaum fassen können und sich unweigerlich fragen: Wer zur Hölle zahlt denn das?

Ich darf Ihnen versichern, manche finanziell stark Privilegierte können das mühelos auf den Tisch legen und sie leisten es sich auch. Weil sie schon in jeder hippen Metropole rund um den Globus eine Penthouse-Wohnung besitzen. Weil sie nicht noch eine zehnte Yacht brauchen. Weil jedes WM-Finale ein Unikat ist.

Abb. 14: Viagogo-Preise kannten keine Grenzen mehr

Für manche Menschen bedeutet der Zugewinn von 120 000 Euro, ein gänzlich anderes Leben zu führen, für manche Superreiche sind sie der Zinsgewinn von einem Monat, den sie sowieso meist nur wieder neu anlegen.

Man versetze sich nur einmal in die Rolle eines einfachen brasilianischen Angestellten oder deutschen Studenten, die beide ein durchschnittliches Jahreseinkommen von umgerechnet 12 000 US-Dollar haben. Vier Karten nebeneinander für die Haupttribüne und deren Lebensstandard steigt signifikant. Ist ja alles steuerfrei. Unter solchen Voraussetzungen kann sich die FIFA ihren gut gemeinten Leitfaden wirklich in den Hintern schieben.

Fazit: Der Schwarzmarkt ließ sich auch trotz bester Absichten nicht eindämmen, im Gegenteil. Kein Trick war zu schäbig, um an Karten zu kommen. Kein Preis zu hoch, um beim Finale dabei zu sein. Das galt für die Normalo-Schwarzhändler genauso wie für die »Könige«, die ja besonders absahnten. Die »*Operation Jules Rimet*« wird definitiv in die Schwarzmarktgeschichte eingehen.

Ein Gutes hat die Sache ja, wenn ausnahmsweise nicht wir unbekannte Profihändler, sondern die FIFA-Partner oder Fußball-Legenden das große Geschäft machen: Der Schwarzmarkt wird damit weiß gewaschen. So können wir immer darauf verweisen, dass Spieleridole oder die Verbände dasselbe Geschäft wie wir machen. Und damit sind sie nicht mehr in der moralischen Instanz, uns zu kritisieren oder als Verbrecher hinzustellen. Mit all den geschilderten Auswüchsen des Schwarzhandels zur WM 2014 in Brasilien, wurde uns das Alibi für unser Handeln quasi auf dem Silbertablett serviert.

Danke Match Services!

4 Das gigantische Geschäft mit Konzerten

Jetzt haben Sie einen großen Einblick in den Schwarzhandel mit Fußballtickets erfahren.

Dabei bin ich selbst gar nicht so wahnsinnig Sportfan. Mich interessieren Konzerte mehr. Daher investiere und zocke ich hier leidenschaftlich. Wenn ich mal auf Tickets sitzen bleibe, dann nutze ich eben eines davon selbst. Ich war deshalb schon auf hunderten Musikevents aller Art. Manchmal ärgerte ich mich zwar während der Vorstellung, dass ich ein Ticket nutzen muss, an dem ich lieber einen Hunderter verdient hätte. Manchmal freute ich mich aber auch hinterher, dass eines zufällig übrig blieb, weil das Event richtig geil war und ich trotzdem noch meinen Schnitt gemacht habe.

Und man kommt auch wunderbar mit hübschen Mädchen in Kontakt. Schon mehrfach hatte ich ein paar Karten übrig und habe kurz vor Beginn ein oder zwei Mädels angesprochen, ob sie noch Karten suchen. Als sie bejahten, machte ich ihnen einfach den Vorschlag, dass wir ja zusammen hineingehen könnten und ich ihnen die Karten zum halben Preis gebe oder sogar ganz schenke. Diese großzügige Offerte nahmen sie dann immer gerne an. Man kommt ins Gespräch, lädt sich auf Getränke ein, tauscht Telefonnummern aus und was sich sonst eben noch alles ergibt.

Schon manches Mal habe ich mich in solchen Situationen wie der King gefühlt mit dem tollsten Beruf der Welt. Kohle, Mädchen an seiner Seite, geile Events, alles da, was das süße Leben ausmacht. Nur der häufig gestellten Frage, warum ich denn die Karten noch übrig hatte, weiche ich immer gerne aus.

Konzerte von Weltklasse-Acts sind eine Schwarzmarkt-Goldgrube. Während es bei Fußballfans hin und wieder zu verbalen Reibereien vor dem Stadion kommt, sind Musikbegeisterte viel pflegeleichter, wenn es um das Abknöpfen von Zaster geht. Die haben sich schon an hohe Preise gewöhnt.

Beim Fußball kommt man für 15 Euro an eine Stehplatzkarte. Bei Konzerten mit Topstars fängt der Stehplatz im Innenraum erst bei 50 Euro an. Wer Madonna, Take That oder Lady Gaga live erleben will, muss auch zu Originalpreisen schon tief in die Tasche greifen. Einen Stehplatz beim Fußball kann sich ein Hartz IV-Empfänger einmal im Monat vielleicht gerade noch leisten, den Besuch eines Top-Konzerts hingegen nicht. Diese Veranstaltungen besucht also ohnehin nur die finanziell besser gestellte Schicht. Deswegen lassen sich hier höhere Schwarzmarktpreise von Anfang an durchsetzen.

Richtig ab geht es, wenn ein Hype um den Star einsetzt. Bestes Beispiel dafür ist Miley Cyrus. Erwachsene wollen die in der Regel nicht sehen, doch Eltern verwöhnter Teenie-Gören latzen auch schon mal bis zu 150 Euro pro Ticket – für sich selbst und für den Nachwuchs, weil sie den ungern alleine zum Konzert gehen lassen wollen.

Das wissen nicht nur wir Profihändler. Selbst die Manager von Justin Bieber verkauften eifrig Tickets auf dem Schwarzmarkt. Zahlreiche Karten für die »Believe«-Tour waren von Anfang nicht für den freien Verkauf vorgesehen. Da die Tour ausverkauft war, blieb vielen Fans gar nichts anderes übrig, als ihre Karten auf dem Schwarzmarkt zu kaufen.

Mit dem Ausverkauf eines Events geben sich aber auch Anhänger älterer Stars nicht zufrieden. Zwei ganz normale Karten für Snow Patrol in der Waterfront Hall in Belfast am 23. Dezember 2012 wurden vier Wochen vor Beginn bei eBay für 3 787 Pfund versteigert. Wer welche zum Originalpreis bekommen hat, muss wirklich ein echter Fan sein, um nicht in Versuchung zu geraten, sie auf den letzten Drücker noch zu verkaufen.

Mit Konzertkarten zu spekulieren, ist jedoch ein heißes Eisen. Sportveranstaltungen sind immer Unikate, ein verpasstes Spiel lässt sich nicht mehr nachholen. Bei Musikstars gleicht hingegen ein Konzert dem anderen. Gleiche Bühnenshow, gleiche Reihenfolge der Songs, oft sogar gleiche Outfits, nur eben in einer anderen Stadt. Der Hype muss bei Musikveranstaltungen also grundsätzlich immer weit mehr Fans anlocken, als es zusammengerechnet Plätze in allen Arenen der

Konzerttournee gibt. Denn wenn ein Fan nicht zu einem Event nach Hamburg kann, fährt er eben nach Hannover oder Berlin.

Diese Ausweichmöglichkeit birgt ein finanzielles Risiko. Selbst wenn Madonna, Elton John oder Celine Dion auftreten und eines ihrer raren Konzerte in Deutschland geben, ist dies noch lange kein Garant für sprudelnde Gewinne. Treten die Acts in großen Arenen auf oder dehnen ihre Tournee spontan aus, kann es durchaus passieren, dass der Markt richtig einbricht. Das geschah beispielsweise beim Madonna-Konzert in Köln im Juli 2012. Hier habe ich mich etwas verspekuliert. Wenigstens 50 Prozent Gewinn wollte ich mitnehmen, doch die Mehrzahl meiner Karten ging unterhalb des Originalpreises weg.

Trotzdem sind Konzerte prozentual gesehen deutlich lukrativer als Sporttickets. Deshalb kommt es oft zu einer Hysterie um die Karten.

Wahl-Muslim Yusuf Islam, besser bekannt als Cat Stevens, sagte aus Protest gegen die ausufernden Schwarzmarktpreise sogar eine Konzerttournee ab. Es sollte seine erste Tour in Nordamerika seit 1976 werden. Die Premiere war in New York geplant. Doch ausgerechnet dort gilt eine Vorschrift, dass Tickets nur in Papierform ausgegeben werden dürfen und nicht in digitaler Form mit Personalienabgleich. Das trieb die Preise stark hoch.

»Meine Fans werden das verstehen und ich danke ihnen, dass sie mich über die halsabschneiderischen Ticketpreise informiert haben, die auf einigen Internetseiten aufgerufen werden. Ich bin schon seit langer Zeit ein Befürworter der papierlosen Tickets für meine Shows, um Halsabschneiderei zu verhindern«, sagte der Sänger.

Die Gruppe Rammstein kämpft mit demselben Problem. Als die Jungs 1994 ihr erstes Konzert in Leipzig gaben, war der Auftritt nur spärlich besucht. 17 Jahre später gingen die 22 000 verfügbaren Konzertkarten innerhalb von 24 Stunden weg. Sechs Tickets konnten Fans maximal erwerben und die Karten waren fast immer personalisiert.

»Mit der Regelung wollen wir möglichst vielen Fans ermöglichen, ein Ticket zum Normalpreis von rund 70 Euro zu kaufen. Dass Karten zu überhöhten Preisen zu gewerblichen Zwecken weiterverkauft werden, wollen wir damit ausdrücklich vermeiden«, sagte Stefan Mehnert von der Rammstein Merchandising OHG.

Die Veranstalter investierten sogar viel Geld in ein neues Ticketkontrollsystem.

»In Zusammenarbeit mit zwei Firmen haben wir dafür eigens eine neue Datenbank entwickeln lassen. Vor dem Scannen werden die Konzertbesucher aufgefordert, ihren Personalausweis, Führerschein oder ihre Kreditkarte bereitzuhalten, um sich zu identifizieren. Werden die Tickets gescannt, erkennt das System die Personalisierung. Stimmt der Name überein, wird der Zutritt gewährt. Jedes Ticket enthält einen eigenen Barcode, der die persönlichen Daten enthält und bei der Ausstellung der Eintrittskarte hinterlegt wird. Betrügereien lassen sich auch mit Hilfe der personalisierten Karten nicht gänzlich vermeiden. Deswegen scannen wir unsere Datenbank und erkennen so Muster, zum Beispiel, wenn jemand versucht, mit gefälschten Ausweisen mehr als sechs Karten zu kaufen«, so Mehnert.[1]

Doch selbst solche groß angelegten Verhinderungsaktionen nützen den Veranstaltern im Prinzip wenig. Eher im Gegenteil: Je mehr Aufwand die Konzertveranstalter betreiben, desto mehr Geld kommt in meine Kasse. Zwischen 230 und 420 Euro wurde ein Rammstein-Stehplatz im Internet gehandelt. Der Aufwand, den Rammstein betreibt, ist bei Konzerten die Ausnahme. Meist wird der Name auf dem Ticket nicht vermerkt. Und selbst wenn, es finden sich immer Mittel und Wege, die Karte zu übertragen. Denn ein Übertrag erfolgt grundsätzlich im Einvernehmen mit dem Käufer. Der wird in der Regel die Klappe halten, dass er die Karte viel teurer erworben hat, denn er will ja zum Konzert.

Das Wacken Open Air Festival – ein todsicheres Investment

In der kleinen Gemeinde Wacken in Schleswig-Holstein wird seit 1990 alljährlich ein riesiges Heavy-Metal-Festival gefeiert. Der Ort hat gerade mal 1 800 Einwohner. Doch bis zu 85 000 Menschen pilgern heute in das Dorf, wo zwei Tage lang Hard Rock und Metal performt werden.

In den ersten fünf Jahren nach der Gründung interessierte sich kaum jemand für das Event. Ab 1997 lag die Besucherzahl erstmals im fünfstelligen Bereich.

»Wacken« wuchs innerhalb weniger Jahre zu einem der bedeutendsten Musik-Events von Deutschland und gilt heute als das wohl größte Heavy-Metal-Festival der Welt. Irgendwann war der Boom so groß, dass die Nachfrage nach Eintritt auf das Festgelände die Kapazitäten überstieg. Die Grundlage für den Schwarzmarkt war da.
Wer im Kartenvorverkauf zu spät kam, musste sich auf dem Zweitmarkt umschauen. Am Anfang waren die Preise noch recht moderat. In den letzten sechs bis sieben Jahren boomte der Zulauf aber dann so stark, dass alle Profi-Schwarzhändler darauf aufmerksam wurden. Als mir vor ein paar Jahren ein Kumpel erzählte, dass er am Wacken-Ticketreselling ein Vermögen verdient habe, hielt ich das für eine Eintagsfliege und eher Glück. Als im Folgejahr dasselbe passierte, analysierte ich genau die Preisentwicklung. Ich beobachtete das Bieterverhalten bei eBay, las in Wacken-Fanforen mit und vieles mehr. Relativ schnell stand für mich schließlich fest: Ab jetzt mischst du hier mit!

Anfangs hatte ich ungefähr zehn Tickets geordert und verdiente pro Stück locker 100 Euro. Als der Boom immer größer wurde, erhöhte ich die Einkaufsstückzahlen.

Irgendwann gab es so viele Schwarzkaufangebote im Internet, dass die Veranstalter reagierten und gegen den Zweitmarkt vorgingen. Mit einer Ticketpersonalisierung sollte 2012 die Grundlage geschaffen werden, dem Weiterverkauf den Boden zu entziehen.

»Wir erwarten von den Plattformanbietern, dass sie Auktionen und Verkäufe der Wackentickets grundsätzlich sperren und uns die Daten der Verkäufer mitteilen, gegen die wir ebenfalls vorgehen werden. Das war und ist unser Ziel.

Unsere Anwälte sind bereits in Auseinandersetzungen mit einigen Plattformen, möglicherweise werden wir den gerichtlichen Weg gehen. In jedem Fall werden wir auch gegen die Weiterverkäufer vorgehen. Wer bei uns Wackentickets kauft und außerhalb unserer Tickettauschbörse insbesondere teurer weiterverkauft, der bereichert sich nicht nur an den Fans, der verstößt auch gegen unsere Geschäftsbedingungen. Ich kann mich nur wiederholen, wer auf den Plattformen Tickets kauft, fährt ein hohes Risiko am Ende in Wacken nicht aufs Wacken Gelände zu kommen«, drohte Wacken-Manager Nick Hüper schon 2012.[2]

Mir war das schnuppe. Bis zu 300 Euro wurden pro Ticket bezahlt, also verkauften wir Reseller munter weiter.

Zwei Jahre später waren die Veranstalter im Prinzip keinen Schritt weiter. Man druckte die Namen auf die Tickets, aber es gab einen kleinen Haken. Das nützte gar nichts, um die Schwarzmarktpreise einzudämmen. Für eine Bearbeitungsgebühr von sieben Euro konnte man die Karten umschreiben lassen.

Wir Schwarzhändler verkaufen dann einfach die Option auf die Umschreibung. Eine Kontrolle, zu welchem Preis ein Ticket wirklich den Besitzer wechselt, ist de facto unmöglich.

Und bei Leerverkäufen ist es noch einfacher.

Man verkauft im Vorfeld die Karte, die man ja selbst erst noch einkaufen muss und teilt bei erfolgreicher Zuteilung dann dem Veranstalter die Daten des Käufers mit. Mache ich regelmäßig so.

Oft verschicke ich sogar E-Mails an meine Stammkunden, dass ich ihnen Tickets beschaffen kann und sie mir nur die Autorisierung zur Datenübermittlung an den Veranstalter geben sowie den geforderten Betrag überweisen sollen. Die Tickets werden vom Veranstalter dann direkt an den Schwarzmarktkäufer geschickt. Dagegen kann keiner etwas machen. Auch die Organisatoren von Wacken nicht.

Also ging die Hatz wie üblich weiter. Das Wacken Festival war nach 12 Stunden ausverkauft. Nur wenige Stunden später tauchten die ersten Tickets für mindestens den doppelten Preis bei eBay auf.

Es ist für uns Schwarzhändler relativ einfach, an Wacken-Karten zu kommen, wenn man bedenkt, dass hier dieselbe Kapazität verkauft wird, wie ins Stadion von Borussia Dortmund Fans hineinpassen.

Anders als Gelegenheitsschwarzhändler stelle ich die Wacken-Karten nicht gleich nach Erwerb wieder bei eBay ein. Ich warte immer ein paar Monate ab und verkaufe recht spät. Denn die Preise ziehen hier stark an.

Das »3 Days All In-Ticket« kostet zum Originalpreis 170 Euro inklusive Vorverkaufsgebühr. Würde ich direkt nach Vorverkauf die Karten wieder losschlagen, bekäme ich maximal 50 Prozent Gewinn heraus. Warte ich jedoch ein halbes Jahr bis kurz vor Weihnachten, wird das deutlich lukrativer. Denn so etwas ist ein ideales Geschenk auf den letzter Drücker.

Da werden aus 340 Euro für zwei Tickets auch gut und gern 600. Allein mit diesem einen alljährlichen Event scheffele ich mal so eben zwischen 5 000 und 7 000 Piepen nebenbei. Das ist das halbe Jahresnettoeinkommen eines Kellners oder einer Friseurin. Die müssen dafür 150 Arbeitstage im Jahr hart schuften. Ich hingegen mache ein paar Sonntagnachmittage An- und Verkäufe am PC. Einfach nur im Sommer einkaufen und im Winter wieder verkaufen, geiler kann man nicht traden. Zeigen Sie mir eine Aktie, die so einen Verlauf nimmt! Und 25 Prozent Kapitalertragssteuer, die von der Bank als Quellensteuer abgeführt werden, gibt es hier auch nicht.

Wenn jemand in den Schwarzmarkt einsteigen will, dann sollte er mit solchen Events anfangen zu spekulieren. Denn die sind wirklich eine ziemlich sichere Investition.

Klar, dass die Fans irgendwann aufschrien und die Veranstalter reagieren mussten. Aber wie schon erwähnt, solche Maßnahmen nützen den Veranstaltern gar nichts. Wir Kartendealer haben unser Geld und die Veranstalter laufen Gefahr, ihre echten Fans zu verlieren, wenn sie diese aussperren. Die Gefahr einer Zusammenrottung eines wütenden Mobs ist auch noch gegeben. Wer will schon Zeitungsartikel lesen, über aggressive Fanausschreitungen, weil man bestimmte Personen nicht zum Event gehen ließ trotz vermeintlich gültiger Karte?

Seit der Tragödie um die Love Parade in Duisburg haben Organisatoren die Hosen voll. Die meisten wollen reibungslose Abläufe, schon aus Versicherungsgründen.

Namen auf die Tickets zu drucken ist also mehr oder weniger ein stumpfes Schwert gegen den Ticketschwarzmarkt. 2015 kündigten die Veranstalter schließlich an, dass man vor der Personalisierung wieder Abstand nehme.

Tomorrowland – das reicht zum sorglosen Leben

Wacken genießt schon einen atemberaubenden Zulauf. Nur in Belgien geht es noch stürmischer zu. Das »Tomorrowland Festival« meldete für 2014 in weniger als einer Stunde den Ausverkauf der Tickets. Zum zehnjährigen Jubiläum des weit über die belgischen Grenzen hinaus bekannten Dance-Festivals hatten die holländischen Veranstalter IT&D das Open-Air-Event auf zwei Wochenenden ausgedehnt. So konnten sie das doppelte Kontingent, also 360 000 Tickets, anbieten, die am 15. Februar 2014 in den Vorverkauf gingen.

Das »Tomorrowland Festival 2014« fand in der belgischen Stadt Boom zwischen Antwerpen und Brüssel statt. Auf 15 Bühnen spielten unter anderem Carl Cox, Diplo, Eric Prydz, Afrojack, Sven Väth, Tiesto, Armin van Buuren, Paul Kalkbrenner und Steve Angello.

Auch die Tickets für das »Tomorrowland Festival 2014« sind personalisiert. Am Einlass zum Event werde genau kontrolliert. Stimmen Name auf dem Ticket und Personalausweis nicht überein, werde die betreffende Person nicht auf das Festivalgelände gelassen, so die Drohung. Na und?

Tomorrowland Tickets 2015 Belgium - 4 x Full Madness + 4 x Dreamville
EUR 8.950,00   08. Feb. 16:51
36 Gebote
Kostenloser Versand

Ähnliche aktuelle Angebote aufrufen
Ähnlichen Artikel verkaufen

Abb. 15: Tomorrowland-Auktion – das reicht zum sorglosen Leben

Das legendäre Tomorrowland-Festival feierte 2014 mit 360 000 Besuchern aus über 200 Ländern sein 10-jähriges Jubiläum. Auf etwa 80 Hektar traten 400 Künstler auf. Niemand konnte sich dem einzigartigen Bann des Festivals entziehen. Ein Comfort Full Madness 3-Tagesticket kostete original 483 Euro.

Im Internet wurden bis zu 3 000 Euro für zwei Karten geboten. Solche Ausreißerwerte nach oben zeigen, was hier möglich ist.

Ein mir bekannter Schwarzhändler-Kollege hat sich schon seit längerem nur auf dieses eine Event spezialisiert. Der holt sich 50 Tickets und lebt davon ein Jahr lang wie die Made im Speck. Hat eine abbezahlte Eigentumswohnung, ein dickes Auto und durch diesen einen Trade, in den er all sein Engagement setzt, erzielt er mit vergleichsweise wenig Aufwand viel mehr an Überschuss, als ein ganz normaler Arbeitnehmer im Jahr netto auf sein Konto überwiesen bekommt.

Außer Versicherungen und ein paar Fixkosten hat der Typ sonst nichts zu bezahlen. Er verbringt die meiste Zeit des Jahres im sonnigen Ausland, bereist die exotischsten Länder. Den ganzen Winter über lässt er es sich mit Ultra-All-Inclusive-Verwöhnung in den Luxushotels dieser Welt gutgehen.

Ich darf mich ja nicht beschweren. Ich mache wirklich verdammt gute Schnitte, meine Jahreserlöse würde selbst bei vielen im Hörsaal unterrichtenden Akademikern blanken Neid hervorrufen. Aber wenn ich bedenke, dass ich dafür sehr diszipliniert viele An- und Verkäufe plane, abwickle, viel Büro- und Postarbeit mache und im Jahr vielleicht sechs freie Wochen habe, dann überlege ich schon, ob meine Strategie nun die richtige ist oder aber die meines Bekannten, der ausschließlich mit Tomorrowland zockt.

Ich habe mir schon oft die Frage gestellt, warum ich es nicht genauso mache? Vielleicht weil ich Spaß daran habe, mit unterschiedlichen Karten zu dealen und mir die Spezialisierung zu eintönig wäre.

Denke ich jedoch daran, wie lässig es ist, einfach nach einer Reise wieder die nächste Reise zu buchen und dazwischen mal kurz zu Hause in seiner Luxuswohnung vorbeizuschauen, ob alles in Ordnung ist, dann bewundere ich das schon insgeheim.

Böhse Onkelz – ein Selbstjustizler fliegt auf die Fresse

Bemerkenswert war auch eine noch gar nicht allzu lang zurückliegende Schwarzmarktentwicklung bei den Tickets der Böhsen Onkelz. Am 6. Februar 2014 begann um Mitternacht der Vorverkauf für das Sommerkonzert auf dem Hockenheimring.

Klar, dass bei solch ungewöhnlichen Uhrzeiten wir Schwarzhändler besonders profitieren. Denn wir haben schon eine Stunde vor Verkaufsstart unsere Rechner am Laufen, um aus der Excel-Tabelle die Adressdaten nur noch ins Online-Formular auf der Webseite hinein zu kopieren. Die arbeitende Bevölkerung, die später von uns die Karten zu hohen Preisen abkaufen darf, schläft für gewöhnlich um diese Zeit.

Es dauerte nicht lange, da tauchten natürlich die ersten Karten bei eBay auf. Bei 300 Euro lag am Schluss das Gebot für zwei Karten, die tatsächlich mal 66,50 Euro kosteten. Die Onkelz warnten schriftlich:

»*Kauft nicht bei eBay und anderen Abzockern! Glaubt ihr wirklich, wir sind so bescheuert und überlassen denen kampflos das Feld?*«[3]

Gegen einen gewerblichen Weiterverkäufer beantragte die Band eine Einstweilige Verfügung. Doch in der mündlichen Verhandlung hob das Landgericht Hamburg diese wieder auf *(Az.: 312 O 34/14)*. Das Gericht begründete, dass die Band selbst stark kommerziell agiere, worauf auch manche Facebook-Kommentare hindeuteten.

Bis die Angelegenheit in der Hauptverhandlung entschieden würde, wäre das Konzert ohnehin vorbei. Von daher ging alles wie gehabt weiter. Der Ticketverkauf auf eBay boomte.

Es waren außergewöhnlich viele professionelle Reseller bei eBay aktiv. Das steigerte den Zorn der zu kurz Gekommenen.

Irgend ein Typ kam schließlich auf die glanzvolle Idee, es mal mit Selbstjustiz zu probieren und es uns Schwarzhändlern so richtig zu zeigen. Er kaufte einfach alle 20 Tickets zum Preis von je 249 Euro bei einem eBay-Händler auf, um das Angebot zu »killen«. Dann schickte er dem Anbieter folgende E-Mail:

»Du glaubst doch nicht allen Ernstes, dass Du von mir Geld bekommst und noch weniger, dass Du 20 Tickets liefern kannst. Weißt Du eigentlich, wie sehr sich zehntausende Onkelz Fans gewünscht haben, wenigstens 1 Ticket regulär zu ergattern? Diese 20 Tickets sind ja nicht die einzigen, die Du angeboten hast. Deine Auktionen laufen ja schon seit Wochen.

Du weißt selber, dass nur registrierte User max. vier Tickets bestellen konnten und dass ein gewerblicher Weiterverkauf verboten ist. Auf Anhieb konnte ich 100 verkaufte Onkelz Tickets bei Dir finden. Wie gesagt, mein Anwalt wird die Sache weiterleiten. Viel Spaß mit ihm!!!«

Die Großkotzigkeit verging dem Typen schnell. Ein Anwalt wurde tatsächlich eingeschaltet, allerdings vom Reseller. Der war nämlich gewerblich tätig und hatte in seinem eBay-Angebot Allgemeine Geschäftsbedingungen stehen. Anders als bei manchen Bundesliga- und Konzertveranstaltern waren bei dem Weiterverkäufer die Geschäftsbedingungen wirksam formuliert.

Es stand vor allem der ausdrückliche Hinweis dabei, dass ein Widerrufsrecht nicht besteht *(§312 b Abs. 3 Nr. 6 BGB)*. Deshalb finden bei einem Vertrag, laut dem sich ein Unternehmer verpflichtet, die Dienstleistungen zu einem bestimmten Zeitpunkt zu erbringen, die Vorschriften über Fernabsatzverträge keine Geltung.

Es gibt dazu zahlreiche Urteile, zum Beispiel fällte das Amtsgericht München am 2. Dezember 2005 *(Az.: 182 C 26144/05)* schon ein entsprechendes Urteil.

Der Onkelz-Fan, der das Ticketangebot vom Schwarzhändler »killen« wollte, fügte sich mit der Aktion ausschließlich selbst Schaden zu. Denn er musste nun die 20 Tickets zum Gesamtpreis von knapp 5 000 Euro abnehmen und dazu die anwaltliche Aufforderung und Bezahlung der Rechtskosten von 500 Euro tragen.

Was er dann mit den Tickets gemacht hat, ist nicht bekannt. Vielleicht hat er sie verfallen lassen, vielleicht hat er sie verschenkt, vielleicht hat er aber auch versucht, sie mit Gewinn weiterzuverkaufen, um nicht auf den ganzen entstandenen Kosten sitzen zu bleiben.

Atemlos durch die Nacht – mit Helene wird das Geld gemacht

Aber vergessen Sie Wacken oder die Böhsen Onkelz. Das meiste Geld lässt sich absahnen mit Schlagerstern Helene Fischer. Die süße blonde Allzweckwaffe ist seit ein paar Jahren *die* sichere Bank beim Ticketdealen. Sie bringt mir die Altersvorsorge fast im Alleingang ein. Zwei ganz normale Tickets für ein Konzert in München, Reihe 2 können schon mal bei über 1 000 Euro enden. Das entspricht 700 Prozent Gewinn. Um das zu erreichen, hätte man Google-Aktien kurz nach Ausgabe kaufen und bis heute halten müssen.

Im Einkauf beziehe ich die Karten oft zwischen 75 und 90 Euro. Meist kaufe ich direkt morgens um 8 Uhr an den Kartenkiosken, wenn die erste Ticketvorverkaufsstelle öffnet und gehe dann zur nächsten. Wenn dann noch Karten verfügbar sind, investiere ich online und kaufe in Internetshops weitere Bestände.

Abb. 17: Zwei Helene Fischer-Karten für über 1000 Euro

Wichtig ist, immer zusammenhängende Karten zu kaufen, niemals in Einzelplätze zu investieren. Anders als beim Fußball, wo durchaus auch viele Fans alleine hingehen, lässt sich ein Einzelsitzplatz deutlich schwerer und mit weit weniger Gewinn absetzen. Denn zu Konzerten gehen entweder Paare und Freunde oder Familien.

Wenn ich zwei Plätze im Angebot habe, kommen gelegentlich Anfragen, ob ich diese denn auch einzeln abgebe. Bei Fußballspielen lasse ich mich durchaus darauf ein, wenn der Preis stimmt. Bei Konzerten wie Helene Fischer nie. Nur zwei, drei oder vier Tickets nebeneinander versprechen richtig gutes Geld.

Ich habe an diesem Goldkehlchen schon so viel verdient, dass ich fast das innere Bedürfnis habe, ihr etwas davon zurückzugeben. Vielleicht miete ich mir mal für 5 000 Mücken eine VIP-Loge bei ihr und feiere Atemlos durch die Nacht, bis der Schwarzmarktpreis einkracht.

Die blonde Helene ist wie Google – ein unangefochtener Shootingstar. Fans von Helene Fischer und Andrea Berg fechten ja gerne das Duell aus, wer von beiden die größere Schlager-Ikone sei und verweisen dabei auf verkaufte Plattenzahlen oder Chartplatzierungen.

Mögen sich die beiden in allen Bereichen ein Kopf-an-Kopf-Rennen liefern – aus Schwarzhändlersicht ist das Ergebnis eindeutig. An die Ticketpreise von Helene kommt Andrea nicht ansatzweise heran. Vier Tickets bringen häufig 700 Euro und mehr. Im Einkauf kosten sie 250 bis 300 Euro. Pro Tournee deale ich mit roundabout 500 Helene-Tickets in allen möglichen deutschen Städten. Nach Abzug aller Kosten und Verkaufsprovisionen bleiben mir davon effektiv circa 35 000 Euro in der Tasche.

Vier Tourneen oder 2 000 verhökerte Tickets genügen, um denselben Betrag auf seine Habenseite zu schaufeln, für den der deutsche Durchschnittsangestellte dreißig Jahre in die Rentenkasse einbezahlen muss.

Und vergessen Sie nicht: Ich bin nicht alleine! Es gibt dutzende Profireseller. Ich schätze, dass 15 bis 20 Prozent aller Helene-Fischer-Tickets von Anfang an bei Wiederverkäufern landen.

Helene Fischer 4x Ticket Front of Stage München 13.6.2015
EUR 801,58 22. Nov. 10:05
19 Gebote
Kostenloser Versand

Ähnliche aktuelle Angebote aufrufen
Ähnlichen Artikel verkaufen

4 Helene Fischer Farbenspiel Tickets 13.6.2015 im Olympiastadion München TOP!!!
EUR 705,00 21. Nov. 18:08
36 Gebote
Kostenloser Versand

Ähnliche aktuelle Angebote aufrufen
Ähnlichen Artikel verkaufen

Helene Fischer 4 Tickets Block A2 13.06.2015 München
EUR 700,00 18. Nov. 07:55
1 Gebot
Nur Abholung; Kostenlos

Ähnliche aktuelle Angebote aufrufen
Ähnlichen Artikel verkaufen

Bei einem Event jedoch hatte ich mächtig gestaunt. Helene Fischer gab eine grandiose Vorstellung, doch die Preise fielen. Das war die ZDF-Aufzeichnung zur Helene Fischer Show am 11. und 12. Dezember 2014 im Berliner Velodrom, die am ersten Weihnachtsfeiertag ausgestrahlt wurde. Wenige Tage vor Beginn endeten viele Auktionen bei der Hälfte des Originalpreises!

Bei der Show war auch Udo Jürgens zu Gast. Wenn dessen Fans auch nur geahnt hätten, dass der große Schlagersänger schon wenige Tage später nicht mehr leben und ausgerechnet das Duett mit der inzwischen großen Helene Fischer sein allerletzter TV-Auftritt sein würde – Fans von beiden Stars hätten Hypotheken auf ihr Haus aufgenommen, nur um bei dieser Show dabei zu sein.

Aber auch so hätte ich hier niemals mit fallenden Ticketpreisen gerechnet, auch wenn das Event unter der Woche stattfand. Das zeigt, man kann sich selbst bei vermeintlich absolut sicheren Investments noch mit Restrisiko verspekulieren. Wenn mich die Schwarzhändler-Karriere eines gelehrt hat, dann die Erfahrung, dass der Fall des Unmöglichen grundsätzlich immer eintreten kann, vor allem, wenn man überhaupt nicht damit rechnet.

Udo Jürgens tritt von der Bühne

Apropos Unmöglichkeit – wer hätte schon ahnen können, dass Schlagerstar Udo Jürgens so plötzlich aus dem Leben scheidet? Schließlich sagte der Titel seiner letzten Tournee aus, dass er mittendrin stehe. Udo wollte 2015 noch die zweite Hälfte seiner großen Tournee »*Mitten im Leben*« darbieten. 23 Aufführungen standen auf dem Programm. Doch am 21. Dezember 2014 verstarb Jürgens an Herzversagen.

Der plötzliche Tod des Sängers sorgte denn auch für die kurioseste Schwarzmarktentwicklung 2014. Wie Helene Fischer war auch Udo Jürgens immer eine sichere Bank. Unter 50 Prozent Gewinn habe ich noch nie ein Ticket von ihm weiterverkauft. Meist lag der Erlös deutlich höher. Bei Helene kann ich im Durchschnitt mit 60 bis 80 Euro Gewinn pro Karte rechnen. Bei Udo Jürgens kalkulierte ich sogar 80 bis 120 Euro ein.

Schwarzhandel von Tickets wird im Konzertbereich meist einige Monate vor Beginn des Events durchgeführt. Denn die Fans fahren oft weite Strecken, buchen in der Regel sogar Hotels und wollen Planungssicherheit.

Die Tickets für Udos Konzerte im ersten Quartal 2015 wurden also zu Höchstpreisen im November und Dezember, also genau in der Vorweihnachtszeit abgesetzt. In diesen Monaten befanden sich die Schwarzmarktpreise für seine Konzerte auf dem Höhepunkt, weil die Billets ein ideales Präsent für den weihnachtlichen Gabentisch waren.

Doch zu Weihnachten stand fest, dass die Konzerte nicht mehr stattfinden werden.

Bereits einen Tag nach Udos Tod, fragte der Kölner Express: »Was wird aus den Tickets?«

Die Veranstalter bemühten sich rasch um eine Lösung und kündigten direkt nach den Feiertagen an, dass Ticketkäufer ab dem 7. Januar 2015 an allen Vorverkaufsstellen ihr Geld zurückerhalten. Das galt aber natürlich nur für den aufgedruckten Originalpreis!

Viele eingefleischte Fans hatten jedoch deutlich mehr gezahlt. Schauen Sie sich das abgebildete Beispiel an. Drei Karten im Wert von jeweils 93 Euro wurden für 452 Euro versteigert. Macht eine Differenz von 173 Euro. Die erstattet weder der Ticketshop noch der Schwarzhändler zurück.

Auch ich erhielt zwei Anfragen von Käufern, ob ich die Karten wieder zurücknehmen würde. Einer drohte sogar, er würde mich anzeigen, falls ich der Aufforderung zur Rücknahme nicht nachkomme. Aber ich habe nichts erstattet. Warum sollte ich? Und es gab wirklich hunderte eBay-Auktionen und nochmal so viele Viagogo-Verkäufe.

Das plötzliche Ableben hat ausgerechnet die größten Fans richtig Geld gekostet. Die Schwarzmarktkäufer verloren zwischen 120 und 300 Euro.

Klassik bringt mehr als Metal und Pop

Die prozentual höchsten Konzertschwarzmarkterlöse lassen sich erzielen, wo sich die gehobene vermögende Schicht aufhält. Die fährt nicht nach Wacken oder zu Tomorrowland, um mit Zelt und Gaskocher bepackt drei Tage lang Massencamping zu veranstalten und hinter Bäume zu pinkeln.

Leute im gesetzten Alter bevorzugen oft lieber Klassik in edlem Ambiente, wie der Semperoper oder Elbphilharmonie. Wenn sich dann auch das junge Publikum dafür interessiert, wie das bei David Garrett, Anne-Sophie Mutter oder Lang Lang der Fall ist, dann sind 100 Prozent Gewinn die Regel.

Klassikfans sind oft gut betucht. Deshalb gibt es in diesem Musikgenre in absoluten Zahlen auch die allerhöchsten Schwarzmarktpreise. Allerdings kommt man an diese Karten viel schwerer heran als bei Wacken oder Tomorrowland.

Am lukrativsten sind hochexklusive Society-Klassik-Events, wie das Neujahrskonzert der Wiener Philharmoniker. Es wird in über 70 Länder live ausgestrahlt, ein Eintrittskartenerwerb ist öffentlich nicht möglich und nur einem ausgewählten Personenkreis zugänglich.

Wer also in die feine Gesellschaft eintauchen will, muss entweder dazugehören oder aber kräftig bei eBay latzen. Für 4 500 Euro im Sofort-Kauf wurden zwei Karten Ende 2012 angeboten, prompt waren sie weg. Der Verkäufer macht regelmäßig gute Geschäfte, denn er schreibt im Auktionstext:

»Auf Anfrage können in einem gut eingespielten Netzwerk auch noch mehr Karten organisiert werden – über 15 Jahre Erfahrung!«

Der Typ verkauft jedes Jahr um die Weihnachtszeit solche Karten. Für das Neujahrskonzert 2015 machte er mit 6 000 Euro für zwei Kategorie 1-Karten einen besonders guten Schnitt.

Sehr begehrt sind auch Tickets für die Bayreuther Festspiele. Besonders Auslandsbesucher aus den USA und Japan zahlten vor ungefähr fünf Jahren horrende Preise, nur um einmal eine Aufführung von *»Tristan«* im weltberühmten Fetspielhaus mitzuerleben. Ein japanischer Reiseveranstalter vertickte die Karten für 7 000 Euro pro Person.

Die unglaublich hohen Preise kommen durch ständiges Reselling zustande. Die Schwarzmarktanbieter beziehen die Karten von Zwischenhändlern, diese wiederum beziehen die Karten auch nicht vom Ticketservice direkt, sondern von Reiseveranstaltern. Weil jeder in der Kette mitverdienen will, schießen die Preise nach oben. Ich hätte zwar mehrfach schon Karten für 1500 Euro pro Stück von Zwischenhändlern bekommen können, aber oft traue ich mich nicht, bei so hohen Preisen noch einzusteigen. Man muss ja erst mal jemanden finden, der deutlich darüber bezahlt.

Wer solche Geschäfte abwickeln kann, gehört entweder zur absoluten Schwarzmarkt-Elite oder hat beste Connections.

Oktoberfest

Richtig gut Kohle bringt aber auch ein Musikfest der anderen Art. Wenn im Bierzelt die Kapelle Humptata und Tätärä spielt und die Leute sich besaufen, kann man damit durchaus ein paar Tausender machen. Sie glauben, ich will Sie veräppeln?

Nicht, wenn das Bierzelt auf der Münchner Theresienwiese steht. Abendliche Reservierungen im Hippodrom oder in Käfer‹s Wiesn-Schänke sind ein Vermögen wert.

Aber selbst im kleinen blüht der Schwarzmarkt. Dank des Rauchverbots in den Zelten verhökern viele Raucher hinter dem Schottenhamel für gutes Geld ihre Wiedereinlasskarten.

Wer dort nur vorbeiläuft, bekommt sofort Angebote. Manche Interessenten fragen nach, andere halten ihre Karten hoch wie Last-Minute-Combos vor dem Stadion.

Auch hinter anderen Festzelten ist das zu beobachten. Für Einlassbändchen, die gerade noch eine halbe Stunde gelten, werden vor dem Hofbräu- oder Hackerzelt auch schon mal mittlere zweistellige Euro-Beträge hingeblättert. Nur um ins Zelt zu kommen! Dann hat man zwar noch keinen Tisch, aber man ist wenigstens drin.

Mit solchen Gelegenheits-Kinkerlitzchen plagen wir Profis uns nicht herum. Für uns sind nur Wiederverkaufswerte von mehreren tausend Euro interessant.

Schwarzmarktpreise in diesen Größenordnungen entstehen vor allem, weil sich viele Besucher nicht mit der Normalo-Rolle zufrieden geben wollen. Das Münchner Oktoberfest wird von fast sieben Millionen Feierwütigen jährlich besucht. Viele Promis sind hier in den Zelten präsent. Der Besuch des FC Bayern steht hier auf dem Pflichtprogramm und sogar Showgrößen aus den USA kommen eingeflogen, um dabei zu sein. Hier gilt: Sehen und gesehen werden.

Für das Oktoberfest bin ich leider noch nie an exklusive Plätze herangekommen. Ein Branchenkollege hingegen kennt jemand aus der Chefetage eines bayerischen Konzerns, der wiederum gute Kontakte zu einem Festzeltbetreiber hat. Zusammen steckt man sich tausende Euro für die Reservierungen ein, hat die hübschen Mädchen im Dirndl am Tisch sitzen und setzt die Ausgaben noch von der Steuer ab – ist ja eine Geschäftsveranstaltung, ein Betriebsausflug. 2014 gab es im Internet übrigens kein einziges Schwarzmarkt-Angebot über eine Oktoberfestzelt-Reservierung.

Das wunderte mich sehr.

4.2 Spezialveranstaltungen und Randsportarten – die heimlichen Goldgruben

Der Handel mit Fußball- und Konzertkarten macht bei uns Schwarzhändlern fast 90 Prozent der Erlöse aus. Diese Bereiche sind also unstrittig die Haupteinnahmequelle.

Doch es gibt noch zahlreiche weitere Events, die extrem gewinnbringend sind.

Ohne Connections zum Veranstalter kommt man an diese Karten in größeren Stückzahlen aber nicht heran, denn oft kann man die nicht einfach im Tabakladen um die Ecke oder per Internet beschaffen. Bei anderen Events wiederum braucht es Glück bei der Zuteilung.

Stunksitzung

Sehr überrascht war ich, als ich mal zufällig an vier Karten für die Kölner Stunksitzung gelangte. Ein Schwarzhändlerkollege bot sie mir kurzfristig an. Ich rechnete mir hier keine großen Gewinne aus. Doch dann kassierte ich einen so fantastischen Aufschlag, dass ich im Folgejahr erneut versuchte, welche zu beschaffen.

Schnell merkte ich, dass ich beim ersten Deal gar nicht wusste, was ich da für rare Exemplare verhökerte. Eintrittskarten für die Stunksitzung zu ergattern grenzt schon fast an ein kleines Wunder. Fast fünfzig Vorstellungen gibt es von Ende Dezember bis Anfang Februar im E-Werk von Köln-Mülheim. 50 000 Karten gehen regelmäßig in den Vorverkauf. Ausnahmslos alle sind an den ersten Vorverkaufstagen vergriffen. 47 Euro kostet eine Karte original. 100 Prozent Gewinn sind hier die Regel, 200 Prozent keine Ausnahme. Weil die Zuschauer in der Regel auch Hotels buchen, wollen sie Gewissheit, dass sie auch beim Event dabei sind. Deshalb steigen hier die Preise stark an.

Miss Germany Wahl

Extrem lukrativ sind auch Eintrittskarten für Modelcontests. Wenn alljährlich im späten Winter die neue Miss Germany im Europapark Rust gekrönt wird, gibt es meist nur circa 1 000 Eintrittskarten im freien Verkauf. Logisch, dass diese binnen kürzester Zeit vergriffen sind. Die Show wird zudem nicht unbedingt im TV übertragen. Es gibt zwar Internetstreams, aber das Live-Feeling ersetzt es nicht. 300 bis 400 Prozent Gewinn sind hier mitzunehmen.

Theoretisch könnte man die Kür auch in einem größeren Rahmen stattfinden lassen, dann hätten mehr Zuschauer Platz. Ich bin bislang an diese Karten noch nicht herangekommen.

Die letzte Wetten dass …?-Show

Das allerletzte Event eines Ereignisses ist ein Schwarzmarktselbstläufer. Wie zum Beispiel die Absetzung einer großen TV-Show.

Bis zur ersten Novemberwoche 2014 schaltete das ZDF auf seiner Webseite die Vorbestellungen für die allerletzte Wetten dass..?-Show in Nürnberg frei. Der Ansturm auf die Karten war enorm. Dass man mit dem Abschied vom Deutschlands berühmtesten Showdino viel Kohle machen könnte, war mir von Anfang an klar. Schon bei den letzten Ausgaben mit Thomas Gottschalk boomte der Zweitmarkt.

Als 2011 die letzte Wetten dass..?-Show mit Thommy auf Mallorca produziert wurde, war ich zufällig zeitgleich auf der Baleareninsel. Den Urlaub hatte ich schon Monate im Vorfeld gebucht, ohne mir groß Gedanken über die Show zu machen.

Ich kam damals an vier Karten, von denen ich zwei selbst nutzte und weitere zwei für über 800 Euro weitergab. Da hatte ich den ganzen Urlaub raus plus Taschengeld. Wir ließen es richtig krachen, genossen die spektakuläre Show in der Arena von Palma mit Thomas Gottschalk, Frank Elstner, Dieter Bohlen, vielen anderen Superstars und meine damalige Freundin lud ich von der Kohle noch ins La Bodeguilla ein.

Klar, dass ich bei der allerletzten Show mich an diese wunderbare Zeit erinnerte und nochmal mein Glück probierte.

Über 1 000 Bestellungen feuerte ich per automatischem PHP-Skript über die ZDF-Seite für die letzte »Wetten dass…?«-Ausgabe ab. Obwohl diese hochprofessionell zeitverzögert und von unterschiedlichen IPs abgesendet wurden und auch die Double-Optin-Bestätigung auf den E-Mail-Link verschleiert geklickt wurde, gab es keine einzige Zuteilung. Entweder hatte ich verdammtes Pech oder die Veranstaltung war nur für ZDF-Angehörige.

Zwei Tickets hätten locker 500 Euro im Minimum gebracht. Ich hatte für diese Veranstaltung sogar Anfragen von Branchenkollegen, die mir bis zu 700 Euro gezahlt hätten. Die müssen also Kunden an der Angel gehabt haben, die bereit waren, noch weitaus mehr als das zu bezahlen. Wenn sich zu diesen Preisen aber kein Anbieter auftut, dann ist das irgendwie suspekt. So etwas ist ein Indikator dafür, dass es möglicherweise von Anfang an gar keine Karten im freien Verkauf gab.

Olympische Wettkämpfe

Einfacher hingegen ist es, Tickets für die Olympischen Spiele zu bekommen. Allerdings muss man hier gewaltig aufpassen. Wahllos einzukaufen bringt hier gar nichts. Man muss sich die Rosinen herauspicken, wenn man gut verdienen will.

Die abendliche Eröffnungsveranstaltung mit dem Einmarsch der Nationen und Entzündung des Olympischen Feuers kann gut und gern 200 bis 300 Prozent Gewinn bringen, je nach Plätzen.

Bei den Spielen in Peking 2008 wechselte ein Ticket für die Eröffnungsfeier für sagenhafte 30 000 Dollar den Besitzer. Darüber berichtete sogar die chinesische Nachrichtenagentur Xinhua. Auch 2012 in London wurden für Eröffnungsfeier-Karten bis zu 6 000 Pfund verlangt. Bei den Wettkämpfen hingegen gilt es, genau hinzuschauen. Der legendäre 100-Meter-Lauf der Herren ist in weniger als zehn Sekunden vorbei, aber für dieses Erlebnis zahlen Zuschauer auch gerne mal mehrere hundert Euro Aufpreis.

Schwimmen der Herren kann ebenfalls die Preise stark anziehen lassen, wenn bekannte Namen antreten, wie zum Beispiel Michael Phelps. 300 Prozent Aufschlag sind dann kein Problem.

Durch die Decke gehen die Preise aber bei Finals. Wenn dann noch Society-Charakter der gehobenen Schicht hinzukommt, kann ein Ticket, das mal 50 Euro kostete, durchaus über eintausend Prozent Gewinn einbringen. Das sind vor allem die Disziplinen Reiten, Tennis und im Winter Eiskunstlauf.

Das wissen längst auch die Vertreter der nationalen Verbände. Viele kooperieren mit uns Schwarzhändlern, vor allem Afrikaner und Osteuropäer. In London brachen von 204 antretenden Nationen 54 die Regeln des Internationalen Olympischen Komitees (IOC) und reichten Tickets aus dem offiziellen Länderkontingent weiter.

Der Ukrainer Wladimir Geraschtschenko soll 100 der 2 900 für die Ukraine bestimmten Eintrittskarten auf dem Schwarzmarkt angeboten haben. Ein Journalist legte ihn auf‹s Kreuz und gab sich als Ticketzwischenhändler aus.

Geraschtschenko bekundete offenbar Interesse und betonte, er ziehe Bargeld als Zahlungsmittel vor. Mit den Vorwürfen konfrontiert, stritt er später alles ab.

In China war das 2008 nicht anders. Dort blühte der Handel, obwohl darauf harte Geldstrafen oder Haft von 10 bis 15 Tagen standen. Manche Chinesen verkauften vor dem Schwimmstadion Karten zum Preis von über 3 000 Yuan, das entsprach seinerzeit einem Monatseinkommen. Wer da fünf Karten günstig erwarb und wieder an Touristen losschlug, der konnte davon ein halbes Jahr gut leben. 290 Personen nahm die Polizei wegen unerlaubter Ticketverkäufe fest.

Tja, wohl dem, der alles über das Internet abwickelt.

Boxkämpfe

Am schwersten zu kalkulieren, sind Boxkämpfe. Hier kann man nie sagen, wie sich die Preise entwickeln. Es hängt nicht nur von den Stars ab, sondern vor allem von den Rahmenbedingungen. Wenn ein großer Boxer zu seinem letzten Kampf antritt, gehen die Preise immer durch die Decke. Ansonsten ist es eine heiße Kiste und eigentlich nur etwas für Gelegenheitsdealer.

Ein Käufer trägt nämlich ein deutlich erhöhtes Risiko. Im Gegensatz zu Fußballspielen, die immer 90 Minuten dauern, kann ein Boxkampf auch mal sehr schnell vorbei sein.

Als am 19. März 2011 Odlianer Solis gegen Vitali Klitschko den »*besten Kampf aller Zeiten*« ankündigte, war die Kölner Lanxess-Arena ziemlich schnell ausverkauft. Promoter Ahmet Öner legte nach, man werde »*Geschichte schreiben und der Ära Klitschko ein Ende setzen*«.

Was dann folgte, war eine der größten Zuschauerverarschen schlechthin.

Klitschko haute Solis in der ersten Runde ein bisschen auf die Schläfe und der Kubaner ging torkelnd zu Boden. Nach genau 169 Sekunden Kampfzeit zählte der Ringrichter Solis an – K.O.

Der Fight war beendet.

Die Fans reagierten extrem wütend, denn eine Entschädigung gibt es für solche Fälle natürlich nicht.

»*Das ist doch total die Verarsche. Ich habe 75 Euro für meine Karte bezahlt und konnte noch nicht einmal mein Bier austrinken, so schnell war alles vorbei*«, meinte ein Zuschauer sauer.

Dabei saß der noch auf einem sehr preiswerten Platz.

»*Ich bin sechs Stunden aus München nach Köln gefahren. Ich habe für meine Frau und mich 1 200 Euro für VIP-Tickets bezahlt. Das war mein Hochzeitsgeschenk. Und wofür?*«, empörte sich wütend ein anderer Zuschauer.

»*Wir fahren quer durch die Republik für nicht einmal drei Minuten? Das ist doch unverschämt. Es sollte irgendeine Geld-Zurück-Möglichkeit geben, wenn Kämpfe so kurz sind*«, forderte der Berliner Fanclub »Dr. KlitschK.O.«.

Wenn man bedenkt, dass manche Zuschauer bis zu 300 Euro für eine Karte auf dem Schwarzmarkt zahlten, dann kostete sie jede einzelne Sekunde Live-Kampf fast zwei Euro.

Bei mir entsteht dann immer ein Kopfkino. Ich stelle mir dann bildlich vor, wie es wäre, wenn jemand dabei zuschaut, wie auf seinem Bankkonto der Betrag jede Sekunde zwei Euro weniger wird und er nichts dagegen tun kann. Wie lange würde es wohl bis zu einem Nervenzusammenbruch dauern?

Sportliche Ausreißer

Manchmal gibt es bei Sportveranstaltungen Ticketpreisentwicklungen, die man niemals vermutet hätte. Die meisten Profis investieren nicht darin und kaufen erst kurzfristig wenn der Hype anzieht selbst zum Schwarzmarktpreis, um die Karten dann noch teurer weiter zu verkaufen.

Als 2011 bei der Nordischen Ski-WM in Oslo die Kartenpreise durch die Decke gingen, wusste von uns keiner so richtig, warum? Bis zu 650 Euro wurden bei Viagogo für Karten geboten, obwohl es noch ausreichend welche auf der Homepage der Ausrichter gab.

Noch heißer ging es bei der Handball-WM 2007 in Deutschland zu. Als das Team um Heiner Brand von der Euphorie beflügelt bis ins Finale marschierte, war ganz Deutschland elektrisiert.

Wird man nicht 2006 im Fußball Weltmeister, dann eben jetzt im Handball. Wenn nicht jetzt, wann dann?

Das Finale am 4. Februar 2007 fand gegen Nachbarland Polen statt. Bessere Voraussetzungen für einen Schwarzmarkt konnte es kaum geben. In die Kölnarena passten nur 19 000 Zuschauer. Schon seit Monaten war das Finalspiel bis auf den letzten Platz ausverkauft, ohne zu wissen, dass Deutschland hier dabei sein würde.

Das Handballfieber brach über Nacht aus. Den Halbfinalsieg über Frankreich drei Tage zuvor sahen zeitweise mehr als 15 Millionen Fernsehzuschauer. Bundespräsident Horst Köhler kam mit Fanschal in die Halle, Bundeskanzlerin Angela Merkel gratulierte schriftlich.

Kurzfristig wurde mir noch von einem befreundeten Schwarzhändlerkollegen am Sonntagmorgen des Finals um 11 Uhr zwei Karten zum Preis von 200 Euro angeboten. Die hatte er von jemandem aus Osteuropa bekommen. Er hätte sie mir bis 12 Uhr nach Leipzig bringen können. Von dort hätte ich dann aber selbst zusehen müssen, wie ich sie wiederum nach Köln befördere. Um 16:30 Uhr fand das Finale statt. Die Distanz zwischen beiden Städten beträgt genau 500 Kilometer.

Ich recherchierte kurz bei bahn.de, ob ich es mit dem ICE noch schaffen könnte. Aber das war aussichtslos. Um 17 Uhr würde ich in Köln ankommen, von dort nochmal 15 min. mit dem Taxi zur Arena. Das konnte ich vergessen. Das Auto wäre eine noch heißere Fahrt geworden. Über fünf Stunden Fahrzeit wies der Routenplaner aus. Klar hätte ich mit Tempo 200 nach Köln heizen können, aber soll ich mein Leben auf's Spiel setzen wegen 800 Euro Gewinn? Was ist, wenn vor dem Stadion dann gar keine Käufer warten, die so viel bezahlen und maximal 300 Euro bieten? Dann hätte ich mehr Sprit verfahren, als die Sache einbringt.

Also rief ich meinen Kollegen kurz an und sagte ab. Damit verfielen die beiden Karten. Ich habe mir das Finale dann vor dem TV angesehen. Natürlich habe ich ständig daran denken müssen, dass mir richtig Geld durch die Lappen ging. Hätte der Hornochse mich mal vier Stunden früher angerufen! Zwei Fans hätten sicher viel dafür gegeben, um bei dem unvergesslichen Spiel dabei zu sein. Naja, solche Erfahrungen gehören zum Schwarzhandelsgeschäft auch dazu.

Leute prügeln sich fast um den Eintritt in eine Kunstausstellung

Ich habe ja schon wirklich extrem vieles auf dem Schwarzmarkt erlebt. Aber im Dezember 2011 verschlug es selbst mir die Sprache, als ich erfuhr, dass es bei einer Kunstausstellung zu einem Gerangel um die Einlasskarten kam und Schwarzmarktpreise bis unter die Decke gingen.

Eine Kunstausstellung! Niemals hätte ich hier investiert. Zum einen hätte ich nie geglaubt, dass der Ansturm so groß ist, dass man überhaupt Karten limitieren muss. Zum anderen hätte ich die Kulturbegeisterung niemals für derart ausgeprägt gehalten.

Konkret ging es um die Leonardo da Vinci-Ausstellung in der Londoner National Gallery. 16 Pfund kostete der Eintritt regulär, für irre

300 Pfund gingen die Karten bei den einschlägigen Internetbörsen weg. 1 900 Prozent Gewinn!
Und trotzdem würde ich nicht investieren. Das ist mir einfach zu heiß. Nicht, weil das Museum alles tat, um den Wiederverkauf zu unterbinden und jede Karte, die nachweislich an Dritte verkauft wurde, für ungültig erklärte. Sondern weil ich einfach zu viel Sorge habe, dass der Hype um das Betrachten eines Bildes vielleicht doch abebben könnte.

Meine verrückteste Anfrage – Karten für eine Hochzeit

Die kurioseste Anfrage meiner Schwarzhändler-Karriere erhielt ich mal von einem reichen Stammkunden. Er suchte verzweifelt Karten für eine sehr sehr exklusive Spezialveranstaltung. Nämlich für die Hochzeit von Prinz William und Kate Middleton.

Frei nach dem Motto: Was im TV übertragen wird, dafür muss es ja auch Eintrittskarten irgendwo geben. Seine Frau wollte unbedingt live dabei sein. Der werte Herr bot mir allen Ernstes 30 000 Euro, wenn ich ihm nur irgendwie Einlass in die Westminster Abbey verschaffe.

Ich habe dem Mann schon für vieles Karten besorgt. Doch es dauerte, bis ich ihm klarmachen konnte, dass ein Erwerb solcher Karten immer voraussetzt, dass ein anderer bereit ist, seine abzugeben und nahezu jeder Anwesende in der Kathedrale locker eine Million auf seinem Konto herumliegen hat. Für einen solch popeligen Betrag hätte niemand auf die Live-Trauung verzichtet und sich stattdessen den Zinnober vor dem TV angeschaut.

Trotzdem schmeichelte es mir schon, dass erfolgreiche gestandene Geschäftsleute mir zutrauen, dass ich der Mann für solche Fälle sei. An den man sich halten muss, wenn man das Unmögliche möglich machen will. Ach, was heißt Schmeicheln? Der Anruf von dem Mann ging mir runter wie Öl!

4.3 Wenn Veranstalter zu Schwarzhändlern werden

Wie ich schon schrieb, ist es bei Sportveranstaltungen gang und gäbe, dass Funktionäre und Nationalverbände mit uns Schwarzhändlern gemeinsame Sache machen. Diese Quellen schleusen die Karten aus dem regulären Verkaufsprozess und übergeben sie gegen viel Geld an uns, damit wir sie zu noch viel mehr Geld machen.

Aber das ist nicht nur beim Sport so.

Bei Konzerten läuft es exakt genauso. Vor allem in den USA. Was in Übersee in Bezug auf den Schwarzhandel abgeht, dagegen ist die Lage in Europa ein Witz. Vor allem ist es in den USA ein fast vollständig akzeptiertes Geschäftsprinzip und wird offiziell *Secondary Ticketing* genannt. In manchen Bundesstaaten ist es verboten, in manchen ohne Einschränkungen erlaubt.

Es ist für die Funktionäre von Veranstaltungen das perfekte Schwarzgeldgeschäft. Deshalb werden auch ganze Stadionblöcke von Anfang an nur für den Schwarzmarkt freigehalten.

Das funktioniert so: Angenommen ein Stadion hat 10 000 Sitzplätze. Der Veranstalter verkauft 7 000 Karten ab und meldet dann »*ausverkauft*«. Die restlichen 3 000 Tickets gehen an die Zweitverkäufer. Davon wissen die Kunden gar nichts.

Die Zweitverkäufer kaufen die Karten, welche Original 100 Euro pro Stück kosten, dem Veranstalter für 200 Euro ab. Die 100 Prozent Gewinn machen dann zigtausende Euro Schwarzgeldeinnahmen aus. Die Reseller verhökern dann die Karten für 400 Euro im Internet weiter.

Das ist übrigens keine neue Masche. Das war schon in den 80er und 90er Jahren so. Damals schätzten Rockkonzert-Promoter, dass zwischen 30 und 50 Prozent aller Karten von Resellerbanden abgegriffen werden.

Die »Daily News« war vor über 20 Jahren Rod Stewarts Vize-Manager Randy Phillips auf der Spur, weil er 12 000 Tickets abgezweigt und über Reseller verscherbelt hatte.

Sobald ein Beteiligter in Bredouille kommt, fällt meist ein Dominostein. Es kam danach heraus, dass sich etliche Manager Kartenkontingente von mehreren hundert Stück im Vorfeld sichern.

Phillips flog vor allem auf, weil er sich abertausende Tickets angeblich für Firmenfreunde reservierte. Ein Konkurrent bemerkte sarkastisch, dass nicht mal Mutter Teresa so viele Firmenfreunde in New York habe.

Und tatsächlich: Als Journalisten die Ticketinhaber später befragten, wie sie an die Karten herangekommen seien, bestätigten sie, dass sie über 200 US-Dollar dafür zahlten, den sechsfachen Preis. Ein anderer Manager packte aus, dass Phillips ihn und Kollegen zu überreden versuchte, bei der Ticketschiebung mitzumachen.

»Wenn schon alle Veranstalter Karten verschieben, dann sind wir dazu auch imstande – und wir können gut daran verdienen«, soll Phillips gesagt haben.

Der Manager bestritt das später.

Aerosmith-Manager Tim Collins wollte sogar mal eine Aktion gegen die Schwarzmarktentwicklungen starten. Doch er fand keine Mitstreiter.

»Die Raffgier ist heute so unglaublich, dass es zum Himmel stinkt. Die Personen, welche solche Methoden anwenden, scheffeln dermaßen viel Geld, dass man mit keinem Argument gegen sie ankommt. Es ist ein Schlag ins Gesicht der Fans«, ärgerte sich Collins.

Collins hatte allen Grund empört zu sein, denn für ein Aerosmith-Konzert in Los Angeles waren alle Karten der besten Plätze auf dem Schwarzmarkt gelandet und wurden mit tausend Prozent Aufschlag verkauft.

Dire Straits-Manager Ed Bicknell bestätigte ebenfalls, dass er ständig von Reseller-Banden kontaktiert werde.

»Ich hätte meine Band unzählige Male betrügen können. Ich lasse es nie zum konkreten Deal kommen, aber Tickets für den Auftritt in der Wembley-Arena zum Beispiel könnte ich locker mit 10 000 Pfund auf die Hand losschlagen«.

U2-Manager Paul McGuinness hat eine persönliche Abneigung gegen Schwarzhändler.

»Wenn U2 in den USA spielt und viele Tickets auf dem Schwarzmarkt landen, hat man in den ersten Reihen fossile Uralt-Furzer, die zwar 700 Dollar für ein Ticket hinlegen, aber mit der Musik von U2 nichts am Hut haben. Diese kleinen Schwarzmarkt-Wichte verderben dann nicht nur den Fans sondern auch der Band das Konzert!«, so der Manager.

Nathan McGough, Manager der Happy Mondays, hatte hingegen kein Problem zuzugeben, dass er auf dem Schwarzmarkt kräftig mitmischt. *»Wenn die Schwarzmarkthändler vor einer Halle stehen, war das für mich der Beweis, dass die Band heiß sein muss. Zu den »Touts« (Anm.: engl. für ›Schwarzmarkthändler‹) habe ich immer eine innerliche Bruderschaft verspürt. Sie kommen nämlich so wie wir aus der Gosse«.*

Epische Sätze!

Das war in den 90er Jahren wohlgemerkt! Und es war beileibe nicht das einzige Extrem.

Der Zweittickethandel in den USA war auch bei den Schwarzhändlern ohne Connections zu den Veranstaltern schon heißer umkämpft, als es heute hierzulande der Fall ist. Während wir hier Studentenjobs ausschreiben mit zehn Euro Stundenlohn für das Anstehen an der Vorverkaufskasse plus Provision, geht es in den Vereinigten Staaten schon seit Jahren viel brutaler zu.

Dort sammeln Ticketreseller-Banden in den Brennpunkt-Stadtteilen ganze Omnibusse von alkoholabhängigen Pennern ein und karren sie zu den Abendkassen. Als Lohn erhalten diese dann eine Flasche billigsten Wodka. Dafür beweisen viele große Ausdauer.

Der Trick ist, dass diese Personen oft von den anderen Wartenden vorgelassen werden, weil sie mit ihrem Urin- und Alkoholgestank im Foyer des Theaters oder Opernhauses kaum auszuhalten sind. Wird alles von den Resellertrupps einkalkuliert. Je stärker ein Land dem Kapitalismus frönt, desto rigider sind vermutlich die Beschaffungsmethoden.

5 Aus dem Nähkästchen geplaudert

Jaja, der Ticketschwarzhandel bietet allerlei spannende, überraschende und kuriose Momente. Auch ich erlebte schon persönlich heftige Situationen, die wünscht man niemandem, auch nicht dem Konkurrenten. Zwei Begebenheiten gingen mir echt an die Nieren, denn ich steckte jeweils in einer ziemlich peinlichen Zwickmühle.

Der erste Fall trug sich im Sommer 2010 zu.

Wir hatten vor einem begehrten Popkonzert noch stapelweise Karten übrig. Mein Kumpel und ich sind einfach zum Stadion gefahren, um sie vor Ort zu verkaufen. Jeder von uns hatte ungefähr 20 Tickets in der Tasche. Das Konzert war um 16 Uhr. Kurz vor Abfahrt zum Stadion setze ich in ein Forum ein Inserat hinein.

Wenig später ruft mich eine Frau an, die zwei Karten haben möchte. Ich verabrede mit ihr ein Treffen um viertel vor Drei zur persönlichen Übergabe vor dem Stadion. Die Frau hatte sich gut beschrieben und ich entdecke sie auch gleich auf dem gut gefüllten Stadionvorplatz. Sie stand mit ihrer kleinen Tochter seitlich an einer Ecke.

»Wir hatten, glaube ich, telefoniert?«, gehe ich auf sie zu.

»Ach, da sind Sie ja! Richtig, richtig – hach, ich bin ja so froh, dass das alles so gut geklappt hat. Es ist ja alles ausverkauft, wissen Sie? Wenn man da nicht schnell genug ist, hat man ja im Vorverkauf gar keine Chance. Und dieselbe Situation hatte ich auch schon vor drei Jahren, bla bla bla…«.

Das Gesülze ging noch eine ganze Zeit so weiter.

»Ja, aber jetzt haben Sie ja Karten«, unterbreche ich irgendwann ihren langen Redeschwall.

»Richtig, richtig, durch Sie. Hätte ich Sie jetzt nicht getroffen, hach dann wüsste ich gar nicht, was ich machen soll!«, entgegnet sie.

Und wieder ging der Redefluss weiter.

Nach einer Minute halte ich dezent die Karten hoch.

»Ähm, wollten wir nicht dann die Abwicklung…?«, frage ich zögernd.

»Ach ja, richtig richtig, wie viel hatten wir gesagt?«, fragt sie.

»170!«, entgegne ich. »Moment, Moment, ich hab‹s gleich – hier sind schon mal 150!«.

Sie drückt mir das Geld in die Hand und dann kramt sie eine gefühlte Ewigkeit in ihrer Handtasche.

»Ach, 150 schicken doch!«, unterbreche ich.

Leutchen, ich muss weg! Da sind noch 18 Tickets, die in knapp einer Stunde vertickt werden müssen.

»Nee, das kann ich ja nicht annehmen – wir hatten schon 170 gesagt, ich habe auch ganz sicher hier noch einen Zwanziger in der Tasche, ich muss den nur finden!«, meint sie.

»Nein, wirklich, 150 sind vollkommen ok! Lassen sie mal«, versuche ich endlich den Abschluss hinzubiegen.

»Sie sind ja so nett. Sagen Sie, gehen sie auch zum Konzert?«, fragt sie mich.

»Äh, ja ja«, flunkere ich wieder.

»Hach, das ist ja fantastisch! Dann sind Sie also auch Fan von XY?«, fragt sie mich.

»Total!«, schieb ich die nächste Notlüge hinterher.

»Die neue CD von ihm ist doch einfach super, was meinen Sie?«, fragt die Frau.

»Wundervoll! Ich wollte mir noch vorher was zu essen kaufen«, sage ich und deute auf die entfernt stehenden Imbissbuden, um verdammt noch mal endlich den Absprung zu schaffen.

»Wissen Sie was? Wir gehen einfach zusammen rein! Bis wir durch die Kontrolle sind, habe ich auch die 20 Euro gefunden, ich lade Sie drin auf einen Snack ein!«

Mir verschlägt es glatt die Sprache und mir fallen keine Ausreden auf die Schnelle ein.

»Ach kommen Sie, den Gefallen müssen Sie mir tun! Ohne Sie hätte ich die Karten doch gar nicht!«, drängt sie weiter.

Bevor ich mich versehe, stehen wir in der langen Schlange der Eingangskontrolle. Wenn ich der sage, dass ich jetzt verdufte, weil ich noch zu tun habe, marschiert die völlig überdrehte Trulla vielleicht sofort zur Bullizei. Oder sie beobachtet mich. Beides kann ich nicht gebrauchen.

Die Zeit verrinnt und die Schlange wird immer kürzer. Langsam bekomme ich echt Panik. Wenn ich erst mal im Stadion drin bin, wird es noch schwerer wieder heraus zu kommen und außerdem ist ja dann ein Ticket entwertet, das ich verkaufen will. Und dann gibt es noch ein schwerwiegendes Problem. Der Ticketstapel in der Jackeninnentasche ist hart. Den lässt der Ordner ganz sicher herausholen, um nachzusehen, was das ist. Wenn der die 20 Tickets sieht, könnte das ein interessanter Nachmittag werden, auch ohne Konzert.

Ich hole das Handy aus der Tasche und schreibe meinem Kumpel eine SMS.

```
»Hab ein ernstes Problem.
Steh in der Schlange. Ne Frau
zwingt mich fast, mit rein zu
gehen. Hol dir meine Karten ab
und vertick sie selbst!«
```

Drei Minuten später kommt seine Antwort.

```
»Hast du sie noch alle?
Willste mir die Karten vor den
Augen der ganzen Leute geben?
Raus aus der Schlange, aber
fix!!!«
```

Das Handy ist meine letzte Rettung. Ich spiele einen Klingelton ab, tue so als ob ich abnehme und simuliere ein Telefongespräch.

»*Ja…was ist los? … Ach du Schreck, so ein Pech aber auch. Ja, ich bin gleich da!*«, sage ich laut vor mich hin und »*lege auf*«.

»*Ist irgendwas passiert?*«, fragt die Frau.

»*Ein Kumpel von mir und seine Freundin hatten sich kurzfristig entschieden zum Konzert zu fahren. Die Freundin ist ja so ein Riesenfan und jetzt hat der Freund angerufen, der Freundin ist schwindelig geworden, die sind da hinten bei der Straßenbahn-Haltestelle. Da will ich wenigstens mal vorsichtshalber schauen!*«, schiebe ich als Abhau-Grund vor.

»*Oh, das tut mir aber leid. Na, dann müssen Sie aber wirklich schnell hin! Soll ich kurz warten?*«

Ich schaue nur noch entsetzt. Zum Glück war die Schlange nach hinten jetzt schön lang.

»*Ich weiß nicht, wie lange es dauert und dann müssen Sie sich ja wieder ganz da hinten anstellen und das macht ja keinen Sinn*«, sage ich.

»*Sie haben völlig Recht. Wir sehen uns ja sicher drin, oder?*«, fragt sie wieder.

»*Natürlich!*«, sage ich und verschwinde aus der Schlange. »*Bis gleich dann*«, ruft sie mir hinterher.

Ich laufe außer Sichtweite so schnell ich kann. Zum Glück sind die Frau und das Kind schon bald im Stadioninneren verschwunden. Das war echt Rettung in letzter Minute und die einzige Möglichkeit noch irgendwie aus der Schlange zu kommen. So etwas Aufdringliches hab ich noch nicht erlebt. Die Trulla hat mich glatt 30 Minuten gekostet.

Dabei ist jede Minute bares Geld wert, da die überschüssige heiße Ware noch dringend losgeschlagen werden muss. Sie erinnern sich – Konzertstart und der Kartenwert ist gleich Null!

Es war halb vier. Eine halbe Stunde noch bis zum Konzert. Immerhin stehen noch einige Kartensuchende herum. Die letzten vier Stück werde ich nur los, weil ich die Teile wie ein Marktschreier um 15:55 Uhr hochhalte und rufe: »*Vier Karten, natürlich nur zum Originalpreis!*«

Die 30 Minuten kosteten mich den Gewinn auf diese Karten. Wäre ich doch nur schnell irgendwie verschwunden, als die ihren dämlichen Zwanzig-Euro-Schein nicht fand. Der hat mich richtig Geld gekostet. Aber wenigstens bleibe ich nicht auf Karten sitzen.

Eine noch deutlich brenzligere Situation ereignete sich gut ein Jahr später bei einem Bundesligaspiel. Ein Match stand an, bei dem wir dachten, dass sich hier ein ansehnlicher Schnapp machen lässt. Wir deckten uns mit einer knapp dreistelligen Ticketanzahl ein. Dass wir so einfach an Karten herankamen, hätte uns schon stutzig machen sollen.

Denn der Hype blieb aus. Bei eBay lief es schlecht und meist auch nur unter dem Originalpreis. Bei Viagogo ging gar nichts.

Weil »englische Wochen« waren, spielten beide Teams dienstags und gewannen. Damit rückten sie in der Tabelle auf Europapokal-Plätze vor. Das sorgte zumindest für ein bisschen mehr Spannung am folgenden Wochenende. Es bestand also zumindest die Hoffnung, die Karten noch loszuwerden.

Zwei Tage vor dem Samstagsspiel inserierten wir daher auf Teufel-Komm-Raus, dass wir noch Karten haben. In Fanforen, Kleinanzeigen-Portalen, eBay, ja sogar in Kommentaren unter News-Artikeln von Online-Zeitungen setzten wir das Inserat.

Die Strategie ging zumindest teilweise auf. Fast 100 Karten müssten noch weg und wir waren echt froh, wenn wir sie schon zum Originalpreis wieder abgeben können, nur um bloß keinen Verlust zu machen.

Natürlich ist es immer am angenehmsten, wenn man alles per Post abwickeln kann. Aber dafür ist ja keine Zeit mehr.

Stattdessen erstellen wir in solchen Situationen eine Abwicklungstabelle in Excel mit Name, Handynummer, Kartenanzahl sowie Zeitpunkt und Ort der Übergabe. Wir sagen jedem Anrufer zu und tragen die Daten in die Liste ein. Das ist nichts Ungewöhnliches, sondern Tagesgeschäft. Wenn vor einem Event noch zahlreiche Karten übrig sind, muss immer so organisiert werden.

Die Liste ist natürlich das Herzstück bei einer solchen Abwicklung. Ohne genaue Datentabellen ist ein so hoher logistischer Aufwand unmöglich zu schaffen.

Dann ist Samstag. Um halb zehn fahren ein Kumpel und ich los in Richtung Stadion. Dreieinhalb Stunden einfache Fahrt sind es bis zur Arena. Um 13 Uhr würden wir da sein und in knapp zweieinhalb Stunden noch etwa 40 Karten im freien Verkauf verticken müssen. Mit 22 Personen haben wir schon einen Treffpunkt vor dem Stadion fest vereinbart, denen wir ungefähr 50 weitere Karten übergeben. Wir hatten Glück, dass sich in den vergangenen zwei Tagen diese Personen gemeldet haben, denn 100 Stück wären wir niemals mehr im freien Verkauf vor dem Stadion losgeworden.

Es ist 11 Uhr, wir sind mitten auf der Autobahn. Als ich auf der Liste mit den Handynummern und Übergabeorten kurz etwas überprüfen will, durchzuckt es mich.

Ich wühle intensiv in der Tasche. Aber ich kann die Liste nirgends finden. Die liegt noch im Büroräumchen. Ich krieg fast einen Herzschlag.

»Du dumme S**! Wie sollen wir denn jetzt die ganzen Leute finden? Du hast fast 60 Karten in den Sand gesetzt. Gnade dir sonst was, wenn wir die nicht loswerden!« brüllt mein Kumpel cholerisch.

»Dreh um, wir holen die Liste«, sage ich mit rotem Kopf.

»Anderthalb Stunden zurückfahren und wieder fast vier Stunden hin, dann sind wir beim Stadion, wenn Halbzeit ist«, schreit er.

In meiner Verzweiflung kommt mir immerhin eine Strohhalm-Idee. In meinem Handy sind die meisten Anrufer abgespeichert, mit denen ich zuletzt die Ticketübergabe vereinbarte. Ich müsste einfach nur alle Kontakte nacheinander abtelefonieren. Ich nehme aus dem Handschuhfach ein Blatt Papier und rufe den ersten an. Das Gespräch verläuft ungefähr so:

Ich: »Ja, hallo, hier ist Wim. Mit wem spreche ich?«

Der Angerufene nennt seinen Namen, ich schreibe den sofort zu der Handynummer.

Ich: »Wir hatten gestern telefoniert wegen der Ticketübergabe für das Fußballspiel heute! Es wird etwas später.«

Weil ich den Umgebungsplan vom Stadion zusammen mit der Liste auf dem Tisch liegen ließ, habe ich natürlich auch keinen blassen Schimmer, wo sich die vielen vereinbarten Übergabeorte rund um das Stadion befinden. Ich muss also alle Käufer zu einem zentralen Treffpunkt hinlotsen, um so wenig Aufwand wie möglich zu haben. Denn es wäre zeitlich niemals zu schaffen, sich ohne Straßenplan zu den ganzen Treffpunkten durchzufragen.

Ich: »Was hatten wir denn gestern noch mal für einen Übergabeort vereinbart?«

Kunde: »Parkplatz Nord, neben dem Grillwagen!«

Ich: »Wo ist denn das genau? Ich habe leider keinen Straßenplan dabei!«

Kunde: »*Keine Ahnung, das hatten Sie doch als Treffpunkt vorgeschlagen!*«

Ich: »*Lassen Sie uns doch bei dem U-Bahn-Ausgang treffen! Das ist einfacher zu finden! Und zwar Punkt 14:30 Uhr! Wie viele Karten wollten Sie noch mal haben?*«

Kunde: »*Drei!*«

Ich: »*Alles klar, bis nachher!*«

Ich lege auf und habe alle Daten wieder zusammen – Handynummer, Name, Kartenanzahl, Übergabeort. Der erste von 22 Kunden ist also gerettet.

In den kommenden zwei Stunden folgt eine wahre Telefonorgie. Alle Rufnummern der vergangenen 48 Stunden telefoniere ich ab und führe immer das gleiche Gespräch.

14 Kunden kann ich erreichen. Auf diese Weise rekonstruiere ich einen Großteil der vergessenen Liste noch auf der Autobahn. Die restlichen acht Kunden würden sich schon telefonisch melden, wenn ich nicht am vereinbarten Treffpunkt erscheine. Die bestelle ich dann einfach vor den Stadioneingang, denke ich mir.

Allerdings war das ganze bisher höchstens ärgerlich. Das Peinliche kommt erst noch.

Als Treffpunkt vereinbare ich mit allen 14 Kunden den U-Bahn-Ausgang, weil mir in der Hektik nichts Besseres einfiel. Was wir Tickethändler jedoch grundsätzlich immer gerne vermeiden wollen, ist das Aufkreuzen von mehreren Kunden an einem Ort.

Kein Kunde sollte von einem anderen Wind bekommen, damit wir nicht als Ticketdealer im großen Stil identifiziert werden. Es ist auch sehr unpassend, wenn zwei von uns bediente Kunden über den Schwarzhandel miteinander ins Gespräch kommen. Genau deshalb werden immer unterschiedliche Treffpunkte gewählt.

Bloß musste ich diesmal aufgrund der Notsituation von der Regel abweichen. Um zu vermeiden, dass alle Angerufenen zum gleichen Zeitpunkt am U-Bahn-Ausgang auftauchen, bestellte ich den Kunden 1 um 14:30 Uhr dort hin.

Mit Kunde 2 vereinbarte ich als Uhrzeit 14:35 Uhr.

Kunde 3 sollte um 14:40 Uhr hinkommen.

Ich dachte mir, mit den fünf Minuten Zeitspanne kann ja nicht viel passieren. Ich stünde dann am Ausgang und alle fünf Minuten käme ein Käufer vorbei.

Netter Plan, doch das Leben läuft leider anders als man sich das ausrechnet. Uhrzeiten sind relativ. Was für den einen 14:35 Uhr ist, ist für den anderen zwanzig vor drei. Und wenn der um 14:30 Uhr Bestellte eine SMS schickt, in der er ankündigt, dass es 10 Minuten später wird, dann ist der minutiöse Plan hinfällig.

Sie können sich die Pointe jetzt sicher denken – am Schluss stand ein Kleinbus von Leuten am U-Bahn-Schacht, die alle auf Tickets warteten. Acht oder zehn Personen waren es mindestens, ich habe sie nicht gezählt. Es macht sich gar nicht gut, wenn man einen Kartenstapel aus der Tasche zieht und dann von jedem reihum bar abkassiert.

Ein paar spitze Bemerkungen blieben daher auch nicht aus.

»*Kräftig eingekauft, was?*«, flachste der erste.

»*Ah, hier ist ein Profi am Werk*«, meinte ein anderer grinsend.

»*Hätten Sie mal was gesagt, dass sie noch mehr haben, dann hätte ich meinen Schwager und seine Frau auch mitgenommen. Sie sagten doch am Telefon, Sie hätten nur sechs Stück in einer Reihe*«, kommentiert der nächste.

»*Sind die wirklich alle echt?*«, fragt der vierte misstrauisch.

Ich schwitze und will nur noch weg.

Zum Glück gab ich die Karten sowieso zum Originalpreis heraus, denn wenn ich von allen auch noch hohe Aufschläge abkassiert hätte, wäre das Problem noch größer gewesen. Das Vergessen der Liste war mir eine Lehre – und was für eine!

Nie wieder danach habe ich das logistische Herzstück vergessen! Es ist immer das erste, was ich in die Tasche packe und vor einer Abfahrt doppelt kontrolliere.

5.2 Der Eurovision Song Contest 2011 in Düsseldorf – das größte Reselling-Desaster aller Zeiten

Es gibt viele Höhen und Tiefen im Schwarzmarktgeschäft. Doch die mit Abstand interessanteste Entwicklung in all den Jahren ereignete sich bei einer deutschen Musikveranstaltung, die jeder kennt. Es ist der Eurovision Song Contest (ESC) 2011 in Düsseldorf.

Als die Sängerin Lena Meyer-Landrut 2010 in Oslo den Grand Prix nach fast 30 Jahren wieder nach Deutschland holt, ist die ganze Nation aus dem Häuschen. Zuvor beschwerte sich die deutsche Öffentlichkeit ständig darüber, dass Deutschland bei dem Gesangswettbewerb keine Chance habe. Die schnulzigen Siegel-Lieder, das Punktegeschacher anderer Nationen aus Osteuropa – immer gab es im Nachhinein Gemecker. Die Medien droschen regelmäßig vorwurfsvoll auf die deutschen ESC-Vertreter ein, dass es ihnen seit 1982 nicht mehr gelungen sei, die Veranstaltung in Deutschland stattfinden zu lassen.

Dann schaffte Lena das Unmögliche.

Endlich war der Grand Prix wieder in Good Old Germany! Die Euphorie war riesig. Vor allem aber leckten wir Kartenspekulanten uns die Finger.

Man müsse nur irgendwie genügend Karten einkaufen, dann ließen sich damit Zigtausende machen. Am Schluss werden die Musikfans bis zu 2 000 Euro und mehr für das Live-Event ausgeben, so die optimistische Vorstellung. Die Leute sind ausgehungert, lechzen geradezu danach, im eigenen Land den ESC zu sehen.

Von den Erlösen wollten Freunde und ich Eigentumswohnungen in besten Innenstadtlagen kaufen. Und wir waren längst nicht die einzigen in der Branche, die so dachten!

Bis zum Herbst 2010 war nicht klar, ob das Event in Hamburg, Hannover, Berlin oder Düsseldorf stattfindet.

Hannover kam in Frage, weil das die Heimatstadt von Gewinnerin Lena Meyer-Landrut ist. Berlin hatte als Hauptstadt mit der neuen O2-Arena gute Karten, weil die meisten Grand Prix-Veranstaltungen in Hauptstädten abgehalten werden.

In Hamburg ist der Norddeutsche Rundfunk zu Hause.

Und dann war da noch Düsseldorf mit der Esprit-Arena, die vom Fußballstadion in eine gigantische Multifunktionshalle umgerüstet werden kann und somit in der einwohnerstärksten Metropolregion Deutschlands den meisten Platz bietet.

Aus Sicht der Schwarzhändler waren zwei der vier Städte-Vorschläge besonders gut geeignet.

Berlin als Weltstadt mit 3,3 Millionen Einwohnern böte genügend Ansturm für späteren Schwarzmarkt-Handel. Am besten allerdings – darauf legte sich unsere Branche nach tiefgründigen Kalkulationen fest – wäre tatsächlich Düsseldorf.

Schließlich wohnen hier zahlreiche Vermögende und die Stadt liegt mitten im Ballungszentrum der Metropolregion Rhein/Ruhr.

Als im Herbst 2010 die Vergabe tatsächlich an Düsseldorf ging, knallten zunächst die Sektkorken. Es war näher betrachtet eindeutig die beste Wahl und Berlin sogar noch vorzuziehen. Verlockend war vor allem die überdurchschnittlich hohe Kaufkraft der Stadt.

Doch alle Schwarzhändler hatten mit diesem Event so gut wie keine Erfahrung. Für ausländische ESC-Veranstaltungen kauften wir in den Jahren zuvor nie Tickets auf. Natürlich lässt sich das nicht für alle Schwarzhändler pauschal sagen, aber nach unseren Marktbeobachtungen blieben Ein- und Verkäufe von ESC-Tickets in großen Stückzahlen in der Vergangenheit aus.

Bei den Veranstaltungen 2009 in Moskau und 2010 in Oslo gab es zwar ebenfalls Schwarzmarktverkäufe, aber darin waren nur die lokalen Gelegenheitsdealer vor Ort involviert. Der Aufkauf größerer Kontingente für dieses Event war sozusagen auch Pionierarbeit. Oder Glücksspiel – je nachdem, wie man es sieht. Denn das Investieren in Karten ist ja immer noch eine Wette, das darf man nie vergessen.

Genau das taten wir aber! Die Aussicht auf das ganz große Geld vernebelte uns allen die Sinne.

Und so kam es, dass der Schwarzhandel mit Tickets für den Eurovision Song Contest 2011 zu einem Desaster ohne Beispiel wurde. Schuld daran war hauptsächlich die Esprit-Arena. Selten zuvor in der ESC-Geschichte wurde das Musikevent in so einer großen Location abgehalten. Gut 35 000 Zuschauer passten in das Stadion.

Trotzdem gingen wir Schwarzhändler davon aus, dass sich mehrere hunderttausend Personen aus Deutschland plus zigtausende Besucher aus den Nachbarländern um Karten bemühen werden, was die Kartenpreise ins Unermessliche steigen ließe. Schließlich ist es von Belgien und den Niederlanden nicht weit bis in die nordrhein-westfälische Landeshauptstadt. Auch von Großbritannien und Irland gehen täglich zahlreiche Direktflüge nach Köln und Düsseldorf. Immerhin hatten die ESC-Veranstalter mit der Lufthansa einen Zubringer-Partner als Sponsor gewonnen, der ausländische Gäste einfliegen sollte.

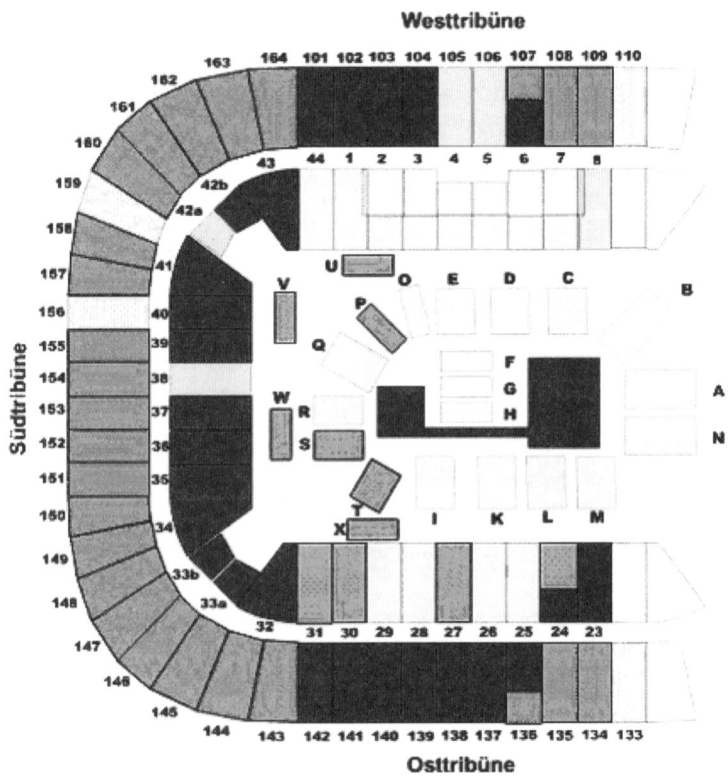

Abb. 20: ESC 2011 – Saalplan der Esprit-Arena

Statt 2 000 wurden jetzt schon 5 000 Euro für zwei Tickets kalkuliert. Warum nach Eigentumswohnungen umschauen, wenn eine Villa möglich ist?

Am 12. Dezember 2010 ging es dann endlich los. Der Kartenvorverkauf begann.

Preiskategorie 1 kostete 189 Euro, Preiskategorie 2 genau 145 und Preiskategorie 3 immerhin noch 89 Euro.

Heftige Preise – eine vierköpfige Familie müsste damit schon mindestens 356 Euro aufbringen. Solche hohen Originalpreise schmälern automatisch den Schwarzmarktgewinn, wenn das Event nicht absolut attraktiv ist.

Meine Geschäftspartner und ich bestellen trotzdem auf Teufel-komm-raus. Konkurrenten machen das gleiche. Nachdem die Käufe abgeschlossen sind, hören wir uns vorsichtig um, wer wie viel eingekauft hat. Allein die Händler, die wir aus der Branche direkt kennen, dürften zwischen sieben und zehn Prozent der gesamten Arenen-Kapazität (!) aufgekauft haben.

Ich selbst kaufte mehrere hundert Stück, bunt gemischt, vorrangig eher die Kategorien im Niedrigpreis-Segment in den Oberrängen und dazu teure Plätze in den Unterrängen direkt vor der Bühne. So lassen sich mehrere Käuferschichten bedienen. Die günstigen Karten sollen für Familien sein und die teuren würden wir als VIP-Karten an die finanziell gut Betuchten absetzen. Viagogo lässt grüßen.

Nach offiziellen Angaben sind innerhalb von nur knapp fünf Stunden die rund 32 000 Tickets restlos ausverkauft. Das bestätigt alle unsere Kalkulationen. Allerdings gingen zahlreiche Tickets nicht nur an Profi-Spekulanten, sondern auch an spekulierende Privatpersonen, die wohl auch einen ordentlichen Schnapp machen wollen.

Etliche Gelegenheits-Schwarzhändler springen also auf den Zug auf. Eine Menge Käufer hat demnach gar kein echtes Interesse am ESC. Wie viele der 32 000 Karten tatsächlich an Musik-Interessenten und wie viele an Reseller gleich welcher Art verkauft werden, bleibt logischerweise unklar.

Fakt ist: Es landen viele Tickets bei Resellern – sehr viele!

Der Norddeutsche Rundfunk (NDR) warnt schon kurz nach dem Verkaufsstart vor überteuerten Tickets und kündigt an, gegen solche Anbieter rechtlich vorzugehen.

Schließlich sei in den Allgemeinen Geschäftsbedingungen von d:ticket und NDR ausdrücklich vermerkt, dass ein gewerblicher Weiterverkauf illegal ist. Zehn Euro Aufschlag auf den Originalverkaufspreis seien beim Weiterverkauf vertretbar. Das beeindruckt uns Schwarzhändler aber herzlich wenig.

Prompt landen die ersten Tickets bei Viagogo. Das Event ist ausverkauft, jetzt kann mit dem Versilbern begonnen werden. Es muss ja auch langsam Liquidität rein. Denn unsere Kassen sind so gut wie leer. Das meiste wurde auf die sichere Bank Eurovision Song Contest gesetzt. Alles auf Rot sozusagen. Normalerweise soll man nicht gleich nach Einkauf wieder verkaufen. Aber in dem Fall ist das strategisch in Ordnung. Zum einen setzt man nicht über eBay ab, sondern über Zweitticketplattformen. Deshalb braucht man sich auch keine Ausreden überlegen, warum man selbst nicht hingeht. Zum anderen steht das Weihnachtsgeschäft vor der Tür.

Ganz wenige Karten verkaufen sich um die Weihnachtszeit tatsächlich zu den veranschlagten 5 000 Euro – in der Preiskategorie 1 versteht sich.

Doch dann geht plötzlich gar nichts mehr!

Die Käufer warten einerseits ab, was passiert und andererseits ist noch gar nicht klar, welche Länder alles beim Finale teilnehmen. Außerdem wird den Käufern allmählich bewusst, dass es noch zwei Halbfinale gibt, die ebenfalls in der Esprit-Arena ausgetragen werden. Die hatten auch wir Spekulanten nicht auf der Rechnung.

Mit den Halbfinals kam die Aussicht auf weitere fast 70 000 Tickets. Das sollte all jene trösten, die beim Final-Verkauf zu kurz kamen.

Damit brach der Hype allmählich weg. In den Fanforen festigte sich immer mehr die Meinung, dass man nicht unbedingt beim Finale dabei sein müsse, das Semifinale täte es schließlich auch.

Und dann gibt es ja noch das Juryfinale. Bei dieser Generalprobe werden die gleichen Sänger mit den gleichen Liedern auftreten, bloß die Punktevergabe fehlt. Wer nur die Songs live hören will, hat hier die nächste Ausweichmöglichkeit. Macht noch mal 30 000 Karten, die den Schwarzmarkt verwässern.

Der Januar geht vorbei.

Von den angepeilten Verkäufen ist kaum etwas durchzusetzen. Die Kartenspekulanten sitzen plötzlich auf hunderten ESC-Tickets für mehrere zehntausend Euro. Die Stimmung kippt relativ schnell. War die Situation erst unbehaglich, bricht jetzt langsam Panik aus.

Vor allem geht uns Schwarzhändlern dramatisch die Liquidität flöten. Wir brauchen dringend Bares in die Kasse. Immerhin steht das Saisonfinale der Bundesliga bevor und Schalke 04 schlägt sich im Champions-League-Wettbewerb glänzend. Dafür müssten wir dringend Karten einkaufen, doch es ist kein Geld zum Investieren mehr da. Alles steckt in diesen mittlerweile verfluchten ESC-Tickets.

Jetzt gilt nur noch eine Devise: Weg mit den vergifteten ESC-Papieren, so schnell es geht! Schon im Februar werden größere Kontingente wieder losgeschlagen. Üblicherweise wartet man in so einer Situation aber bis ungefähr vier Wochen vor dem Event, wenn der Hype allmählich seinen Höhepunkt erreicht. Wer im Februar 2011 verkauft, hat sogar noch Glück. Denn das garantiert zumindest einen Erlös knapp über dem Originalpreis. Doch von den erhofften Gewinnen über 2 000 oder gar 5 000 Euro für zwei Karten ist nichts zu bemerken.

Ende März/Anfang April 2011, also genau in der heißen Phase, enden die ersten eBay-Auktionen zehn Euro und mehr unter dem Originalpreis. Jetzt ist die Panik bei den Resellern perfekt.

Die richtige Strategie weiß man schon längst nicht mehr – losschlagen zu jedem Preis oder abwarten, bis das Event näher rückt und doch noch ein Hype entsteht? Die meisten aus der Szene machen kurzen Prozess und entscheiden sich für das Verkaufen zu jedem Preis. Es kommt zu gigantischen Marktverwerfungen, bei denen am Schluss alle finanziellen Schaden erleiden, auch die ESC-Veranstalter!

Zum einen verkaufen die privaten Kleinspekulanten, die ihren Schnapp machen wollten und nicht ahnten, dass wir Profis tausende Karten einkauften.

Zum anderen verkaufen auch die normalen Besucher, die sich dazu entscheiden, doch lieber zu einem Public Viewing zu gehen.

Zusätzlich werfen die Profi-Händler ihre Unmengen auf den Markt. Und schließlich stellt sich noch heraus, dass das ESC-Samstagsfinale doch nicht ausverkauft ist, wie man es vorher verlauten ließ.

Ende April werden offiziell zahlreiche Tickets frei, angeblich wegen des platzsparenden Bühnenaufbaus. Aber das ist definitiv nicht der einzige Grund. Womöglich sind zahlreiche der 32 000 Tickets nicht bezahlt worden oder kommen aus anderweitigen Gründen zum Exklusivvermarkter d:ticket zurück.

Alle halbe Stunde kontrollieren wir Schwarzhändler jetzt die Seite von d:ticket. Man ist untereinander gut vernetzt, das Konkurrenzdenken tritt in der Not etwas in den Hintergrund.

Immer wieder ploppen beim Stadionplan des Veranstalters Sitzblöcke als vakant auf, für die vorher die Karten offiziell längst ausverkauft gewesen sind. Entweder kommen auch noch Sponsorentickets wieder rein oder die Veranstalter hielten Karten bewusst zurück. Jedenfalls handelt es sich nicht um Einzeltickets, sondern ganze Sitzreihen sind im offiziellen Shop plötzlich wieder zu haben.

Es kommt zu kuriosesten Szenen.

So kann man für Block X (Kategorie 1) die Karten bei d:ticket für 189 Euro erwerben, bei eBay im Sofort-Kauf aber schon für 139 Euro. Der Verkäufer hatte sich entweder massenhaft mit Karten aus diesem Block eingedeckt oder aber er traf eine offizielle Reseller-Vereinbarung mit den Veranstaltern, weil die angesichts des massiven Überangebots bei eBay mittlerweile selbst arge Schwierigkeiten hatten, ihre Karten zu verkaufen und – im Gegensatz zu den eBay-Schwarzhändlern – offiziell keinen Rabatt geben können. Es ist eine Vermutung, aber möglicherweise kooperierten die ESC-Veranstalter mit einzelnen gewerblichen Resellern, weil sie sonst Gefahr liefen, auf den offiziellen Tickets sitzen zu bleiben.

Ursprünglich kündigten ja die Veranstalter im Dezember 2010 an, mit aller Härte gegen die Schwarzhändler vorzugehen. Davon war aber überhaupt nichts zu bemerken. Der Markt regelte alles von allein. Dabei verkaufte sich Kategorie 1 noch am Besten.

Zu dem Kartenüberangebot kommt noch das Desinteresse der Zuschauer. Aus dem Ausland plant so gut wie kaum jemand anzureisen.

Die reichen Norweger sind überdurchschnittlich stark vertreten. Die Franzosen und generell die südeuropäischen Länder, die sich längst wirtschaftlich im Abschwung befinden, fahren hingegen nicht nach Düsseldorf. Angebote bei der französischen Seite ebay.fr gibt es wirklich nur eine Handvoll und die gehen weit unterhalb des Originalpreises weg. Man kann am ESC-Event ablesen, welche Nation das Geld noch locker sitzen hat.

Auch Partner Lufthansa wartet nicht gerade mit attraktiven Angeboten auf. Die Fluggesellschaft bietet zwar auf ihrer Webseite gegen Eingabe

Abb. 21: ESC Kat.1-Tickets: Nur noch 139 statt 189 Euro

eines Gutscheincodes rabattierte Flugtickets an, aber der Knaller ist das nicht.

Bloß bleibt es nicht nur beim Desinteresse aus dem Ausland. Auch die Deutschen sind nicht unbedingt scharf darauf, das Live-Event zu jedem Preis mitzuverfolgen. Schließlich ist man in Deutschland darin geübt, Public Viewing-Parties zu veranstalten, so wie ein paar Monate zuvor bei der WM 2010 in Südafrika. Da spielen sicher auch organisatorische Mängel mit hinein.

Im teuren ESC-Eintrittspreis ist beispielsweise nur die Nutzung des Verkehrsverbunds Rhein-Ruhr (VRR) enthalten, nicht aber der Verkehrsverbund Rhein-Sieg (VRS), zu dem wichtige Städte wie Köln, Bonn und Leverkusen zählen. Reisebusangebote kann man auch an einer Hand abzählen. Aus München oder Dresden fährt kaum ein Busunternehmen nach Düsseldorf.

Hier hätten die Veranstalter zumindest einige Bündel an Tickets loswerden können, aber das wird organisatorisch offenbar vermasselt. Außerdem ist die Bestellseite von d:ticket nur in deutscher und englischer Sprache vorzufinden. Ein Unding für ein internationales Event! FIFA und UEFA bekommen es schließlich auch hin, bei Europa-

Aus dem Nähkästchen geplaudert • 217

und Weltmeisterschaften den Bestellvorgang in mehreren Sprachen anzubieten. Solche Fehler dürfen nicht passieren.

Hinzu kommen noch unnötig abschreckende Einschränkungen, wie beispielsweise Verbote zu Fotografieren oder Essen und Getränke mitzunehmen. Nach unseren Erfahrungen sollten Veranstalter die Besucher nicht mit allerlei Verboten gängeln. So etwas quittieren viele Zuschauer, indem sie dann ganz zu Hause bleiben und mit Freunden vor dem neuen HD-Fernseher lieber die erste Frühlings-Grillparty machen. In ESC-Fanforen wird zudem wegen der teuren Original-Ticketpreise noch vereinzelt zum Boykott aufgerufen.

Es kommt wirklich alles zusammen.

Die Medien versuchen dann trotzdem noch einen Hype zu generieren, indem sie die Prognose wagen: »*Lena gewinnt wieder*«.

Das soll den Eintrittskartenverkauf wohl noch mal in letzter Minute befeuern. Als Referenz bezieht man sich auf die Prognose von Google. Der Suchmaschinenkonzern sagte schon 2010 in Oslo korrekt voraus, dass Lena am Schluss zur Siegerin gekürt wird.[1]

Die Ticketabverkäufe ziehen mit der Lena-Prognose aber nicht an, im Gegenteil: Diese Ankündigung ist der Abschuss schlechthin. Jetzt entscheiden sich immer mehr Leute zu Hause zu bleiben, weil die mehrheitlich darauf spekulieren, dass Google erneut richtig liegt und man dann eben im nächsten Jahr zum ESC-Finale geht, das ja der Prophezeiung nach wieder in Deutschland stattfindet. Es gibt aus Käufersicht also überhaupt keine Not mehr, sich noch mit Tickets zu versorgen.

Das darf alles nicht wahr sein!

Eine solche Entwicklung kann man natürlich nicht vorhersehen. Es ist wie bei jeder Spekulation – sie kann gewaltig schief gehen. Während so manche Bank sich darauf versteht, den Steuerzahler für solche Fehlgeschäfte haften zu lassen, bleiben wir Schwarzhändler leider auf dem Schaden vollumfänglich sitzen.

Die ganz teuren Sitzplätze sind Anfang Mai dann offiziell ausverkauft, jeder will vorne an der Bühne sitzen. Diese Karten auf dem Schwarzmarkt zu verkaufen war trotz einigen Euro Abschlag kein allzu großes Problem, aber die Kategorien 2 und 3 gibt es noch zwei Wochen vor dem Event in Hülle und Fülle – vor allem im offiziellen d:ticket-Shop. Sie erinnern sich doch, mit welchen Kategorien wir Reseller uns bevorzugt eindeckten?

Während bei d:ticket, der einzigen offiziellen Verkaufsplattform, kaum noch etwas geht, münden die Gewinnträume bei eBay in einem endgültigen Desaster. Wer jetzt als Käufer gewartet hat, kann Traum-Schnäppchen machen, diesmal auf Kosten der Spekulanten. Hunderte Auktionen enden zur Hälfte des Originalpreises.

Die Verluste sind horrend.

Teilweise kommt es vor, dass Kategorie 3-Einzeltickets, die 89 Euro kosten, für 35 bis 40 Euro verscherbelt werden müssen. Bei Kategorie 2 sieht es ähnlich aus. Statt 145 Euro plus x werden oft nur noch 60 bis 70 Euro erlöst. Die toxischen »ESC-Aktien« stürzen quasi ins Bodenlose.

Noch dramatischer fallen die Kartenpreise für die am 10. und 12. Mai 2011 stattfindenden Halbfinals und die Generalprobe am Freitag, dem Dreizehnten (!).

Diese Veranstaltungen finden mitten in der Woche statt, werden zusätzlich im TV übertragen und somit bleiben die Familien allesamt brav mit ihren Kindern zu Hause. Für die ESC-Veranstalter ein echtes Ärgernis, denn sie bekommen kaum noch Karten verkauft.

Schließlich teilen die Organisatoren an die vielen freiwilligen Helfer Freikarten aus und verlosen tausende Karten, damit überhaupt die Ränge irgendwie gefüllt sind. Die Oberränge in der Esprit-Arena werden bei den Halbfinals gar nicht erst geöffnet. Vor Ort erhält man Platzumsetzer-Karten. Die offiziellen Sponsoren und Partner (Vodafone, Trumpf, SWR) verlosen ebenfalls noch einmal hunderte Karten.

Abb. 22: ESC Kat.1-Ticket: Preisverfall – und das eine Woche vor Finalstart

Abb. 23: ESC-Halbfinal-Ticket: Statt 79 nur noch 6,32 Euro – ein Totalverlust

Bei eBay werden diese Tickets gleichsam verschenkt. Kosteten sie im Original je nach Kategorie 19, 39, 69 und 79 Euro, kann man zwei Karten im ursprünglichen Wert von 138 bis 158 Euro mittlerweile für nur 15 bis 30 Euro ersteigern. Einzelkarten für die teuersten Kategorien 1 und 2 gingen teilweise für drei bis sieben Euro weg.

Schauen Sie sich die Beweisfotos an! Sie sind das Dokument eines Totalverlusts.

Die Semifinal-Tickets werden oft schon nach dem freien Verteilen gar nicht mehr bei eBay angeboten und von den Resellern einfach abgeschrieben. Altpapier eben.

Die Niederlande und Belgien fliegen außerdem noch am 12. Mai 2011 aus dem zweiten Halbfinale raus – es ist der Gnadenschuss! Damit ist auch kein Zuschaueransturm aus den beiden Düsseldorf nächstgelegenen Nachbarländern mehr zu erwarten. Es ist die letzte einer ganzen Reihe von Hiobsbotschaften. Fans aus den Niederlanden und Belgien waren eine Art letzter Hoffnungsschimmer für anziehende Preise vor dem Stadion – vorbei. Damit sinken auch die Kartenpreise für das Samstagsfinale erneut.

Hinzu kommt, dass das ESC-Event am gleichen Tag wie das Saisonfinale der Fußball-Bundesliga stattfindet. Da der BVB zu diesem Zeitpunkt wieder die Meisterschaft feiert, ist vielen Dortmundern das Musikfest piepegal.

Bis zu 1 200 Euro bezahlen die Dortmunder für zwei normale Tribünen-Tickets der Südkurve im Saisonfinale gegen Eintracht Frankfurt. Trotzdem lassen sich die Verluste aus dem ESC-Event damit nicht annähernd ausgleichen. Sonst hätte man genau so viele BVB-Tickets ergattern müssen wie man Karten für den ESC einkauft – das war schlicht unmöglich. Und auch das Düsseldorf nahe liegende Gelsenkirchen interessiert sich für den Live-ESC nicht die Bohne.

War doch Schalke 04 bis ins Halbfinale der Champions League gekommen, weshalb auch hier die Kartenpreise bis auf 600 Euro für zwei Heimspiel-Tickets sowohl im Viertelfinale gegen Inter Mailand (5. und 13. April 2011) als auch im Halbfinale gegen Manchester United (26. April und 3. Mai 2011) anzogen. Diese beiden Spiele kurz vor ESC-Beginn saugten ordentlich Kaufkraft ab. Geld kann man eben nur einmal ausgeben. Damit fallen auch noch zahlreiche Käufer aus zwei benachbarten Großstädten weg.

Noch am Veranstaltungstag verkaufen die Dealer etliche Karten vor dem Stadion, oft weit unter Originalpreis.

Das ESC-Finale wird mit Ach und Krach ausverkauft, allerdings zum Teil nur deshalb, weil die Schwarzhändler sich gewaltig verspekulierten und die Eintrittskarten teilweise heftig subventionieren. Statt sich tolle Wohnungen zuzulegen, schmelzen bei vielen die Konten um mehrere zehntausend Euro.

Manche aus der Branche sind vollends erledigt.

Ein mir bekannter Verkäufer, mit dem ich zufällig einige Wochen später telefonierte, dachte wegen der finanziellen Verluste sogar an Suizid. Er hatte auf Kredit eingekauft und saß nun auf einem hohen Schuldenberg.

An den 14. Mai 2011 werden sich nicht nur Ell & Nikki, Stefan Raab und Lena, sondern auch die Schwarzmarkthändler noch lange erinnern.

6 Profit und Schaden

»*Haha, richtig so! Endlich fliegt ihr Schwarzhändler auf die Schnauze!*« Sind das nicht in etwa jetzt ihre Gedanken?

Zugegeben, der Eurovision Song Contest 2011 mag zwar einige stark von uns getroffen haben, aber es gibt auch Branchenkollegen von mir, die fahren nach wie vor Lamborghini Gallardo und Ferrari F430 Spider in Sonderlackierung.

Das Geschäft ist trotz mancher Fehlschläge unglaublich lukrativ, das beweisen schon die langen Schlangen an den Vorverkaufsstellen. Noch stichhaltigere Beweise für die Lukrativität finden sich bei einem Blick hinter die Fassaden der Handelsplattformen.

Die Provisionsgewinne von eBay durch den Ticketschwarzhandel liegen geschätzt im sechs- bis siebenstelligen, die von Viagogo wohl sogar im achtstelligen Bereich.

Die berühmte Ticketplattform ist eine Aktiengesellschaft und hat ihren Firmensitz in Carouge im schweizerischen Kanton Genf. Genau so sind Filesharing-Plattformen wie Rapidshare oder uploaded.to organisiert, die zum massenhaften Tausch von illegalen Film- oder CD-Kopien genutzt werden.

Der Inhaber von Viagogo-Konkurrent Ventic ist die niederländische Smartfox Media B.V.

Die Firmierung im Ausland hat einen einfachen Grund. Wären Viagogo und Ventic eine deutsche GmbH oder Aktiengesellschaft, so müssten die Firmen jährlich eine öffentlich einsehbare Bilanz hinterlegen. Dann würde jeder erfahren, was Viagogo für exorbitante Gewinne macht. Die Versteuerung auf die Gewinne über Viagogo, alles was hinter den Kulissen abläuft, erfolgt anonym und am deutschen Fiskus vorbei. Die Viagogo AG ist nicht an der Börse gelistet.

Besonders die Fans von Schalke 04 machten wiederholt Front gegen Viagogo.

Bevor der Verein die Kooperation mit Viagogo beendete, ging es auf der Jahreshauptversammlung heiß her, wie Sie in Kapitel 3 lesen konnten. Vor allem bahnte sich Aktivismus den Weg. Im Stadion hielten ganze Blöcke Transparente mit »viaNOgo« hoch. In Foren untermauerte man die Kampagne mit dem Spruch: »*Unser Ziel: Stoppt den Deal!*«

Die Initiative ist zwar ehrenwert, aber sie zeigt, dass die Anhänger nicht nur königsblau tragen, sondern auch »blauäugig« sind. Das gilt nicht nur für die Schalker, auch für alle anderen Fußballfans.

Deutlich wird dies, wenn man einen tiefgründigen Blick hinter die Kulissen von Viagogo wirft. Die Legitimation zum Weiterveräußern hat sich das Portal selbst erteilt.

»*Wir stellen fest, dass bei jedem Event im Schnitt 15 Prozent der Tickets weiterverkauft werden. Bei mehr als 13 Millionen Bundesliga-Tickets, die in der vergangenen Saison verkauft wurden, darunter eine halbe Million Dauerkarten, wird das Bedürfnis nach einer sicheren Ticket-Weiterverkaufsplattform für Fußball-Fans deutlich*«, erklärte Viagogo-Chef Steve Roest im Februar 2012.

Roest argumentiert ziemlich schnippisch und provozierend. Das kann er auch. Denn er weiß, im Rücken jener Firma, für die er arbeitet, stehen mächtige Geldgeber auf seiner Seite.

Wem gehört eigentlich die Aktiengesellschaft? Wer sind die Anteilseigner oder besser gesagt »Drahtzieher«?

Viagogo wurde im Jahre 2006 von Eric Baker gegründet. Der war gleichzeitig Inhaber der Tickethandelsfirma StubHub. Diese verkaufte er 2007 für 307 Millionen Dollar an eBay. Genug Eigenkapital für das weitere Wachstum war also vorhanden. Doch das musste Baker nicht einsetzen. Es gab genug andere Vermögende, die gerne bereit waren, Fremdkapital zur Verfügung zu stellen.

Zu den Geldgebern von Viagogo zählen sehr berühmte Persönlichkeiten. Einer der Investoren ist Dr. Herbert Kloiber, ein bekannter Medienunternehmer und Strippenzieher in der Fernseh- und Filmbranche. Kloiber stieg vor der Gründung im Dezember 2005 als Gesellschafter ein.

»*Die Idee läuft einfach gut. Deshalb habe ich auch alle drei Finanzierungsrunden mitgemacht*«, meinte der Medienmogul über sein Engagement. Kloiber half auch dabei, den Deal zwischen Viagogo und dem FC Bayern München einzufädeln. Wie viel Geld er in Viagogo investiert hat, wollte Kloiber lieber nicht preisgeben. Erst nachdem der öffentliche Aufschrei durch den Schwarzhandel immer lauter wurde und Bundesligavereine zunehmend gegen Viagogo vorgingen, distanzierte sich Kloiber von seinem Investment.

»*Es gab keine Geschäftsberichte, keine Information, nichts*«, so Kloiber. Deswegen wolle er sich von seinen Aktien wieder trennen. Weil Viagogo-Gründer Eric Baker sich aber angeblich jedem Kontaktversuch verweigere, sei dieses Unterfangen extrem schwierig.

Auch die Samwer-Brüder, die etliche Millionen mit der Klingeltonbude Jamba! oder dem Flirtportal ilove.de machten, steckten ihr Geld nicht nur in Zalando, sondern auch in Viagogo.

Eine weitere prominente Investorin ist Christiane zu Salm. Irgendwo müssen die mit 9Live-Telefonspielchen ergau... – pardon – verdienten Millionen wieder neu investiert werden.[1]

Christiane zu Salm meint über ihren Viagogo-Einstieg: »*Ich freue mich, Teil dieser Investorengruppe zu sein und Viagogo dabei unterstützen zu können, weiterhin den Markt für den Weiterverkauf von Tickets in Deutschland – und in ganz Europa – anzuführen.*«

Einst zog man das Geld mit dreckigen Methoden den Naiven und Spielsüchtigen über das Telefon aus der Tasche. Jetzt, wo der Sender

9Live dicht ist, weil der Boden zu heiß und der mediale Druck zu groß wurden, wird das Geld also nun in eine neue Quelle geschoben, um anderen »Spielsüchtigen« das Geld abzuziehen.

Hinter Viagogo stehen aber noch weitaus mächtigere Kapitalgeber. Im Februar 2009 wurde bekannt, dass die Investmentfirmen Agassi Enterprises und Graf Ventures eine siebenstellige Summe zur Verfügung stellen, damit Viagogo weiter wachsen kann. Agassi, Graf?

Sind das nicht etwa...ja, sie sind es!

»Ich bin von Viagogos erfahrenem Teammanagement sehr beeindruckt und freue mich auf die Zusammenarbeit«, sagte Ex-Tennisstar Andre Agassi. Beteiligt sind auch Bernard Arnault (Chef des Luxusgüterkonzerns Louis Vuitton Moët Hennessy) und der Investmentbanker Jacob Rothschild.[2]

Insgesamt nahm Viagogo rund 15 Millionen Dollar ein.

Und als wäre das nicht genug, hat Viagogo noch einen weiteren unglaublich finanzstarken Geldgeber.

Es ist die US-Investmentfirma Index Ventures. Der Name sagt Ihnen vermutlich nichts. Mit einem Team von gerade mal 30 Mitarbeitern und drei Büros sammelt Index Ventures regelmäßig dreistellige Millionensummen ein, um diese gewinnbringend in Startups zu investieren. Index Ventures war bereits beteiligt am Datenbankproduzenten MySQL oder dem Kommunikationsdienstleister Skype. Schon 2006 steckte das US-Unternehmen mehrere Millionen US-Dollar in Viagogo. 2007 und 2009 beteiligte man sich an weiteren Finanzierungsrunden in ähnlicher Größe.

Börsenanalysten schätzten im Jahre 2009 den Firmenwert von Viagogo auf rund 300 Millionen US-Dollar. Zum Vergleich: Der börsennotierte Verein Borussia Dortmund KGaA brachte es im Sommer 2013 nach glänzenden Jahren auf »nur« 190 Millionen Euro.

Die Strategie ging auf.

Wenig später nach den großen Kapitaleinsammlungen gab die Ticketplattform eine um das Dreifache erzielte Steigerung der Kundenzahl bekannt und fügte hinzu, dass eine Million Tickets im Sortiment seien. Kunden aus 110 Ländern kaufen dort Karten.

Viagogo ist also keine kleine Randerscheinung im Internet, wo mal eben ein paar übrige Tickets veräußert werden.

Hier wird das ganz große Geld gemacht!

Es ist demnach nicht verwunderlich, dass sich Viagogo teure Bandenwerbung in Stadien leisten kann.

Fans werden für ihre Leidenschaft quasi bis auf den letzten Cent abgekocht, den sie zu zahlen bereit sind, damit sehr Vermögende noch vermögender werden. Das ist die bittere Wahrheit! Es ist fest davon auszugehen, dass Viagogo jährlich einen geschätzten hohen zweistelligen Millionenbetrag erlöst. Schließlich wollen die aufgezählten prominenten Anteilseigner allesamt renditestark ausbezahlt werden.

Wenn so viele Haifische im Becken schwimmen, dann braucht es sehr viel Futter, bis jeder satt ist. Darüber hinaus müssen die Viagogo-Büros in London unterhalten und die Mitarbeiter bezahlt werden.

Dass Rendite, Miete, Gehälter, Bandenwerbung in Stadien und noch allerlei sonstige Kosten ausschließlich mit der Vermittlung von Tickets für 15 Prozent Provision und Gebühren erwirtschaftet werden, ist unvorstellbar.

Wahrscheinlicher ist, dass sich Viagogo einen Teil unserer Schwarzmarktmargen selbst einstreicht. Viagogo wäre demnach keine reine Privat-an-Privat-Börse.

Wie zuvor erwähnt: Das vermuten wir in der Branche schon länger. Britische Reporter machten dazu bereits erste Enthüllungen. Man muss sehr naiv sein, um nicht anzunehmen, dass die berühmten Investoren aus der Medien- und Sportbranche zahlreiche Organisatoren kennen, die kartonweise Tickets aus erster Hand für den Weiterverkauf auf der Plattform bereitstellen. Kontakte dieser Investoren wären locker dazu imstande, zahlreiche Karten der besten Kategorien direkt an der Quelle abzuzapfen und zum höchstgebotenen Preis auf Viagogo weiterzuverschachern.

Eine Plattform, die solche Kontakte und Geldgeber hat, ist natürlich der König im Reselling. Aber auch für die anderen Wettbewerber bleibt noch eine ganze Menge übrig. Der viel kleinere Konkurrent Seatwave wies 2011 immerhin eine Bilanzsumme von 10,3 Millionen Euro aus, der Jahresüberschuss ging in die Hunderttausende.

Und dann darf man uns »kleine« Schwarzhändler nicht vergessen. Von mir gibt es Hunderte in der Branche plus die unzähligen Gelegenheitsdealer. Das Doppelte und Dreifache dessen, was sich Viagogo einsteckt, kassieren also noch einmal die vielen Einzelanbieter der Tickets.

Zählt man all die Erlöse der zahlreichen Reseller-Plattformen, eBay sowie der Einzelschwarzhändler zusammen, dann bewegen wir uns in einem Milliarden-Business. Dieser Ansicht ist auch Viagogo-Gründer Eric Baker.

Er sprach im April 2007 sogar von einem »*Multi-Milliarden-Dollar-Markt*«. Es darf also nicht überraschen, dass der Ticketschwarzhandel selbst Millionäre anlockt, wie Fleisch die Wespen.

Vor allem ist der Handel rechtlich nahezu risikolos. Kein prominenter Investor würde die Beschaffung von Heroin finanzieren oder sich an einer Bordell-Kette beteiligen. Der Schwarzhandel von Tickets blieb bislang als Nebengeschäft gesellschaftlich geduldet – und das bei deutlich höheren Margen!

Hin und wieder tauchen in Tageszeitungen Berichte auf, dass Mietwohnungen in Großstädten von der Polizei aufgesucht werden, weil sich im Wohnzimmer und auf dem Balkon eine Weed-Plantage befindet. »Gras« lässt sich theoretisch unbegrenzt produzieren. Wenn Balkon und Wintergarten schon mit Hanfpflanzen zugestellt sind, bringt man die Blumentöpfe eben noch in Wohnzimmer, Küche und Badezimmer unter. Werden die illegalen Hanfplantagen von der Polizei ausgehoben, weil aus dem Haus irgendwann der typische Geruch drängt, haben die Hobbygärtner schnell eine deftige Anzeige an der Backe, bei der es oft nicht bei einer Geldstrafe bleibt. In der Regel folgt eine Bewährungsstrafe.

Bei Prostitution ist es ähnlich. Fühlen sich die Nachbarn gestört, müssen die Betreiber mit Ärger rechnen.

Und wer Zigaretten schmuggelt, darf zittern, dass der Zoll nicht doch die Stangen aus den vielen Lkw-Verstecken herausholt.

Eintrittskarten riechen nicht, der Nachbar weiß nichts von ihrer Existenz und der Zoll nimmt sie an der Grenze auch nicht wahr. Die wertvollen heißen Papiere liegen unscheinbar in einer Schublade oder im Tresor und werden problemlos und unauffällig per Post versendet.

Führt man sich vor Augen, welches Risiko Haschhändler, Prostitutionsbetriebe oder Schmuggler aller Art auf sich nehmen, und dabei gleichzeitig weniger erlösen, dann ist man als Kartenschwarzhändler in einer recht angenehmen Situation.

In der gesamten Szene kenne ich keinen einzigen Fall, bei dem es jemals eine Razzia wegen Tickets gegeben hätte. Warum auch? Die professionellen Ticketbuden wickeln über das Ausland ab. Registriert sind die lukrativen Firmen jenseits der Grenze in den Niederlanden oder der Schweiz. Fazit: Der Profit ist bei geringerem Risiko viel höher.

Viagogo ist in der komfortabelsten Position und muss sich vor gar nichts fürchten. Sollte jemals ein Schwarzhändler belangt werden, trifft es grundsätzlich den Kartenanbieter direkt. Ist ja offiziell von privat an privat verkauft worden. Viagogo kann sich theoretisch immer damit herausreden, von nichts gewusst zu haben.

Schaden für alle Beteiligten

Wo derartiger Profit angehäuft wird, gibt es auf der anderen Seite auch große Nachteile. Das massenhafte Einkaufen von Eintrittskarten oder Fahrscheinen zwecks Spekulation lässt für eine Vielzahl von Gruppen einen gewaltigen Schaden entstehen.

Durch den eingangs erwähnten massiven Aufkauf von Bahn- und Flugtickets kommen manche Reisefreudige gar nicht mehr an Schnäppchen. Als die Airlines das merkten, führten sie Umbuchungsgebühren oder Identifikation durch Kreditkarten ein. Heute können Passagiere ihre Tickets nicht einmal Freunden oder Familienmitgliedern weitergeben, ohne dafür oft mehr an Umbuchungsgebühr zu bezahlen als das Ticket in vielen Fällen wert ist.

Diese Unannehmlichkeiten wären ohne uns Schwarzhändler womöglich gar nicht eingetreten.

Das gleiche ist bei Bahntickets der Fall. Hin und wieder fährt man zum Sparpreis mit der Bahn und vergisst die Kreditkarte. Dann kann es passieren, dass die Bahn den gesamten Fahrpreis nacherhebt, weil die Identifikationskarte fehlt. Das wäre alles nicht notwendig, wenn wir nicht in großem Stil Bahntickets ein- und verkauft hätten.

Weil sich einige wenige von uns unmoralisch verhalten, muss quasi die gesamte Gesellschaft unter den Restriktionen leiden. Aber diese Entwicklungen sind wahrlich nichts im Vergleich zum finanziellen Schaden, der durch uns Schwarzhändler angerichtet wird.

Da sich Spekulanten grundsätzlich immer nach Vorverkaufsstart mit den günstigsten Tickets eindecken, bleibt logischerweise für den normalen Fan kaum eine Chance, das Event preiswert zu besuchen, es sei denn, er ist schneller. Doch das ist kaum zu schaffen. Profi-Spekulanten rücken schon direkt nach Verkaufsstart aus und stehen um Punkt acht Uhr morgens an den Kassen. Startet der Vorverkauf unter der Woche, so sind arbeitende Eltern und Schüler aus dem Spiel raus. Kommen sie mittags an die Vorverkaufsstelle, sind die preiswerten und begehrtesten Blöcke meist schon leer gekauft. Die normalen Fans sind dann gezwungen, die teueren Kategorien zu nehmen.

Kommt es zu einem Preisverfall, wie beispielhaft beim Eurovision Song Contest beschrieben, dann freuen sich zwar viele Besucher über die günstigen Preise. Aber es entsteht dann wiederum für eine andere Gruppe Schaden: Die »echten« Privatverkäufer.

Wer dann tatsächlich seine Karten regulär als Privatperson kaufte und aus welchem Grund auch immer das Event kurzfristig nicht besuchen kann, muss dann traurig zusehen, wie er wegen des Überangebots der Schwarzhändler die Karten unter Wert verramschen darf. Das wäre womöglich nicht nötig, wenn es nicht wegen der Ticketspekulanten ein Überangebot gäbe.

Zahlreiche Beobachter wenden ein, dass die Käufer selbst schuld seien, wenn sie so hohe Preise aufrufen. Wäre niemand bereit, über dem aufgedruckten Preis zu bezahlen, so gäbe es keinen Schwarzmarkt. Das ist jedoch eine Utopie. Eine echte Anhängerschaft an einen Bundesligaverein oder einen Musikstar ist eine Herzensangelegenheit. Deshalb sind manche Fans durchaus bereit, so viel zu bezahlen, wie es ihr persönliches Budget zulässt.

Den Fans entsteht also ganz offensichtlich Schaden.

Aber auch Vereine und Musikstars beziehungsweise deren Firmen büßen gleichzeitig Umsatz ein. Die von den Schwarzhändlern kassierten Aufpreise gehen am Bundesligaverein oder Sangeskünstler vorbei. Denn Geld kann nur einmal ausgegeben werden. Manche Fans leisten sich lieber für das Doppelte oder Dreifache eine Bundesliga- oder Konzertkarte, verkneifen sich dafür aber den Trikotkauf oder die neueste BluRay-Disc des Künstlers. Was die Schwarzhändler mehr verdienen, entgeht also den Veranstaltern an potentiellem Merchandising-Verkauf.

Allerdings gibt es hier ein interessantes Gegenargument, auf das mich ein Branchenkollege hinwies. Hohe Kartenpreise lassen sich von den

Veranstaltern nur dann durchsetzen, wenn ein Hype entsteht. Kommen alle interessierten Anhänger bei FC Bayern-Spielen oder Take That-Konzerten grundsätzlich immer ins Stadion, flacht der Hype schnell ab.

Es setzt dann eine Abwärtsspirale ein und viele Fans sagen sich, dass sie ein bestimmtes Sportereignis, Spiel oder Konzert nicht besuchen müssen, weil sie auch für das nächste Event eine Karte bekommen.

Dann kann es durchaus passieren, dass zahlreiche Sitzplätze leer bleiben. Dauerhaft ausverkauft sind Konzerte und Sportveranstaltungen, wenn gewährleistet ist, dass der Hype hochgehalten wird. Dazu muss es aber hin und wieder zahlreiche enttäuschte Fans geben, die vor dem Stadioneingang stehen und nicht hinein kommen. Dadurch setzen psychologische Effekte ein.

Bei ausverkauften Events freut sich ein Kartenkäufer, wenn er dabei sein darf. Er fühlt sich dann privilegiert.

Schwarzmarktentwicklungen sind für viele Journalisten die Bestätigung für ein begehrtes Event. Oft liest man in den Zeitungen, für wie viel Geld die Karten unter der Hand weggehen. Es wertet einen Verein oder einen Star auf, wenn die Karten für mehr verkauft werden, als der Veranstalter selbst dafür verlangt. Damit steigt auch der Wert des Vereins FC Bayern München.

Durch die hohe Wertschätzung und den damit verbundenen Hype wird den attraktiven Veranstaltern der Schaden so gesehen wieder mehr als ausgeglichen.

Den Anhängern hingegen gleicht niemand ihren Schaden aus. Doch müssten die Vereine ihren wahren Fans nicht Rückendeckung geben? Es gibt, wie schon im dritten Kapitel beschrieben, ernsthafte Antimaßnahmen gegen Ticketschwarzhandel, aber in Wahrheit ist die Motivation vieler Vereine dahingehend nicht wirklich ausgeprägt.

Das hat zwei Gründe. Zum einen kann es einem Verein völlig egal sein, wer die Karten kauft. Ist das Event ausverkauft, hat der Verein bereits seinen kalkulierten Schnitt gemacht. Zum anderen will man sich nicht Sponsoren oder auch nur einfache Geschäftskunden verärgern.

Immer wieder fragen Fans unverständlich, warum Fußballklubs nicht selbst Karten ersteigern, um an die Adressen zu kommen, die Tickets sperren und so den Schwarzhändlern das Handwerk legen? Schließlich können die Vereine doch nachvollziehen, wer die Karten gekauft hat. Stimmt! Aber genau deswegen sperren sie oft nicht! Das klingt paradox?

Die Situation klärt sich auf, wenn Sie sich vor Augen führen, dass die Schwarzmarkthändler prinzipiell gute Kunden der Vereine und Veranstalter sind.

Manche von uns haben teure VIP-Logen angemietet, manche sind Werber im Stadion, andere wiederum halten ein Kontingent von einem dutzend Dauerkarten für die teuerste Kategorie. Da drückt man zähneknirschend ein Auge zu, wenn mal wieder zwei Karten davon »in der Bucht« landen. Schwarzanbieter rigoros zu verfolgen, bedeutet am Schluss eventuell einen finanziellen Verlust. Vor allem kleinere Vereine ohne Champions-League-Millionen können sich das kaum leisten.

Da der Verein nicht weiß, wer hinter einer eBay-Auktion steckt, und man lieber nicht Gefahr laufen will, ein Angebot von einem Verkäufer zu ersteigern, bei dem man ohnehin keine große Motivation hat, der Person oder Firma das Handwerk zu legen, lässt man es lieber gleich sein.

Nichtlieferungen bei Ventic

Der größte Schaden entsteht für Fans definitiv durch Enttäuschungen bei Leerverkäufen oder nicht erfolgten Lieferungen. Bei Viagogo kommt es gelegentlich vor, dass Kartenanbietern der Verkauf plötzlich »zu teuer« wird. Bei Konkurrent Ventic passierte dies hingegen relativ häufig. *»Meine Karten waren ein Geschenk für einen BVB Fan. Es ist unvorstellbar, welchen Schaden diese Leute anrichten. Perverse Abzocke!«*, schreibt ein wütender Kunde im Internet.

Erfahrungsgemäß wollen die Betreiber der Börse nicht ans Telefon, um sich nicht wegen der teureren Preise rechtfertigen oder gar Namen nennen zu müssen.

Bei Ventic wird meiner Erfahrung nach extrem viel mit Leerverkäufen gehandelt. Es kommt häufiger vor, dass die Tickets vom Anbieter nicht beschafft werden können. Das Geld sahen zahlreiche Kunden aber oft nur unter Hinzuziehung eines Rechtsanwalts und manchmal auch gar nicht wieder. Dann sind hunderte oder gar vierstellige Eurobeträge futsch. Im Internet häufen sich massiv die Beschwerden über derartige Fälle, deshalb gibt es nun eine Garantie, dass im Falle einer Nichtlieferung 100 Prozent des Preises erstattet werden.

Ventic betreibt außerdem das Portal the-best-tickets.de unter der Dachgesellschaft Smartfox Media B.V.

Geschäftsführer ist Martin Josten. Ein Ventic-Kunde bezeichnete den Kauf bei dieser Seite als etwas für Leute, die den Nervenkitzel lieben. Ich glaube, das trifft es ganz gut. Wenn Fans hunderte Kilometer fahren und in ein Hotel einchecken, weil man ihnen versprach die Tickets dorthin zu liefern, dann kann der Schaden enorm ansteigen. Die Ticketbeschaffung ist selbst für Profis zuweilen nicht unproblematisch.

Obwohl die Zweitticketplattformen häufig Zugriff auf Sponsorenkarten, Hospitality-Karten, Funktionärskarten und Angebote von einfachen Verkäufern haben und diese vielen Angebote kanalisieren, reicht das für die große Nachfrage nicht aus. Deshalb schreibt Viagogo sogar Fanclubs an, um an deren Großkontingente heran zu kommen

Manche wurden sogar eigens von Schwarzhändlern gegründet oder inaktive bestehende Clubs übernommen, um günstig an begehrte Plätze in den Fankurven zu kommen.

Schon haben wir die nächste Gruppe, die Schaden davonträgt. Diese Praxis kann Fanclubs in ihrem Bestand gefährden. Denn ein Fußballverein kann nicht mehr sicher sein, ob er einen echten Fanclub bedient oder eine Unterorganisation der Schwarzhändler.

Sie sehen, es werden unglaubliche Anstrengungen unternommen, um an die begehrten Karten zu gelangen. Weil die Leerverkäufe einen enormen Profit versprechen, werden sogar bei fast allen Zweitticketplattformen zunehmend Karten angeboten, die noch überhaupt nicht vom Veranstalter ausgegeben wurden. Der Verein Bayer 04 Leverkusen erwirkte gegen Viagogo wegen dieser Handelspraxis über das Landgericht München I im August 2013 eine Einstweilige Verfügung.

»Wir haben uns im Sinne unserer Fans entschieden, den blühenden Schwarzmarkt für Fußballtickets auf Viagogo nicht länger zu dulden und hiergegen auch juristisch vorzugehen. Wenn im Internet lange bevor wir selbst Tickets verkaufen, bereits für fast die ganze Saison vermeintlich Tickets angeboten werden – und dies zu deutlich überteuerten Preisen – hat dies das Fass zum Überlaufen gebracht«, erklärte Bayer-Geschäftsführer Wolfgang Holzhäuser.

Mit dem gleichen Problem ist der Deutsche Fußballbund konfrontiert. Für das in Stuttgart ausgetragene Länderspiel Deutschland gegen Chile wurden schon Karten bei Viagogo angeboten, da hatte der DFB noch nicht einmal die Preise festgelegt. *»Diese Vorgehensweise halte ich für unseriös«*, äußerte DFB-Präsident Wolfgang Niersbach.

Fußball ist schon längst nicht mehr der nostalgische Arbeitersport! Es ist ein Milliardengeschäft, bei dem Stars viele Millionen kassieren und alle ihren Teil vom Kuchen abhaben wollen.

7 Recht und Moral

7.1 Die rechtliche Lage – was ist eigentlich erlaubt?

Nun haben Sie erfahren, wie viel Geld mit dem Zweittickethandel zu verdienen ist und dass selbst mehrfache Millionäre mitmischen. Vor allem aber zeigte das vergangene Kapitel, dass Gegner dem Ticketreselling weitgehend ohnmächtig gegenüber stehen.

Regelmäßig werden wir Schwarzhändler daher mit rechtlichen Drohungen konfrontiert. *»Kann man die nicht anzeigen?« »Warum sind solche eBay-Auktionen zulässig?« »Wieso ist das Geschäft von Viagogo in einem Rechtsstaat überhaupt möglich?«*

Solche Äußerungen liest man zuhauf in Internetforen, wenn sich Fans über den Zweitticketmarkt empören. Doch so einfach, wie es Schwarzmarktgegner gerne hätten, ist es absolut nicht. Die rechtliche Lage beim Ticketweiterverkauf ist äußerst kompliziert. Mit der Frage, ob man Tickets teurer weiterverkaufen darf, als man sie eingekauft hat, beschäftigten sich schon mehrfach die Gerichte.

Zunächst muss man zwischen Zivil- und Strafrecht unterscheiden.

Strafrechtlich gibt es keine Handhabe

Es gibt im deutschen Strafgesetzbuch keinen Paragraphen, der Schwarzhandel explizit untersagt. Wer also zur Polizei geht und eine Anzeige wegen Schwarzhandels stellen möchte, wird erfolglos wieder von dannen ziehen. In manchen Debatten wird immer mal wieder der § 291 des Strafgesetzbuchs (Wucher) ins Spiel gebracht. Aber auch der ist nicht einschlägig. Eine Zwangslage wird nicht ausgenutzt, denn es wird schließlich niemand gezwungen, ein Event zu besuchen. Man kann auch ohne ein Madonna-Konzert oder Champions-League-Finale überleben.

Strafrechtlich liegt nur dann ein Verstoß vor, wenn eine Straftat in Zusammenhang mit dem Ticketverkauf begangen wird. Das wäre der Fall, wenn beispielsweise Tickets verkauft, aber vorsätzlich nicht geliefert würden (§ 263 StGB, Betrug).

Auch Ticketfälschungen fallen darunter, tateinheitlich mit Urkundenfälschung (§ 267 StGB).

Zweifelsohne ist es auch Betrug, wenn Tickets zwar weiterverkauft werden, diese aber ungültig sind. Das ist leider zunehmend eine beliebte Masche mancher dubioser Reseller: Sie kaufen die Tickets von den Veranstaltern, bekommen diese zugeschickt, bezahlen sie aber nicht. Platzt dann eine Lastschrift oder ist die Kreditkarte nicht gedeckt, so verliert das Ticket automatisch seine Gültigkeit. Statt diese wertlosen Tickets zu vernichten, verhökern Betrüger sie weiter. Natürlich kann der Käufer auf den ersten Blick nicht erkennen, ob ein Ticket gültig ist. Er fährt zum Veranstaltungsort und merkt erst am Eingangsdrehkreuz, dass die Anzeige rot bleibt statt grün aufzuleuchten. Wer dann noch über anonyme Bezahlverfahren wie Ukash bezahlt hat, ist sein Geld definitiv los.

Auch das doppelte Ausdrucken von PDF-Tickets ist eine zunehmende Betrügermasche. Die Kriminellen ordern Tickets auf falschen Namen und drucken dieses viele Male aus. Ins Stadion kommt aber nur der Erste am Eingang. Der Rest darf feststellen, dass sein Ticket schon von jemand benutzt wurde. Weil das immer öfter vorkommt, lassen sich selbst ausgedruckte Tickets kaum noch weiterveräußern. Das sind allerdings Ausnahmen, von denen sich die Ticket-Reseller, also auch die normalen Schwarzhändler, distanzieren. Betrügerische Absichten hegen nur wenige. Fast alle wollen vielmehr, dass der Handel reibungslos über die Bühne geht. Der Deal lautet grundsätzlich: Gültige Karten gegen Geld, in der Regel mit Aufschlag zum höheren als dem aufgedruckten Preis.

Hier werden sicher einige anmerken, dass genau dieser Verkauf auch strafrechtlich zu ahnden sei. Aber das ist falsch!

Weiterverkäufe aller Art zu höheren Preisen sind grundsätzlich kein Betrug. Eine Ware günstig einzukaufen und teurer zu verkaufen ist das Prinzip, auf dem eine Marktwirtschaft aufbaut.

Bekommt man im Supermarkt eine Tafel Schokolade schon für 70 Cent, muss man nachts an Tankstellen zwei Euro dafür bezahlen. Nach Ladenschluss der Supermärkte ist eben das Gut Schokolade deutlich knapper. Wer das zu dem Preis nicht kaufen will, muss bis zum nächsten Tag warten.

Kauft der FC Bayern den Spieler Franck Ribéry für 25 Millionen von Olympique Marseille und ruft später 80 Millionen Euro als Ablöse für Real Madrid auf, dann ist das auch kein Betrug, sondern gängiges Marktprinzip. Madrid ist ja nicht gezwungen zu kaufen.

Den Schwarzhandel strafrechtlich zu verbieten, ist kaum möglich. Denn ein Käufer erwirbt Eigentum an den Karten. Da die meisten Veranstalter einmal gekaufte Karten nicht wieder zurücknehmen, hätte ein Käufer erhebliche Nachteile. Als ALDI im Juni 2013 Rollatoren sehr preiswert verkaufte, landete ein Großteil davon bei eBay, wo die Stützwagen für ein Vielfaches weiterveräußert wurden. Solche Entwicklungen kann der Discountmarkt ebenfalls kaum verhindern.

Wenn Fans freiwillig bereit sind, das Doppelte, Dreifache oder sogar darüber hinaus zu bezahlen, dann geschieht dies in der Regel einvernehmlich zwischen Verkäufer und Käufer. Gebote bei eBay erfolgen von den Käufern immer freiwillig.

Zivilrecht ist deutlich komplexer

In Fanforen wird oft die zivilrechtliche Frage gestellt, ob man gegen den Weiterverkauf zu deutlich höheren Preisen nicht klagen kann? Und das ist im Gegensatz zur strafrechtlichen Betrachtung nicht eindeutig zu beantworten. Denn bei einem Weiterverkauf kann sich nicht nur der Kartenkäufer in seinen Rechten verletzt fühlen, sondern beispielsweise auch der Veranstalter.

Da ist zunächst der Sicherheitsaspekt. Die Vereine argumentieren, dass die Kontrolle über den Weiterverkauf unter anderem eine Maßnahme sei, um die Sicherheit in den Stadien zu gewährleisten. In den vergangenen Jahren wurden zahlreiche Anhänger in der so genannten Datei »Gewalttäter Sport« erfasst. Deshalb stehen zum Beispiel Hooligans bei den Vereinen auf einer Schwarzen Liste und würden über das normale Ticketing nie eine Eintrittskarte zugeteilt bekommen.

Über eBay hingegen funktioniert das prima. Wir bekommen tatsächlich vereinzelt Anfragen von Interessenten, die sich erkundigen, ob wir Käuferdaten an die Vereine übermitteln und man den Kauf im Nachhinein wieder rückgängig machen kann, wenn sie nicht ins Stadion kommen, weil gegen sie offiziell ein Einlassverbot existiere. Solche naiven Anfragen sind sehr selten, aber sie kommen durchaus vor.

Als es am 13. März 2010 nach der 1:2-Niederlage von Tabellenschlusslicht Hertha BSC gegen den 1. FC Nürnberg zu einer Innenraumstürmung randalierender Fans kam, forderte Bayer Leverkusens Geschäftsführer Wolfgang Holzhäuser eine konsequente Einführung personalisierter Eintrittskarten.[1]

Der 1. FC Nürnberg wurde vom Deutschen Fußballbund sogar dazu gezwungen, für zwei Auswärtsspiele nur personalisierte Sitzplatzeintrittskarten auszugeben. Mit dem Schwarzhandel und der unkontrollierten Abgabe an jedermann, werden die Anstrengungen der Veranstalter zur Gewährleistung der Stadionsicherheit unterlaufen.

Dann gibt es das Argument, dass die Vereine Plätze im Stadion anbieten, die einer so genannten sozialen Preisgestaltung unterliegen. FC Bayern-Präsident Uli Hoeneß entgegnete sich beschwerenden Fans auf einer Mitgliederversammlung empört, dass man »*für sieben Euro*« pro Stehplatz die Allianz-Arena nicht abbezahlen könne und es die Logenbesitzer seien, die den Hauptertrag sichern. Durch Schwarzmarktverkäufe von billigen Eintrittskarten wird der soziale Zweck konterkariert. Für die von den Vereinen beabsichtigten Käuferschichten stehen die Karten nicht mehr zur Verfügung. Die Vereine könnten dadurch selbst auf die Idee kommen, die Preise zu erhöhen, wenn ohnehin nur noch besser betuchte Fans die billigen Plätze einnehmen.

Bei all den Gegenargumenten bleibt es nicht aus, dass Reseller und Vereine irgendwann zwangsläufig vor Gericht landen. Das passierte in den vergangenen Jahren häufig. Es gibt bereits mehrere endgültige Urteile vom Bundesgerichtshof (BGH).

Der Handel mit nicht personalisierten Eintrittskarten wurde vom BGH aber nur eingeschränkt untersagt.

In dem Prozess klagte der Hamburger SV gegen das Portal bundesligakarten.de. Dieser Anbieter kaufte die Karten teilweise direkt vom HSV, teilweise bezog er sie von Privatpersonen.

Der BGH entschied am 11. September 2008 *(Az.: I ZR 74/08)*, dass der Verein den Handel mit Eintrittskarten dann untersagen kann, wenn der gewerbliche Anbieter diese direkt vom Veranstalter bezogen hat. Der Bezug im großen Stil direkt vom Verein und anschließender Verkauf ist also unzulässig. Es handelt sich hier um einen illegalen Schleichbezug.

Kartenverkäufe von uns Profihändlern sind vom BGH-Urteil also nicht gedeckt, da wir die Veranstalter im Vorfeld über unsere Wiederverkaufsabsicht täuschen.

Werden die Karten hingegen von Privatpersonen erworben, so ist der Weiterverkauf erlaubt. Ähnlich entschied das Landgericht Dortmund am 11. Februar 2010 *(Az.: 13 O 46/08)* für den Verein Borussia Dortmund. Es urteilte, dass ein Schwarzhändler nicht grundsätzlich Karten weiterverkaufen darf, die er regulär im Vorverkauf erwirbt.

Interessant ist auch ein Urteil des Landgerichts Mainz vom 20. Juni 2007 *(Az.: 3 S 220/06)*. Es verbot Dauerkarteninhabern, die Tickets in einer Internetauktion zu verkaufen. Außerdem schloss Mainz 05 den Schwarzhändler vom weiteren Kartenbezug aus. Auch das sah das Gericht als vertretbar an.

Das Landgericht Nürnberg-Fürth fällte ein ähnliches Urteil am 8. August 2007 *(Az.: 4 HK O 3850/07)*. Es begründete in seiner Entscheidung, dass Schwarzhandel schon deshalb einzudämmen sei, damit es »normalen« Besuchern nicht unmöglich gemacht oder erheblich erschwert werde, Spitzenspiele zu besuchen. Es ist eine sehr interessante Argumentation. Dem Gericht ging es also weniger um die Bereicherungsabsicht und vertraglichen Beziehungen zwischen Verein und Schwarzhändlern, sondern es sah das Sozialprinzip verletzt.

Die günstigen Eintrittspreise sind ein Entgegenkommen von Veranstaltern, dass sich auch sozial schwächer Gestellte die Teilnahme an einem Event leisten können. Das Gericht schützte also deren berechtigten Interessen.

Und trotzdem boomt der Schwarzhandel. Kann man die Anbieter nun nicht einfach alle verklagen?

Von wegen! Das liegt auch an den Allgemeinen Geschäftsbedingungen (AGB) der Veranstalter. Die werden oft ganz unterschiedlich formuliert.

»*Der Weiterverkauf ist nicht gestattet. Ein Umtausch der Karte ist ausgeschlossen*«, schrieb der Bundesligist Hannover 96 als Verkaufsverbot auf die Rückseite eines jeden Tickets.

Gerichte prüfen bei einem Schwarzhandel-Rechtsstreit fast immer, ob die AGB überhaupt wirksam formuliert sind. Der Bundesgerichtshof äußerte in seiner Entscheidung vom 11. September 2008 hauptsächlich Zweifel an der Wirksamkeit der AGB. Nach Ansicht der Richter fehlt es häufig an einer Bindung an das Weiterveräußerungsverbot, vor allem dann, wenn Karten privat verschenkt worden sind oder der Erwerber am Besuch der Veranstaltung plötzlich gehindert ist.

Mit anderen Worten: Der Veranstalter muss vor allem die AGB rechtlich wasserdicht machen. Vor allem gelten die AGB aber nur zwischen Veranstalter und Erstkäufer. Gibt dieser die Karte an einen Dritten privat weiter, ist der wiederum nicht mehr an die AGB gebunden.

Und dann gibt es immer noch die Möglichkeit der privaten Weitergabe. Die darf auch zu einem höheren als dem aufgedruckten Preis erfolgen.

Wir Schwarzhändler nehmen solche Hintertüren natürlich dankbar an. Genau das ist der Grund, warum man in fast allen eBay-Auktionen von plötzlicher beruflicher Verhinderung oder Krankheit als Verkaufsgrund liest, meist noch mit dem Hinweis, dass man die Karten selbst geschenkt bekommen habe. Es ist schon auffällig, dass viele Grippefälle selbst im Sommer an Bundesliga-Wochenenden auftreten und viele Konzertbesucher plötzlich doch am Samstagabend um 20 Uhr arbeiten müssen. Es sei Ihnen versichert: Die meisten sind bei bester Gesundheit und die Samstagsarbeit ist auch nicht ausgeufert.

Die Trennung verfeindeter Fangruppen zur Sicherheit des Publikums, ist als Argument gegen den Schwarzhandel ebenfalls äußerst schwammig. Vor allem hilft es den Konzertveranstaltern nicht weiter, denn von massiven Spontan-Prügeleien zwischen hunderten Robbie Williams-Fans hat man ja wohl noch nie gehört.

Aber auch den Sportvereinen bringt das Argument wenig, da viele Tickets im Tagesgeschäft grundsätzlich anonym verkauft werden und schon deshalb eine Vermischung der Fangruppen zwischen der Heim- und Gastmannschaft gar nicht gewährleistet werden kann. Eine Trennung wäre nur dann denkbar, wenn man – wie bei der Fußballwelt-

Recht und Moral • 239

meisterschaft 2006 – personalisierte Tickets ausgibt und vor Betreten des Stadions *immer* kontrolliert, dass Identität zwischen Personalausweis des Besuchers und der auf dem Ticket stehenden Person besteht.

Abb. 25: Personalisierte WM-2006-Karte

Ticketpersonalisierungen ändern die Rechtslage

Während das Oberlandesgericht Hamburg am 3. Februar 2005 *(Az.: 5 U 65/04)* den Weiterverkauf von HSV-Eintrittskarten grundsätzlich untersagte, hob der Bundesgerichtshof diesen Entscheid weitgehend wieder auf. Der BGH hat mit seinem Urteil aus dem Jahre 2008 die Rechte von Weiterverkäufern also eher gestärkt. Gewerblichem Handel wurde zwar weitgehend der Boden entzogen (Verbot des so genannten Schleichbezugs), Privatverkäufe aber wurden weitgehend erlaubt. Aus dem Grund werden die Verkäufe auch von gewerblichen Händlern häufig als Privatverkäufe getarnt.

Selbst wenn auf einem Ticket ausdrücklich vermerkt ist, dass eine Veräußerung über Internet-Auktionshäuser oder mit Preisaufschlag verboten ist, sind private Käufer und Weiterverkäufer nicht daran gebunden. Denn Tickets ohne Namen sind so genannte kleine Inhaberpapiere (oder Inhaberschuldverschreibungen) und damit umlauffähig.

Das bedeutet, sie sind ein frei handelbares Wirtschaftsgut. Damit kann das Recht auf Besuch einer Veranstaltung durch bloße Übergabe des Tickets und Einigung übertragen werden.

Auch der Kauf zu einem höheren Preis ist legal. Ein Veranstalter darf also nicht einfach Ticketinhaber von teurer weiterverkauften Eintrittskarten aussperren oder gar mit einem Stadionverbot belegen. Sanktionen sind nur dann möglich, wenn es sich um *personalisierte* Karten handelt. Es spielt bei der rechtlichen Betrachtung eines Kartenschwarzhandels also eine wichtige Rolle, ob der Name auf dem Ticket aufgedruckt ist.

Denn dann handelt es sich um ein so genanntes Namenspapier. Deshalb schlagen einige Veranstalter den Weg ein, nur noch personalisierte Tickets zu verkaufen. Dabei wird der Käufer namentlich auf einem Ticket vermerkt. Aufgrund der AGB ist eine Übertragung dann nur noch möglich, wenn der Käufer dem Veranstalter den Namen der Person angibt, der er die Karte übertragen hat.

Die Übertragung des Besuchsrechts ist zudem abhängig von der Zustimmung des Veranstalters. Der Organisator der »Take That Tour 2011« personalisierte als erster in Deutschland die Tickets für eine komplette Tournee.

Beim Champions-League-Finale zwischen dem FC Bayern und Borussia Dortmund 2013 in London waren die Karten sogar mit Namen und Geburtsdatum des Käufers personalisiert.

Die Tickets müssen dann erst wieder mit Zustimmung des Veranstalters umgeschrieben werden. Kommt das hundertfach vor, ist das ein sehr hoher Arbeitsaufwand. Aus dem Grund erheben die Veranstalter auch des Öfteren eine Umbuchungsgebühr. Die Billig-Fluggesellschaften verlangen für das Umschreiben oft mehr als das Ticket ursprünglich kostete. Ob dies rechtlich zulässig ist, dürfte das nächste Futter für Rechtsanwälte und Richter geben.

Eigentlich müsste dann doch alles in Butter sein – die Veranstalter schreiben die Namen auf die Karten und schon gibt es keinen Schwarzhandel mehr?!

Von wegen! Selbst eine solche Maßnahme lässt uns in der Branche relativ unbeeindruckt. Denn es gibt noch die Macht des Faktischen!

Will ein Veranstalter wirklich alle Eintrittskarten mit dem Ausweis abgleichen, so müssten die Besucher stundenlang vor dem Eingang warten. Bei einem DFB-Pokalfinale, wo 75 000 Besucher Einlass begehren, ist eine solche Maßnahme schlicht undurchführbar. Selbst wenn ein Abgleich nur drei Sekunden dauern würde, so wären dies bei 12 Eingängen bis zu 18 750 Sekunden Wartezeit. Das entspricht 312,5 Minuten, also über fünf Stunden. Pro Eingang! Im Winter bei nasskaltem Schneeregen oder im Herbst, wenn es abends schon stockdunkel ist, macht das Warten besonders viel Spaß. Bei der WM 2006 war die Personalisierung der Karten daher auch im Wesentlichen nur eine Formsache und eher zur präventiven Abschreckung gedacht. Wirklich kontrolliert wurde da nicht, sondern höchstens sporadische Stichprobenkontrollen gemacht.

Der Aufwand, alle Namen zu erfassen, ist zwar theoretisch möglich, aber praktisch lässt sich kaum ein nennenswerter Bruchteil abgleichen. Es verhält sich in etwa wie mit Pyrotechnik – es gibt zwar Kontrollen am Eingang, doch ein Feuerwerk im Block hat das noch nie verhindert. Und kommt es haufenweise zu Nichteinlässen, kann sich sehr schnell Aggressionspotential vor einem Event zusammenballen. Das wollen die Veranstalter schon deshalb nicht, weil möglicherweise wiederum dann mehr Polizeikräfte ein solches Event absichern müssen.

Ticketrückgabe – nicht immer wird es angeboten

Es bleibt außerdem die Frage offen, was mit Tickets passieren soll, wenn Käufer tatsächlich eine Veranstaltung nicht besuchen können?

Die Gerichte urteilten nicht zuletzt deshalb zugunsten der privaten Weitergabe, weil die Karten schließlich Eigentum der Käufer sind. Wenn die Inhaber tatsächlich verhindert sind, kann man sie ja schlecht dazu zwingen, die Papiere wegzuwerfen.

Eine wirksame Maßnahme sind von den Veranstaltern selbst angebotene Tauschbörsen. Der HSV bot seinen Fans seit dem Rechtsstreit mit bundesligakarten.de die Möglichkeit an, das Ticket bis zum Vortag des Spiels zurückzugeben. Auch der FSV Mainz 05 war lange Vorreiter in Sachen Kartenrückgabe. Auf der Mainzer Webseite können Fans seit vielen Jahren schon einmal gekaufte Karten ebenfalls wieder zurückgeben und in ein vereinseigenes Zweitticketportal stellen.

Die DFL hat in Zusammenarbeit mit allen 36 Bundesliga-Klubs bestimmte Fair-Play-Regeln aufgestellt. Dazu wurde auch der »Offizielle Ticket-Zweitmarkt« eingerichtet.

Jeder Bundesligaverein bietet nun die Möglichkeit an, ein Ticket weiter zu verkaufen, wenn es vom ursprünglichen Käufer nicht genutzt werden kann.

Wer also kurzfristig verhindert ist und eine Karte wieder verfügbar machen will, kann diese in der offiziellen Kartentauschbörse seines Vereins als vakant eintragen. Der Verein weist den Platz dann in seinem offiziellen Ticketshop und an der Tageskasse als verfügbar aus. Der Platz wird dann zum Tageskartenpreis regulär erneut weiterverkauft, der Dauerkartenbesitzer erhält ein Siebzehntel des Dauerkartenpreises ausbezahlt.

Dieses Vorgehen hat einerseits die Vorteile, dass eine sehr große Anzahl an Käufern erreicht wird. Denn viele Kartensuchende schauen oft zuerst beim Verein nach. Die Karte muss außerdem nicht per Post verschickt werden. Beim Kauf über den Ticketshop kann der Käufer das Ticket auch noch als Print@Home-Ticket ausdrucken.

Auf der anderen Seite gibt es aber auch Nachteile.

Der Kartenanbieter muss darauf hoffen, dass sein Platz beim Verein auch nachgefragt wird. Dies ist logischerweise nicht gleichmäßig der Fall. Anbieter eines Stehplatzes werden keine Probleme haben, diesen binnen wenigen Minuten zu verkaufen. Inseriert aber jemand einen teuren Sitzplatz in der Kartenbörse, wird dieser in der Regel erst abverkauft, wenn es keine günstigeren Kategorien mehr gibt. Ein Inserent eines teuren Sitzplatzes muss also sich so lange gedulden, bis alle begehrteren Plätze der anderen Tribünen oder günstigeren Kategorien vergriffen sind, bevor man seinen Platz nachfragt. Im schlimmsten Fall bleibt der Platz unbesetzt und dem Anbieter verfällt das Geld.

Außerdem gehen den Privatanbietern Mitleidskäufe flöten. Denn es gibt durchaus noble Fans, die erst einmal bei Privatanbietern kaufen, bevor sie beim Verein welche beziehen, um zu vermeiden, dass Fans der gleichen Farben finanziellen Schaden erleiden.

Das sind aber längst nicht alle Probleme! Es gibt auch zahlreiche Käufer, die schon gar nicht mehr auf der Vereinsseite selbst schauen, sondern direkt bei eBay und Viagogo. Sie wären überrascht, wieviele Zuschauer oft bei vermeintlich attraktiven Spielen bei uns Schwarzhändlern nach Karten fragen, obwohl es im offiziellen Ticketshop des Vereins noch ausreichend Karten gibt.

Ein weiteres Problem ist die Beaufsichtigung durch die Ticketstelle. Hat ein Fanclub aufgrund einer Grippewelle mal tatsächlich 20 Karten übrig und stellt sie in die Kartenbörse des Vereins, könnte er in Verdacht geraten, professioneller Dealer zu sein.

Problematisch ist auch die fehlende Preisreduktion bei schwierigem Abverkauf. Selbst wir Profi-Dealer verkaufen notfalls einen Zehner unter Originalpreis, nur um nicht auf Karten sitzen zu bleiben.

Ist die Karte jedoch in der offiziellen Ticketbörse inseriert, hängt sie zum Fixpreis im Ticketshop des Vereins »fest«. Man kann sie zwar wieder herausnehmen, aber man kann nicht drei Stunden vor Anpfiff mal eben nen Fünfer oder Zehner nachlassen. Dabei ist Rabatt in letzter Minute gängiges Handelsprinzip.

Wir beobachten das Geschehen natürlich sehr intensiv, was Vereine, DFB, DFL und andere Institutionen in der Hinsicht mit eigenen Ticketbörsen auf die Beine stellen. Ist ja schließlich unsere potentielle Konkurrenz. Bei einem Markt, wo wir Zehntausende pro Monat verdienen, müssen wir jede Entwicklung genau im Auge behalten. Aber bange sein muss uns unter diesen Umständen nicht.

Bedrohlicher sind für uns Schwarzhändler dann schon eher die Samariter. Ein Fußball-Fanclub kam tatsächlich mal auf die Idee, Karten aufzukaufen, nur um den Schwarzmarkt abzufedern und Fans zu versorgen, die in letzter Minute noch Tickets suchten.

Deren Strategie ging auf. Wir schauten kräftig in die Röhre, weil plötzlich die Preise stark fielen.

Verkaufe Büroklammer – Tickets gibt's gratis dazu

Wenn wir schon die rechtlichen Hürden unter die Lupe nehmen, sollte man unbedingt auch noch einen Blick in die eBay-Angebote selbst werfen.

Putzig sind immer wieder Auktionen, bei denen eine Büroklammer, Kugelschreiber, eine Rolle Bonbons oder anderer Krimskrams versteigert wird. Die Karten gibt es gratis als Geschenk dazu. Damit glaubt sich mancher Gelegenheitsdealer auf der sicheren Seite. Beim Champions-League-Halbfinale zwischen Borussia Dortmund und Real

Madrid waren zu jedem Zeitpunkt über 20 eBay-Angebote geschaltet, bei denen man zu Briefklammern die Tickets als Geschenk erhielt. Dabei ist dieser Gratis-Beigabe-Quatsch nur ein weiteres Beispiel für die Naivität und Dummheit der Leute.

Es verhält sich hier wie mit dem berühmten Web-Disclaimer. Hunderttausende Betreiber von Internetseiten schreiben in ihrem Impressum:

»Wegen Urteil vom 12. Mai 1998 vom Landgericht Hamburg distanziere ich mich ausdrücklich von allen verlinkten Seiten!«

Einer stellte diesen Unfug ins Netz und alle anderen liefen wie die Lemminge hinterher und kopierten den Quatsch ohne kritisch zu hinterfragen, was sie da tun. Der Disclaimer ist völlig sinnlos und rechtlich ohne Bedeutung.

Genauso verhält es sich bei Büroklammern oder Hosenknöpfen als Gratisbeigabe von Tickets – es ist und bleibt ein Schwarzhandel. Legal wäre der Verkauf nur dann, wenn die Büroklammer zu ihrem tatsächlichen Wert verkauft würde, was gerade einem einzigen Cent entspricht. Legt man dann die Tickets dazu, so handelt es sich um eine Schenkung. Doch der Anbieter will ja gerade die Tickets *nicht* gratis verschenken. Er setzt sie vielmehr als Anreiz ein, damit Interessenten hohe Summen auf die Büroklammer bieten.

Ohne die Tickets würde das aber niemand tun. Da der Wert der Karten jenen der Büroklammer um ein Vielfaches übersteigt und der Käufer genau das gezielt beabsichtigt, handelt es sich um ein Scheingeschäft. Vor Gericht würden die Büroklammer-Anbieter allesamt unterliegen. Allerdings gab deswegen noch nie einen Prozess.

Anti-Schwarzmarkt-Fahndern sei an der Stelle nobel der Tipp gegeben, dass Auktionen solcher Büroklammerangebote in der Regel einfache naive Privatleute sind und keine Schwarzhändler im großen Stil. Wir Profis kennen den rechtlichen Hintergrund und verzichten auf dieses Kindergartenniveau.

Anders verhält es sich bei Ticket-Hotel-Paketen. Manche Schwarzhändler kaufen für ein paar Euro eine Doppelzimmer-Übernachtung in der billigsten Motel-Absteige der Stadt ein und veräußern es zusammen mit den Eintrittskarten als »Luxus-Paket«. Bei einem solchen Bundle mit Übernachtungsangebot ist der Nachweis schon deutlich schwerer zu erbringen als bei einer »Büroklammer«. Dennoch sind solche Mischangebote immer ein Tanz auf dem Vulkan.

Abb. 26: *Büroklammer verschenken, Ticket dazu legen – es ist und bleibt Schwarzhandel!*

Wenn die Abmahnung ins Haus flattert

Manche Bundesligisten und Konzertveranstalter gehen mittlerweile dazu über, den Kartenanbietern per Anwalt Abmahnungen zuzusenden.

Ein Abmahnender muss grundsätzlich immer seinen Rechtsanspruch belegen.

Während ich keine einzige Abmahnung je bezahlte, obwohl ich in meinem Leben mit abertausenden Tickets dealte, mehren sich die Fälle, bei denen normale Privatverkäufer Ärger mit dem Rechtsanwalt haben. Deshalb seien Ihnen hier einige rechtliche Hilfestellungen an die Hand gegeben, wenn Sie (zulässigerweise!) Ihre Eintrittskarten im Internet weiterverkauft haben oder weiterverkaufen wollen.

1. Finger weg von geschützten Markenzeichen!
Die oft einzige Handhabe der Rechtsanwälte gegen Ticketweiterverkäufe ist die Beanstandung von marken- und urheberrechtlich geschützten Inhalten. Fügen Sie deshalb niemals Vereinswappen, Künstlerlogos, offizielle Schriftzüge, Stadionpläne oder sonstige Inhalte von den Internetseiten der Veranstalter bei Ihrem Verkaufsangebot ein.

Selbst angefertigte Fotos vom Stadion unterliegen der Panoramafreiheit, dürfen daher zwar verwendet werden und sind nicht abmahnwürdig, doch trotzdem sollten Sie darauf verzichten. Außer den Eintrittskarten sollten Sie gar nichts abbilden und sogar hier suchen Abmahnanwälte nach aufgedruckten Vereinslogos, um an die Verkäuferadressen heranzukommen.

Allerdings werden nur Originale vom Urheberrecht geschützt, selbst erstellte Nachempfindungen jedoch nicht. Viagogo umgeht das sehr schön, indem sie für fast jede Arena einen eigenen Stadion-Sitzplan erstellt haben. Erstellen Sie daher selbst einen solchen Sitzplan, wenn Sie die Möglichkeit dazu haben. Das ist rechtlich zulässig.

2. Niemals beigefügte Unterlassungserklärungen unterschreiben!
Wir Profi-Schwarzhändler achten ja penibel darauf, keine Daten von uns preiszugeben und bei eBay & Co. nur Fakedaten zu hinterlegen. Anwaltsbriefchen gehen dann nämlich ungeöffnet mit dem Vermerk »*unzustellbar*« wieder dahin zurück, wo sie herkamen. Falls Sie nicht so dreist sind und dummerweise an ihre Adresse ein Giftletter vom Advokaten eintrudelt, in dem man Sie auffordert, eine beigefügte Unterlassungserklärung zu unterschreiben, gebe ich Ihnen einen guten Rat: Lassen Sie es besser bleiben!

Unterschreiben Sie eine Unterlassungserklärung ist das ein Schuldeingeständnis und Sie verpflichten sich damit, die geforderte Abmahnsumme zu bezahlen. Vor allem aber bereiten Sie damit den Anwälten die Grundlage, weitere Ansprüche gegen Sie zu erheben, zum Beispiel in Form von Schadenersatzforderungen.

Wer die Unterlassungserklärung unterschreibt, verurteilt sich damit selbst zu einmal lebenslänglich. Denn mit der Abgabe dieser Erklärung ist man lebenslang daran gebunden. Die Rechtsanwaltskanzlei kann jederzeit Schadenersatzforderungen geltend machen, wenn Sie sich an ihr Versprechen nicht halten.

Geben Sie die Unterlassungserklärung vorbehaltlos unterschrieben ab, dürfen Sie Zeit Ihres Lebens nie wieder ein Ticket des Mandatgebers im Internet verkaufen. Auch nicht erlaubter Weise, wenn Sie zum Beispiel durch Krankheit verhindert sind. Sie liefern sich also sozusagen selbst ans Messer und geben den Anwälten auch noch Jahrzehnte nach Abgabe der Erklärung ein Instrument an die Hand, Sie nach allen Regeln der juristischen Kunst finanziell auszuziehen.

Der ganze Abmahnzinnober hat sowieso den Charakter von Nötigung und Betrug. Sie werden von Anwälten unter Druck gesetzt, etwas zu unterschreiben, was Sie eigentlich nicht müssen und Sie sollen für etwas Geld bezahlen, was gar nicht bestraft werden kann – einzig aus dem Grund, dass Sie dann vermeintlich Ruhe bekommen.

Die Mafia arbeitet genauso.

3. Kein Geld an Rechtsanwälte bezahlen!
So wie Sie die beigefügte Unterlassungserklärung nicht unterzeichnen sollen, verhält es sich mit der Geldforderung, welche die Anwälte erheben.

Auch diese ist oft unberechtigt. Es geht nicht nur darum, dass Sie hunderte Euro plötzlich los sind. Wenn Sie zahlen, können Ihnen die Anwälte daraus den nächsten Strick drehen und dies als Schuldeingeständnis werten!

4. Trotzdem reagieren!
Unternehmen Sie gar nichts, ist dies allerdings auch schlecht. Denn dann können die Anwälte ein Verfahren auf Erlass einer Einstweiligen Verfügung gegen Sie einleiten. Deshalb senden Sie an die Abmahner eine so genannte abgewandelte (modifizierte) Unterlassungserklärung.

Der Unterschied ist: Unterschreiben Sie die vom Rechtsanwalt beigefügte Unterlassungserklärung, kann der Veranstalter beziehungsweise die beauftragte Rechtsanwaltskanzlei den Schadenersatz bemessen und geltend machen.

Eine abgewandelte »entschärfte« Unterlassungserklärung hingegen verschiebt die Zuständigkeit zu den Gerichten.

Wenn Sie eine abgewandelte Erklärung abgeben, ist dies in der Regel ebenfalls rechtssicher und das wissen die Anwälte auch. Deshalb kommt von denen danach oft nichts mehr. Vereinzelt kommt es vor, dass die Anwälte Sie dann noch einmal anrufen oder anschreiben und versuchen, Ihre rechtliche Unerfahrenheit auszunutzen, um Sie doch noch zur Geldzahlung zu bewegen. Verklagt werden Sie jedoch mit ziemlich hoher

Wahrscheinlichkeit nicht, denn die Anwälte wissen, dass sie sich mit ihren Forderungen selbst auf Glatteis bewegen. Falls Sie also mal betroffen sind und nicht wissen, wie eine solche abgewandelte Unterlassungserklärung lauten muss, sei Ihnen folgende Beispielformulierung an die Hand gegeben:

Sie sollten es nicht 1:1 übernehmen, denn sonst gehen an die Kanzleien immer wieder dieselben gleichlautenden Briefchen. Wandeln Sie es einfach ein bisschen ab und setzen Sie sich ein wenig mit dem Text auseinander, bevor Sie es absenden.

```
Unterlassungs- und Verpflichtungserklärung
Hiermit verpflichte ich,

Vorname / Nachname
Straße / Hausnummer
PLZ Wohnort


mich ohne Anerkennung einer rechtlichen Verpflichtung
dazu und ohne Präjudiz für die Sach- und Rechtslage,
gleichwohl rechtsverbindlich,

gegenüber der Firma
[VERANSTALTER], vertreten durch ihre/n Geschäfts-
führer [NAME]

- nachfolgend »Unterlassungsgläubigerin« genannt -
dazu, es bei Meidung einer für jeden Fall der Zuwi-
derhandlung von der Unterlassungsgläubigerin fest-
zusetzenden angemessenen, im Streitfall durch das
zuständige Amts- oder Landgericht zu überprüfenden
Vertragsstrafe, zu unterlassen, die
[urheberrechtlich geschützten Abbildungen aus dem
Inneren des Stadions] [markenrechtlich geschütz-
ten Zeichen] der Unterlassungsgläubigerin ganz oder
teilweise, ohne Einwilligung der Unterlassungsgläu-
```

bigerin im Internet oder auf sonstige Art und Weise in der Öffentlichkeit zu verwenden.

Mit freundlichen Grüßen

Dazu legen Sie noch ein Anschreiben bei:

Sehr geehrte Damen und Herren,

in Bezug auf ihr Abmahnungsschreiben vom ... sende ich Ihnen hiermit meine modifizierte Verpflichtungs- und Unterlassungserklärung zu.

Die in ihrem Schreiben aufgeführten privaten Ticketverkäufe, musste ich vornehmen, da ich teilweise aus beruflichen bzw. privaten Gründen verhindert war. Die Karten hatte ich jeweils für mich gekauft, um mit … die jeweiligen Spiele zu besuchen. Doch bei den betreffenden Spielen war ich aus beruflichen/privaten Gründen, verhindert.
Laut dem BGH-Urteil vom 11.09.2008 – I ZR 74/06 ist es nicht verboten, aus privaten oder beruflichen Gründen, Eintrittskarten weiterzuverkaufen. (Urteilsauszug: »Es gibt insbesondere kein Gesetz, das den Verkauf von Fußballkarten besonderen Preisauflagen unterwirft.«).
 Somit wäre auch die mir vorgeworfene Rechtsverletzung, dass ich die Karten mit mehr als 15% über Originalpreis verkauft habe, hinfällig.
Trotzdem strebe ich eine außergerichtliche Einigung an und übersende Ihnen daher die beigefügte modifizierte Verpflichtungs- und Unterlassungserklärung.

Mit freundlichen Grüßen

Danach kommt von den Rechtsanwälten oft nichts mehr. Falls doch, lassen Sie es einfach auf einen Prozess ankommen. Die Rechtslage ist ziemlich deutlich auf Ihrer Seite!

Der Bundesgerichtshof hat in seinem Urteil mit Verweis auf § 280 Abs. 1 BGB klargestellt:

Verkauft ein Erwerber den gekauften Gegenstand vertragswidrig weiter, steht dem Verkäufer kein vertraglicher Anspruch auf Unterlassung möglicher weiterer Verstöße nach zukünftigen, noch nicht erfolgten Vertragsabschlüssen zu.

Mit anderen Worten: Die Anwälte haben gar kein Recht, eine solche Unterlassungserklärung einzufordern.

Außerdem bewegen sich die Anwälte selbst auf dünnem Boden. Die Rechtsanwaltskanzlei Becker und Haumann holte ja sogar Adressen von eBay-Verkäufern ein, obwohl keine geschützten Marken und Bilder in der Auktion verwendet wurden und mahnte die Betroffenen für das Vergehen ab, Tickets zu 15% über Normalpreis verkauft zu haben, was ein verhinderter Privatverkäufer aber ganz klar darf. Damit hat sich die Kanzlei offensichtlich die Herausgabe von Verkäuferdaten mit falschen Behauptungen erschlichen. Eine Verwertung ist damit rechtlich unzulässig.

Grundsätzlich gilt für jedes Schreiben, das Sie verfassen: So knapp wie möglich halten! Keine langatmigen Begründungen oder ähnliches. Je mehr Sie schreiben, desto mehr können Sie sich hereinlegen.

Unzulässige Serienabmahnungen

Es kam schon vor, da hat die Kanzlei Becker/Haumann Borussia Dortmund-Kartenanbieter abgemahnt, aber in der Unterlassungserklärung stand »Eintracht Braunschweig« drin. Derartige Fehler sollte sich eine Anwaltskanzlei besser nicht erlauben. Ohnehin laufen Kanzleien Gefahr, schnell unzulässige Serienabmahnungen zu versenden.

Seit dem 1. November 2014 müssen in einer Abmahnung außerdem die Kosten genau aufgeschlüsselt werden.

Aber das ist bei weitem nicht der einzige Rechtsverstoß, den abmahnende Anwälte begehen. Den Abgemahnten werden oft weitere Sanktionen angedroht, um sie zur Zahlung zu bewegen.

Stadionverbot? Geht nicht!

Manche Betroffene berichten, Ihnen sei mit Stadionverbot gedroht worden. Ein bundesweites Stadionverbot darf in Deutschland nicht einfach so ausgesprochen werden, dazu muss ein strafrechtliches Ermittlungsverfahren eingeleitet sein.

Der abmahnende Verein hätte höchstens die Möglichkeit, ein Hausverbot zu erteilen (das gilt aber dann auch nur für das eine Stadion). Es ist aber nach meinen Kenntnissen noch nie zu einem solchen Fall gekommen, da der Verein weiß, dass dann Familien und Freunde des Betroffenen ebenfalls nicht mehr mitkommen und man sich selbst des Umsatzes beraubt.

Ausschluss vom Tageskartenbezug

Vom Tageskartenbezug kann der Verein durchaus den Betroffenen ausschließen. Doch der Verein schadet sich damit auch selbst. Im Prinzip ist das nur eine Option für den FC Bayern München oder Borussia Dortmund, die immer ausverkauftes Haus haben. Und selbst da könnte es schon mittelfristig wenig Sinn machen.

Wenn Traditionsvereine der Bundesliga absteigen, lange Zeit in der Zweiten Bundesliga ein Dasein fristen wie 1860 München oder Fortuna Düsseldorf und stattdessen nach und nach Vereine wie die TSG Hoffenheim oder RB Leipzig in die Bundesliga vorrücken, bringt das Sperren der Karten nicht viel. Selbst die großen Vereine könnten Schwierigkeiten bekommen, diese Spiele auszuverkaufen. Gesperrte Münchner und Dortmunder Fans bekommen dann für solche Auswärtsspiele problemlos Karten, den einzigen finanziellen Schaden hat im Endeffekt jener Verein, der Kartenkäufer ausgesperrt hat.

Kartensperren ist gerichtlich untersagt

Angenommen, Sie haben im Internet Tickets angeboten, auf denen eindeutig ihr Platz zu erkennen war, dann wird der Ticketinhaber sehr wahrscheinlich trotzdem ins Stadion gelassen. Ob Tages- oder Dauerkarte – Vereine können die Tickets nicht wirksam sperren, da sie dem Inhaber die aufgedruckte Leistung schulden.

Da ein Ticket ein kleines Inhaberpapier ist, verpflichtet sich ein Veranstalter, den Karteninhaber auch an der Veranstaltung teilnehmen zu lassen und freien Zugang zu gewähren (§§ 307 ff., 803 sowie 793-797 BGB). Unterlaufen sie dies, machen sich die Veranstalter schadenersatzpflichtig. Das gilt auch dann, wenn die Karten zu gesalzenen Preisen weiterverkauft wurden.

Das Geld behalten, aber trotzdem die Karte sperren, haben zum Beispiel Borussia Dortmund und der FC Schalke 04 schon versucht und holten sich vor Gericht blutige Nasen.

Der BVB verweigerte einem Stadiongänger trotz der Vorlage einer gültigen Eintrittskarte den Zutritt zum DFB-Pokalspiel gegen den VfL Wolfsburg, außerdem wurde dessen Ticket eingezogen mit der Begründung, dass es über eBay erworben wurde.

Weil so eine Karte aber ein kleines Inhaberpapier im Sinne des § 807 BGB ist, forderte der Betroffene vom BVB Schadenersatz. Nachdem der Verein nicht zahlen wollte, ging der Mann vor Gericht. Mit Erfolg, der Verein erkannte schließlich den Klageanspruch des abgewiesenen Fans vollumfänglich an *(AG Dortmund, Az.: 421 C 7921/14)*.

Genauso erging es bereits 2009 dem FC Schalke 04. Die Gelsenkirchener verweigerten damals Fans den Einlass ins Stadion, weil die Karten über die Seite seatwave.de bezogen wurden. Vor dem Landgericht Essen verlor der Verein. *(Az. 4 O 69/09)*.

Das Gericht untersagte Schalke, Eintrittskarten mit der Begründung zu sperren, weil diese über ein Internetportal wie seatwave.de erworben wurden. Dem Verein drohte ein Ordnungsgeld von bis zu 250 000 Euro, wenn er diesem Verbot zuwider handelt. Dem Klub wurde zudem untersagt zu behaupten, dass Tickets, die über nicht durch den Verein autorisierte Verkaufsstellen erworben wurden, ihre Gültigkeit verlieren und er durfte seine Karten nicht mehr mit entsprechenden Aufdrucken versehen. Der FC Schalke 04 ging wegen der grundsätzlichen Bedeutung nach Rücksprache mit der DFL in Berufung.

Das Oberlandesgericht Hamm hob mit Urteil vom 14. Juli 2009 *(Az.: 4 U 86/09)* die Entscheidung des Landgerichts Essen zwar wieder auf, aber nur weil seatwave.de Formalitäten nicht einhielt.

Seatwave hatte den Eilantrag im einstweiligen Verfügungsverfahren vor dem Landgericht Essen nicht innerhalb der Monatsfrist, und damit zu spät, gestellt.

Die Vereine fallen also schnell auf die Nase, wenn sie einfach Karten sperren. Deswegen ist es für Aktivisten, die akribisch bei eBay-Angeboten die Platznummern im Internet identifizieren und an die Vereine petzen, in der Hoffnung, die Karten würden gesperrt, eine lächerliche Sisyphus-Arbeit.

Auswirkungen auf Vereinsmitgliedschaft

In der Regel kündigt Ihnen kein Verein die Mitgliedschaft wegen Ticketweiterverkaufs. Dafür ist den meisten Klubs der Umsatz viel zu wichtig. Dafür sind mir aber zahlreiche Fälle bekannt, bei denen die Abgemahnten nicht länger dem Verein zugehörig sein wollten und selbst die Mitgliedschaft kündigten. Doch geht das so einfach?

Ja! Sollte Sie der Verein nämlich vom Ticketbezug ausschließen und auf die Schwarze Liste setzen, haben Sie gleichsam das Recht, ihre Mitgliedschaft im Verein fristlos zu kündigen.

Fallen die Vorteile des Kartenvorverkaufs weg, steht Ihnen ein Sonderkündigungsrecht zu. Denn die privilegierte Kartenzuteilung ist für die meisten der ausschlaggebende Faktor gewesen, um überhaupt eine Mitgliedschaft abzuschließen.

Bei Borussia Dortmund wissen wir, dass mehrere abgemahnte Mitglieder wegen ungerechtfertigter Behandlung sich selbst und ihre Familie komplett aus dem Verein abmeldeten.

Wenn das jeder Abgemahnte macht und die Betroffenen holen auf diese Weise wieder ihre Kosten herein, die sie an die Anwälte abdrückten, kann das für die Vereine in Summe finanziell Einbußen in fünfstelliger Höhe bedeuten.

Mitgliederzahlen werden aber auch aus Prestigegründen immer wichtiger. Wenn zunehmend Retortenvereine ohne gewachsene Vereinsstrukturen die Bundesliga durchsetzen, die kaum eine vierstellige Anzahl Mitglieder aufweisen können, aber dennoch über mehr Etat verfügen, stellt sich zwingend die Frage, was die Traditionsvereine noch von den Investorenspielzeugen unterscheidet?

Die Anzahl der Fans, die sich zum Verein bekennt, ist ein Erfolgsgradmesser unabhängig von sportlichen Tabellenplatzierungen. Karlsruher SC, MSV Duisburg oder Hansa Rostock werden allein aufgrund ihrer Mitgliederzahlen immer als große Vereine angesehen, selbst wenn sie in der dritten Liga spielen.

Sonstige rechtliche Besonderheiten

Im Prinzip ließe sich über die Rechtsverhältnisse im Ticketzweithandel ein eigenes Buch schreiben. Deshalb möchte ich nicht alle Wenns und Abers hier aufführen. Trotzdem gibt es noch einige spannende rechtliche Fragen, die man zumindest mal kurz beleuchten sollte.

Umstrittener Hinweis

Sehr zwiespältig ist das Einfügen eines Hinweises beziehungsweise das Einholen einer Zustimmung zum Schwarzhandel vom Käufer, der wie folgt lautet:
»*Der Sofort-Kaufpreis weicht erheblich vom Originalpreis der Tickets ab. Kaufen Sie nur, wenn Sie das gelesen haben und damit einverstanden sind!*«
Clever ist das schon.
Es reduziert mit Sicherheit drastisch die Wahrscheinlichkeit, dass der Auktionsgewinner im Nachhinein gegen den Schwarzhändler vorgeht. Schließlich wusste er im Vorfeld genau, worauf er sich einließ. Wenn er die Karten nicht zu dem Preis kaufen wollte, dann hätte er ja nicht geboten.
Es schließt natürlich nicht aus, dass trotzdem auf die Auktion Personen bieten, die zu dem Preis nicht kaufen wollen, sondern der innere Zwang und die Fanliebe ihnen keine andere Wahl lassen.
Dabei ist dieser Hinweis sehr trivial und beschreibt eine Selbstverständlichkeit. Bei einer Auktion muss man immer damit rechnen, dass der Endpreis über dem eigentlichen Wert der Karten liegen kann. Man hat ja die Möglichkeit, wenn einem der Preis zu hoch erscheint, am Bieten nicht mehr teilzunehmen. Trotzdem ist dieser »Disclaimer«

nachdenkenswert und es wäre vor Gericht spannend, wie ein Bieter dazu argumentiert, falls er den Verkäufer doch rechtlich belangen will.

Tausch von Eintrittskarten

Auch der Tausch von Eintrittskarten gegen Waren und Dienstleistungen statt Geld ist ein rechtlich besonderer und spannender Fall. Verlangt man ein Trikot im Wert von 80 Euro als Gegenleistung für eine Eintrittskarte, die original 20 Euro kostete, könnte man meinen, es liegt ein versteckter Schwarzhandel vor. Ist an dem Trikot jedoch kein Etikett mehr dran und es hat somit gebrauchten Charakter, dürfte das nicht mehr unter Schwarzhandel fallen. Zumindest dürfte dieser deutlich schwerer nachzuweisen sein.

Normenkontrollklage gegen die AGB

Wenn ein Abgemahnter damit droht, erhöht er seine Chancen drastisch, dass die Anwaltskanzlei den Schwanz einzieht. Denn der Bundesgerichtshof hat in seinem Urteil ausdrücklich betont, dass er die Allgemeinen Geschäftsbedingungen (AGB) der Vereine nicht geprüft hat.

Sollte sich einer der Abgemahnten mal dazu bequemen, eine Normenkontrollklage einzureichen, nehmen die Gerichte die AGB auseinander.

Dann dürfen sich die Vereine schöne Ausreden überlegen. Zum Beispiel, warum sie Privatverkäufern verbieten wollen, höhere Aufschläge als 15 Prozent zu nehmen, aber ihre eigenen Umschreibungsgebühren oft deutlich höher liegen oder wieso sie verkaufte Tickets nicht vollständig auf eigenes Risiko wieder zurücknehmen, sondern nur vorbehaltlich eines Weiterverkaufs über die Ticketbörse. Diesen unangenehmen Fragen gehen die Veranstalter gerne aus dem Weg.

Schwarzmarkt-Suchanzeigen sind zulässig

»Suche Karte für das Pokalfinale – zahle gerne den fünffachen Preis!«
Ist so ein Inserat überhaupt erlaubt, wenn man den Ticketinhaber quasi in Versuchung bringt, sich nicht an die AGB zu halten und zum Schwarzhandel »anstiftet«?
Ganz klar: Ja!
Der Bundesgerichtshof urteilte dazu: *»Wer in Anzeigen gegenüber der Allgemeinheit seine Bereitschaft bekundet, Eintrittskarten zu Sportveranstaltungen anzukaufen, verleitet damit in der Regel nicht zum Vertragsbruch, auch wenn er weiß, dass potentiellen Verkäufern der Weiterverkauf der Karten nach den Geschäftsbedingungen des Veranstalters untersagt ist.«*

Drohung mit der Steuerfahndung

»Wir werden den gesamten Verkaufsablauf der Steuerfahndung XY übermitteln, da Gewinne aus solchen Verkäufen steuerpflichtig sind.«
Gelegentlich trudelt auch bei mir eine solche eBay-Privatnachricht von irgendwelchen Aktivisten ein, mit der Drohung, man würde mich dieser und jener Behörde melden.
Die meisten machen es eh nicht!
Ich hab für so etwas immer eine ganz einfache Lösung: Ich schreibe eBay einfach eine Nachricht, dass der User mir angedroht hat, meine Daten an Dritte weiterzugeben, was er laut eBay-AGB nicht darf. Das Online-Auktionshaus reagiert meist auch dann recht allergisch und schmeißt die Rotzfresse einfach für eine Zeit lang raus.
Allen anderen, die nicht so ein dickes Fell haben und nach so einer Nachricht nachts nicht mehr ruhig schlafen können, sei gesagt: Das ist ein haltloser Witz!
Für Privatverkäufer, die eine Hand voll Auktionen im Jahr starten, interessiert sich kein Schwein! Es handelt sich nicht um gewerblichen Handel, also müssen Sie auch kein Gewerbe anmelden.
Theoretisch müssten Sie das erzielte Einkommen in der Einkommensteuererklärung aufführen. Allerdings handelt es sich ja bei Eintritts-

karten, wie schon oft gesagt, um Wertpapiere. Wenn Sie sonst keine Zinsgewinne, Dividenden oder ähnliches einstreichen, können sich Gelegenheitshändler jederzeit im Nachhinein auf den Abgeltungssteuerfreibetrag berufen. Dieser kann sogar für Kinder beansprucht werden.

Die Sache mit der Mitinhaberschaft

Beim Verein Borussia Dortmund gibt es eine interessante Ausnahme. Er ist als einziger deutscher Fußballverein börsennotiert. Ein Schwarzhändler-Kollege von mir besitzt eine recht ansehnliche Menge an BVB-Aktien. Mir gegenüber meinte er, dass er sogar diesen Umstand vor Gericht in die Waagschale werfen würde und sozusagen sich darauf beruft, als Firmenmitinhaber Produkte des eigenen Konzerns weitervermittelt zu haben, sollte er jemals erwischt werden.

Ob er sich damit herausreden kann, naja ich weiß nicht. Aber clever ist die Überlegung schon. Es ist zumindest ein weiteres Beispiel, dass in unserer Branche wirklich mit allen Bandagen gekämpft wird und kein rechtfertigendes Argument zu abstrus ist.

Recht haben und Recht bekommen

Vor Gericht und auf hoher See sind Sie in Gotteshand. Deshalb ist es müßig zu diskutieren, was wäre wenn.

Wie schon im zweiten Kapitel berichtet, betreiben zahlreiche Käufer eine Art Selbstjustiz. Es gab schon Fälle, wo wir Schwarzhändler einen Rechtsanwalt einschalteten, um sich das eBay-Gebot einzuklagen. Spaßbieter sollten also nicht von der irrigen Annahme ausgehen, dass ein Schwarzhändler im Bewusstsein seines Unrechts sowieso nicht klagt. Das Gegenteil ist eher der Fall. Mitunter wird das Vollprogramm abgewickelt.

Im Rahmen des Forderungsverkaufs geben wir auch einzelne Forderungen bei nichtzahlungswilligen Kunden an Rechtsanwaltskanzleien weiter. Es gibt viele klagefreudige Juristen, denn die Rechtsanwaltsschwemme ist so riesig, dass einige verzweifelt zum Beispiel abmahnungswütige Firmen suchen, mit denen sie kooperieren können. Es gibt viele Juristen, die für Abofallen-Betreiber das Inkasso übernehmen. Andere Rechtsanwälte blockieren Hauptversammlungsbeschlüsse und erpressen Firmen zu außergerichtlichen Vergleichen.[2]

Und wiederum andere haben sich auf Factoring spezialisiert. Sie übernehmen für kleine Beträge Forderungen und treiben dann die Hauptforderung bei. Mit solchen arbeiten wir zusammen. Wir geben den Anwälten einfach eBay-Nummer und den gesamten Schriftwechsel gegen einen Betrag von vielleicht 20 bis 30 Prozent der Forderung. Das ist relativ hoch. Manche kaufen nur bis 15 Prozent an. Das ist uns jedoch oft zu wenig.

Gelegentlich wird auch anwaltliche Tätigkeit auf reiner Erfolgsbasis vereinbart. Wir geben den Fall dem Anwalt, der schreibt den Zahlungsunwilligen an. Knickt der Betroffene ein, bekommt der Anwalt seinen Teil, bleibt das Geld aus, erhält er nichts.

Eigentlich ist das untersagt, da die Bundesrechtsanwaltsordnung damit umgangen wird, und es verhält sich ähnlich wie ein Steuerberater, der seinem Klienten verspricht, dessen Steuererklärung zu machen und zehn Prozent Provision von allem erhält, was er vom Staat zurückholt.

In den USA würde so eine erfolgsabhängige Vergütung durchgehen, hier hingegen ist das verboten (§ 9a, Steuerberatungsgesetz). Wir haben also auch Juristen auf unserer Seite, die das Schwarzhandelsgeschäft rechtlich stützen, wenn es mal irgendwo hakt.

Verlosung – und die Abmahnung kommt ganz sicher

300 Prozent Rendite sind schon ganz nett. Aber wie das bei Geldangelegenheiten so ist – man kriegt den Hals einfach nicht voll. Und so kommen immer wieder die gleichen Fragen auf: Wie lässt sich noch mehr Kohle machen? Gibt es noch Steigerungsmöglichkeiten?

Na klar, gibt es die!

Renditen jenseits von gut und böse locken, wenn man die Tickets nicht verkauft, sondern verlost. Die Idee kam mir mal in den Sinn, als ich nur noch wenige Karten übrig hatte, denen zahlreiche Anfragen gegenüber standen. Für einen Euro Einsatz an begehrte Finaltickets zu kommen, das findet jeder interessant. Mit Glück gelangt man für ganz wenig Geld an die Karten, mit Pech, ist man auch nur ein paar Cent los. Und weil jeder so ökonomisch denkt, winken für den Anbieter einer solchen Lotterie Traumgewinne. In Österreich werden sogar schon ganze Häuser verlost und aus einer Immobilie, die vielleicht 200 000 Euro wert ist, plötzlich 500 000 Euro Einnahmen generiert. Einer hat damit mal angefangen, etliche zogen nach.[3]

Müßig zu erwähnen, dass die Event-Veranstalter das nicht lange mit anschauen, weil damit die Verlosungen von offiziellen Sponsoren beschädigt oder entwertet werden. Wenn Coca Cola oder McDonalds je zwei Champions-League-Finaltickets verlosen, weil in jedem eintausendsten Deckelcode oder einer Chicken-Nuggets-Packung der Traumgewinn lockt, dann kurbelt das den Absatz an.

Kommt dann ein Schwarzmarkthändler und verkauft stattdessen für ein paar Cent Lose ohne dass man sonst ein Produkt dazu kaufen muss, dann ist das für den Fan natürlich noch interessanter. Aus dem Grund schoben die Veranstalter dem ganzen rigoros einen Riegel vor und mahnen anwaltlich jeden ab, der Karten verlost. Wer solche Gewinnspielchen auf eigene Faust veranstaltet, hat also ganz sicher die Anwälte am Hals.

Es ist theoretisch extrem lukrativ zu verlosen, aber de facto viel riskanter. Außerdem kann es durchaus passieren, dass man hinterher Ärger mit jenen Teilnehmern bekommt, die Pech bei der Ziehung hatten und hinter dem ganzen Zinnober einen Betrug wittern.

Aber dennoch: Schwarzmarkthändler beschäftigen sich auch in dieser Hinsicht sehr tiefgründig mit den rechtlichen Fragen. Mit Interesse verfolgten wir daher die Aufweichung des in Deutschland existierenden staatlichen Lotteriemonopols. Bei den Lotterien 6 aus 49, Eurojackpot, etc. ist der Staat bereits in der Defensive und musste Online-Teilnahmen zulassen.

Es kann durchaus sein, dass die Europäische Union es irgendwann zulässt, dass jede Privatperson ihr Eigentum grundsätzlich verlosen darf. So könnte man aus zwei Finalkarten glatt einen Betrag von mehreren zehntausend Euro einnehmen.

Letzter Schritt: Selbstjustiz

In den Kapiteln über eBay und die Kleinanzeigen-Portale konnten Sie von zahlreichen Schwierigkeiten lesen, mit denen wir uns regelmäßig herumschlagen müssen. Auf feste Vereinbarungen wollen sich viele Interessenten bei Inserats-Börsen kaum noch einlassen.

Der Grund ist ganz simpel: Wer dort sucht, schaut sich gleichzeitig auch woanders um. Doch auch bei eBay greift die Anarchie zunehmend um sich. Obwohl bei eBay die Käuferadresse übermittelt wird, haben viele schon längst keine Skrupel mehr davor, die Verkäufer sitzen zu lassen. Hat so mancher Auktionsgewinner noch ein günstigeres Angebot ersteigert, nimmt er oft einfach das teurere nicht ab. Einklagen wird sich den Schwarzmarktpreis sowieso keiner, so die Kalkulation.

Die Aggressivitätsspirale dreht sich dadurch immer weiter nach oben. Zahlreiche Ticket-Schwarzhändler gehen gegen diese Art von Käufern zunehmend brutaler vor. Zum einen sind wir untereinander gut vernetzt. Wir warnen uns gegenseitig vor Problemfällen und tauschen Adressdaten untereinander aus. Größere Schwarzhändler haben mittlerweile sehr gute Adressdatenbanken.

eBay-Spaßbieter-Adressen landen bei uns auf dem Index. Zum anderen werden solche Problemfälle rigoros der Schufa gemeldet, zumindest von denjenigen, die ein angemeldetes Gewerbe haben. Wer also Probleme hat, einen Handyvertrag zu bekommen, könnte einen Schwarzhändler verärgert haben.

Und reicht das immer noch nicht, dann wird auch mal die Keule geschwungen. Ich weiß von einer Person aus einem bayerischen Dorf, die sich gleich mehrfach als Spaßbieter entpuppte und die Verkäufer verlud. Ein Konkurrent ließ dieser Person die Haustüre eintreten und die Schaufensterscheibe seines Kleinladens zerschlagen. »Schwarzhandelsprozesse« hören also nicht unbedingt im Gerichtssaal auf.

Der Weiterverkauf von Tickets ist in Deutschland bislang in der rechtlichen Grauzone angesiedelt. Es gibt keine eindeutigen, klaren Regeln, so dass der Übergang von gesetzeskonform zu gesetzeswidrig fließend ist.

In Großbritannien ist der Ticketweiterverkauf laut Abschnitt 166 des *»Criminal Justice and Public Order Act 1994«* strafrechtlich untersagt.

Auch in Kanada gibt es seit Dezember 2010 ein Gesetz, das speziell Spekulation mit Eintrittskarten verbietet. Nach dem »*Ticket Speculation Act*« können Privatpersonen mit einer Strafe von bis zu 5 000 Dollar belangt werden, wenn sie Tickets zum Zweck der Weiterveräußerung ein- und verkaufen. Gewerblichen Händlern droht sogar eine Geldstrafe von bis zu 50 000 Dollar.

Vereinzelt gibt es noch in manchen US-Bundesstaaten sowie in Australien und den Niederlanden gesetzliche Regelungen, aber die sind längst nicht so scharf wie in England und Kanada.

Da das Internet aber sowieso keine Grenzen kennt, gibt es praktisch freie Bahn.

Ist es wirklich so?

Nun, rechtlich mag das vielleicht zutreffen, aber es gibt ja auch noch so etwas wie Moral und ethisches Handeln.

7.2 Die moralische Lage

Nun ist das Buch fast zu Ende.

Sie haben eine Menge über das »Geschäft« erfahren und viele Details über den Profit und die Risiken beim Handel kennen gelernt. Doch eine ganz wichtige Frage ist noch ungeklärt: Wie bewertet denn der Autor überhaupt den Zustand?

Ist er stolz auf Gewinne, die mit Ticketschwarzhandel erzielt werden? Oder würde er sich im Nachhinein wünschen, nie eine Karte zu einem höheren Preis weiterverkauft zu haben?

Eine glasklare Antwort kann es hier nicht geben.

Würde ich sagen, dass das einwandfreies Business sei und es keinen Grund zum Bereuen gebe, so könnte ich jeden verstehen, der angesichts dieser Haltung misanthrop wird. Das ist auch nicht meine Einstellung.

Würde ich hingegen behaupten, dass das alles höchst verwerflich und unsittlich sei, so würde ich lügen.

Zwischen legalem Weiterverkauf, rechtlichen Grauzonen und echtem Schwarzhandel sind die Grenzen immer fließend. Dabei ist die Frage, wo Legalität aufhört und Strafbarkeit anfängt gar nicht das Entscheidende. Viel spannender ist die moralische Auseinandersetzung. Nicht alles, was erlaubt ist, findet automatisch die Zustimmung der Bevölkerung.

Massiver Schwarzhandel verletzt in jedem Fall die sozialen Normen einer Gesellschaft.

Gegenspekulation erlaubt – ist das gerecht?

Die Legitimität des Kartenhandels mit Aufpreis leitet sich für uns Kartenweiterverkäufer vor allem aus dem Marktprinzip ab. Einerseits ist der Aufschrei groß, wenn wir Karten weit über Originalpreis verkaufen.

Andererseits aber sollen wir Verluste hinnehmen, wenn die Attraktivität eines Events sinkt? Das ist heuchlerisch!

Ein Zwang, Karten unter Preis zu verkaufen, entsteht oft automatisch. Für die Derbys 1. FC Köln – Borussia Mönchengladbach oder Borussia Dortmund – Schalke 04 liegen die Weiterverkaufspreise meist deutlich über dem Originalverkaufspreis. Doch bei Partien wie 1. FC Köln – TSG Hoffenheim oder Borussia Dortmund – VfL Wolfsburg können die Preise dramatisch sinken. Dann erzielt man nicht einmal mehr den aufgedruckten Kartenpreis und muss unter Nennwert abgeben.

Oft konzentrieren sich manche Besucher sogar spekulativ auf den Sekundärmarkt solcher Spiele, um die Karten unterhalb des Originalpreises einzukaufen.

Sie werden also *auch* zu Spekulanten.

Hier stellt sich zwingend die Frage, ob es fairer Handel ist, einerseits Tickets unterhalb des Originalpreises abgeben zu müssen, andererseits diese Verluste aber nicht ausgeglichen werden dürfen. Denn Verein und Konzertveranstalter nehmen einmal verkaufte Karten nur sehr restriktiv wieder zurück.

Ist es gerecht, dass nach unten hin die Preise ins Bodenlose fallen dürfen und man somit einen finanziellen Verlust erleidet, aber Verkaufspreise nach oben hin gedeckelt werden?

Dem Marktprinzip entspricht das nicht.

Man könnte es schon fast als Enteignung sehen, wenn man gezwungen ist, bei unattraktiven Events jeden gebotenen Preis in Kauf nehmen zu müssen, aber bei attraktiveren Veranstaltungen wiederum nicht den vollen Preisrahmen ausschöpfen darf.

Wegen des Marktmechanismus haben Weiterverkäufer daher auch keine Probleme, hohe Preise zu verlangen. Ich habe selbst schon mit Kartenbündeln vor Arenen gestanden, da war das Angebot weit höher als die Nachfrage.

Können Sie sich vorstellen, wie aggressiv manche Käufer sind? Die spekulieren genauso darauf, die Händler zu übervorteilen.

»Es sind nur noch 15 Minuten bis zum Beginn – entweder du verkaufst mir jetzt den Sitzplatz für 20 Euro oder ich kaufe dort drüben den Steher bei dem anderen!«, bekam ich schon zu hören.

Und das bei einer Karte, die original 50 Euro kostete. Ist die Nachfrage geringer als das Angebot, bezahlt kaum jemand den Originalpreis.

Auch Sie sind wohl käuflich!

Aber es gibt noch mehr Aspekte, die bei der Moralfrage eine Rolle spielen.

Nahezu jede Person ist heutzutage käuflich. Mit ziemlicher Sicherheit auch Sie! Verurteilen Sie Schwarzhandel generell und würden diesem nie verfallen, ganz gleich, wie viel man Ihnen für eine Karte böte?

Wenn Sie diese Frage mit »*Ja*« beantworten, lügen Sie sich mit ziemlicher Sicherheit in die Tasche! Die meisten würden natürlich verkaufen.

Die entscheidende Frage ist, bei welchem Preis man schwach wird. Würden Sie zwei Karten für eine Million Euro verkaufen? Na klar, wer nicht?!

Einige mögen einwenden: Die Frage ist doch hypothetisch, niemand bietet für zwei Karten eine Million. Doch so weit weg ist es nicht. Im letzten Kapitel werden Sie lesen, dass für zwei Eintrittskarten zu einer gerade mal mehrstündigen Veranstaltung schon der Gegenwert eines nagelneuen gehobenen Mittelklasse-Wagens geboten wird.

Angenommen, ein Traditionsverein wie Schalke 04, Eintracht Frankfurt oder Hamburger SV, die alle seit Jahrzehnten nicht mehr Deutscher Meister geworden sind, würde am letzten Spieltag um die Meisterschaft spielen und jemand bietet für diese zwei Tickets einen höheren vierstelligen Betrag, würden bereits manche Fans schwach werden.

Das Gewissen wird anschließend beruhigt, indem man sich sagt, man benötige ja dringend das Geld. Und bei höheren fünfstelligen Beträgen wird wohl so ziemlich jeder Fan die Karten verkaufen, auch wenn er sich vorher zum Ziel setzte, andere Fans nicht abzocken zu wollen.

Es ist auch ein Spiel – ab wann ist man bereit, seine Emotionen und seine Leidenschaft zu Geld zu machen? Bei vielen liegt die Schmerzgrenze wohl deutlich niedriger, als sie sich eingestehen mögen. Spätestens dann, wenn Sie das Bargeld vor Augen haben, ändert sich noch mal die Sichtweise.

Es gibt eben auf dieser Welt eine gewisse Anzahl an Personen, für die Geld überhaupt keine Rolle spielt und für die 10 000 Euro so viel wert sind, wie für andere 100 Euro.

Es wird immer jemanden geben, der mehr Geld hat und bereit ist, ein Gut zu jedem Preis haben zu wollen. Wer wenig Einkommen hat und einen hohen Preis für seine zwei Karten geboten bekommt, wird mit jedem mehr gebotenen Euro schwächer und schwächer.

In einer Marktwirtschaft ist fast alles käuflich zu haben, es ist nur eine Frage des Preises.

Der Kartenschwarzhandel ist im Prinzip zu bewerten, wie die Prostitution. Sie ist gesellschaftlich nicht unbedingt voll akzeptiert, wird von manchen auch als moralisch verwerflich eingestuft, aber gäbe es sie nicht, wäre die Welt nicht unbedingt besser. Prostitution ist das älteste Gewerbe der Welt und wird – wie alles in einer Marktwirtschaft – nur angeboten, weil es eine Nachfrage dafür gibt. Keine Nachfrage, keine Prostitution.

Die meisten Schwarzhändler sind ja nicht in das Geschäft eingestiegen, weil sie es als Beruf oder gar ihre Berufung ansehen, sondern weil sie schlicht Geld brauchen.

Wie eingangs erwähnt gibt es Studenten, die in den Gelegenheitsschwarzhandel einsteigen, weil sie irgendwie die WG-Miete oder den Lebensunterhalt bezahlen müssen und mit Kellnern oder Taxifahren sich in kurzer Zeit nicht so viel verdienen lässt.

Ticketschwarzhandel ist als studentischer Nebenerwerb nur eine Möglichkeit von vielen. Es gibt noch andere ungewöhnliche Einnahmequellen von Nachwuchs-Akademikern, die sich mit dem Ticketschwarzhandel gut vergleichen lassen.

Bestes Beispiel ist das sogenannte »Ghostwriting-Geschäft«. Da schreiben gute Studenten anderen ihre Diplom- oder Doktorarbeit und kassieren dafür bis zu fünfstellige Beträge.

Unmoralisch? Sicherlich! Rechtlich korrekt? Nein!

Und trotzdem sind die Uni-Bibliotheken voll mit wissenschaftlichen Schriften, bei denen der auf dem Buchdeckel genannte Autor die Arbeit nicht selbst verfasste. Den Auftraggebern ist das zumeist egal. Sie haben genug Geld, nutzen die Zeit lieber für Partys oder Business und wollen am Schluss nur die Prüfung bestehen – ohne viel Aufwand und mit gutem Ergebnis.

Auch hier lassen sich Recht und Moral diskutieren.

Manche Ghostwriter-Studenten schreiben die Arbeiten mit schlechtem Gewissen. Man ist halt jung und braucht das Geld. Andere sehen es als reine Dienstleistung. Und wiederum anderen ist es völlig gleichgültig und sie sind Fälscher aus Leidenschaft. Die würden selbst dann Beihilfe leisten, wenn die »Akademiker« eine Eidesstattliche Versicherung einreichen, alles selbst geschrieben zu haben und sich somit wissentlich der Beihilfe einer nicht unerheblichen Straftat schuldig machen.

Ob Ghostwriting, Prostitution oder Ticketschwarzhandel – das wird es immer geben! Weil die Nachfrage vorhanden ist. Weil das Internet die Anbieter-Kunden-Zusammenführung anonym möglich macht. Und weil es Leute mit viel Geld gibt, die bereit sind, es dafür auszugeben. Wir sind doch alles nur Dienstleister, die Leute glücklich machen und ihnen zu einem schöneren, besseren Leben verhelfen.

So, jetzt reicht es aber! SCHLUSS MIT DER SCHÖNREDNEREI! Abzocker, seid ihr! Umgeher von Recht und Gesetz, denen man das Handwerk legen muss! Das werden Sie vermutlich jetzt empört denken. Sie sehen schon, es gibt immer zwei Sichtweisen. Und dennoch merken Sie anhand meiner bisherigen Argumentation: Wirkliche Skrupel, hohe Preise zu kassieren, gibt es in der Branche offen gestanden keine. Weder bei mir noch bei Kollegen.

Nicht doch ein Ausstieg aus dem »schlechten« Business?

Also einfach weitermachen ohne jegliche Gewissensbisse?

Nicht unbedingt! Man muss die Moralfrage nur tiefgründiger beleuchten, ja vielleicht sogar »erleben«. Wenn man die Auswirkungen des Handelns mit eigenen Augen sieht, ändert sich die Sicht. Es bleibt dann viel weniger Spielraum für Ausreden.

Das In-die-Augen-Sehen will ein Schwarzhändler gerne vermeiden. Eine Abwicklung über das Internet und per Post ist da viel komfortabler. »Schreibtischtaten« sind halt immer einfacher zu treffen als an die Front zu gehen und sich mit dem angerichteten Unheil hautnah zu befassen. Aber selbst an Schreibtischen bleibt man vor den Auswirkungen nicht verschont. Als Händler eines Guts, das jeder haben will, aber nicht jeder bekommen kann, ist man zwangsläufig mit erdrückenden Geschichten konfrontiert, mit denen manche Käufer ihre Chance steigern wollen, an Karten heran zu kommen. Je begehrter das Event ist, desto herzzerreißender werden die Geschichten.

»*Morgen hat mein Freund/meine Freundin Geburtstag und ich habe noch kein Geschenk. Sie sind meine letzte Rettung!*« ist da noch das mildeste.

»*Wir haben morgen unseren zehnten Hochzeitstag und möchten den gerne mit einem Konzertbesuch krönen! Ihre Hilfe würde uns ewig in Erinnerung bleiben!*«, schreiben mir manche.

Das Geld kassieren oder sich in den Köpfen zweier verliebter Menschen »unsterblich« machen? Nur wer ohne jedes Gewissen oder Emotionen ist, trifft solche Entscheidungen ganz leicht. Manche Geschichten sind allerdings so hart, das sie einen gar nicht kalt lassen können.

»*Mein kleiner Sohn hat nicht mehr lange zu leben und ich würde ihm gerne diesen letzten Wunsch erfüllen!*«

Bei einer solchen E-Mail schluckt man. Das sind die Momente, wo man wirklich nur noch da sitzt, in sich geht und nachdenkt. Mit solchen Storys wird man auch nur als Privatverkäufer behelligt. Eine offizielle Ticketstelle würde so etwas kaum zu hören oder zu lesen bekommen. Dann zu antworten: »*Tut mir leid, Pech gehabt, Sie hätten sich früher um Tickets kümmern müssen*«, das bringt niemand über's Herz. Auch kein hart gesottener Schwarzhändler.

Man kommt dadurch automatisch in einen Gewissenskonflikt.

Und wenn man lange genug mit der Moralfrage haderte, zwitschert doch wieder der Lockruf des schnellen Geldes. Man flüchtet sich in andere Gedanken.

Zum Beispiel weiß man ja nicht, ob das Gesagte wirklich wahr ist. Das kann man ja nicht überprüfen. Viele WM-Besucher erschlichen sich in Brasilien auch Behindertentickets und erfreuten sich im Stadion offenbar bester Gesundheit. Im ungünstigsten Fall stammen diese Geschichten von Resellern, die auf diese Weise andere Händler erweichen wollen, die Karten unter Preis abzugeben, nur um sie dann vor dem Stadion wieder teurer weiter zu verkaufen.

Wenn man die Moral diskutiert, spielen die Emotionen der Kunden eine wesentliche Rolle.

Irgendwann landet man bei der entscheidenden Frage: Ist es gerecht, Personen so viel Geld wie nur möglich abzuknöpfen, weil ihr Herz an einem Verein oder Star hängt?

Was ist mit der Goldenen Ethikregel: »*Was du nicht willst, das man dir tu‹, das füg‹ auch keinem anderen zu?*«

Jeder ist Fan von irgendetwas oder irgendwem und möchte nicht dafür abgezockt werden.

Und wieder flüchtet man sich in Ausreden. Die meisten Leute sind doch »Eventies«, die nur dann ins Stadion gehen, wenn es sportlich gut läuft oder der Hype um den Superstar auf dem Höhepunkt angekommen ist. Sonst hätten sie sich ja rechtzeitig um Tickets oder eine Dauerkarte bemüht. Das Geld, was sie an Schwarzmarktpreisen bei zwei Veranstaltungen bezahlen, hätten sie bei Dauerkarten wieder hereinholen können, wenn sie sich die Karte mit anderen geteilt hätten. Immer wieder kreisen solche Gedanken im Kopf. Es ist die permanente Suche nach Ausreden, um sein Handeln zu rechtfertigen. So wie es Ghostwriter und Prostituierte auch machen. Aber vor manchen Situationen kann man nicht flüchten.

Wenn man im Laufe der Jahre zigtausende Kundenkontakte bekommt, dann bleibt es nicht aus, dass Zufälle eintreten. Die Welt ist eben sehr klein. Fast jeder hat schon mal tausende Kilometer entfernt Bekannte getroffen. Treten solche Zufallssituationen ein, wird man als Schwarzhändler unweigerlich mit der Moralfrage konfrontiert.

Wenn als Lieferadresse gute Freunde oder ein ehemaliger Schullehrer plötzlich auftauchen, dann wird es peinlich, wenn man überzogene Preise aufruft. So etwas möchte man dann doch gerne vermeiden. Ist doch klar, dass man den alten Kommilitonen oder dem netten Englischlehrer von früher nicht den dreifachen Preis abknöpfen will. Man sieht sich ja auch danach noch.

Muss man halt in den sauren Apfel beißen und die Karten eben unter Kalkulation abgeben. So eine Situation kam zwar sehr selten vor, doch es ist schon komisch – Fremden gegenüber nimmt man jeden Preis, doch bei Bekannten traut man sich das nicht. Aber es ist nicht die einzige Situation, bei der sich das schlechte Gewissen meldet.

Vor dem Stadion versuchen auch andere ihr Glück – auf unlukrativere aber dafür ehrliche Weise. Die einen verkaufen Bierdosen von der Palette, die sie beim Discounter eingekauft haben, die anderen sammeln Flaschen. Sie alle haben ebenfalls kaum Geld, bessern so ein wenig ihr karges Einkommen auf, aber sie übervorteilen niemanden und sie bleiben ehrlich.

Wer sich darüber längere Zeit Gedanken macht, wird demütig. Die einen sammeln tapfer die Flaschen, wo maximal 25 Cent pro Stück erlöst werden, die anderen verkaufen Tickets, wo locker das 200-fache davon im Minimum abgeknöpft wird. 200 Flaschen müsste man sammeln, um die Marge eines Tickets zu egalisieren. 200 Flaschen sind 50 Euro Ticketgewinn gleichzusetzen und wenn man dann zehn Tickets zu solchen Preisen weiterverkauft, ja dann müsste man extrem viele Flaschen sammeln. Wer nachdenkt, den Ticketstapel in der Hand hält, und gleichzeitig die fleißigen Sammler sieht, die dankbar für jede leere Bierdose sind, den lässt das nicht kalt.

Theoretisch könnten die Flaschensammler ja auch ihren Erlös in Tickets investieren. Vielleicht ist es ihnen nicht möglich, weil sie jeden Cent sofort für den Lebensunterhalt ausgeben müssen. Vielleicht wollen sie es nicht, weil solche Abzocke gegen ihre moralischen Prinzipien verstößt. Aber schlussendlich ändert auch das nichts an unserem Handeln, sonst würden wir nicht Event für Event weitermachen.

Gibt es denn keine Grenze, bei der ein Schwarzhändler schwach wird? Bei der er seine eigene Moral wirklich hinterfragt? Gibt es keine Situationen, in denen man in sich geht, um zu reflektieren, was man da eigentlich tut?

Nun, ich kann nicht pauschal für alle Schwarzhändler sprechen, nur für mich. Aber ich habe eine solche Situation erlebt. Erdrückende Erzählungen per E-Mail mögen zwar sehr persönlich sein, doch es ist noch mal ein Unterschied, wenn man die Auswirkungen des Schwarzhandels emotional hautnah spürt.

Genau das passierte mir.

Im Spätsommer 2012 erlebte ich eine Schlüsselszene, die mich dazu bewog, zumindest darüber nachzudenken, aus dem Geschäft auszusteigen. Es war bei einem restlos ausverkauften Top-Konzert. Schon Monate zuvor überboten sich die Leute bei eBay, als gäbe es kein Halten mehr. Das Fünffache des Originalpreises war hier locker die Erlösuntergrenze, das Achtfache keine Seltenheit und VIP-Tickets gingen für vierstellige Beträge weg.

Die Geschäfte liefen glänzend. Ich hatte immerhin eine zweistellige Anzahl an Tickets bekommen. Die verkauften sich wie geschnittenes Brot. Vor allem in den letzten zwei Tagen vor Konzertbeginn mussten immer wieder Expressbriefe auf den Weg gebracht werden. Doch dann kam am Veranstaltungstag eine Postsendung zurück, weil die Nachnahme platzte. Der Empfänger wohnte nicht mehr an der Zustelladresse.

Wie ärgerlich hätte es ausgehen können, wenn die zwei Tickets statt am Samstag erst am Montag zurückgekommen wären! Statt einige hundert Euro Gewinn einzustreichen, hätte ich die wertvollen Karten dann als Grillanzünder verwenden können. Da hat die Deutsche Post zum Glück schnell reagiert und gleich zurück an den Absender geliefert.

Es ist zwölf Uhr mittags.

Sieben Stunden sind es noch bis zum Konzertbeginn. Dass die Karten trotzdem verkauft werden, daran habe ich nicht den geringsten Zweifel. Muss ich halt zum Stadion hinfahren. Da in den zwei Konzerttickets die Nutzung des Öffentlichen Nahverkehrs enthalten ist, setze ich mich gegen 17 Uhr in den Zug. Gut eine Stunde dauert die Fahrzeit zusammen mit der U-Bahn-Fahrt. Karten verticken, Kohle kassieren und wieder zurückfahren – das ist mein Plan für diesen Abend.

Ich komme um kurz nach 18 Uhr an die Arena, da stehen schon hunderte Meter davor zahlreiche Personen und halten »*Suche Ticket*«-Schilder hoch. Aber ich erkenne irgendwie die Pappenheimer oder besser gesagt »Pappenhalter«. Die Mehrheit davon sieht mutmaßlich nach Reseller aus.

»*Du brauchst noch ein Ticket?*«, spreche ich kurz einen Mann an.

»*Ja, hast du eines?*«, fragt er.

»*Nicht direkt, aber ich kenne jemanden, der vielleicht eines besorgen könnte*«, flunkere ich. »*Was würdest du zahlen?*«, schiebe ich hinterher.

»*100 Euro*«, entgegnet der junge Mann in der Lederjacke.

»*Alles klar, viel Glück*«, grinse ich und gehe weiter.

Es war zweifellos ein Reseller. Der hätte die Tix zweihundert Meter weiter den echten Kartensuchenden angedreht und sich locker 300 Prozent Marge auf meine Kosten in die Tasche gesteckt. Direkt am Arenenvorplatz trifft mich dann fast der Schlag.

Ich habe selten zuvor so viele verzweifelte Gesichter gesehen, die nach Karten Ausschau halten. Und viele davon sind definitiv keine Reseller. Da stehen Familien, vereinzelt Senioren, junge Pärchen, Jungen- und Mädchencliquen über den ganzen Platz verteilt. Wer lange genug dabei ist, erkennt Reseller und echte Kunden. So wie ein Modemacher treffsicher einen billigen und teuren Anzug unterscheiden kann. Klar kann man daneben liegen, aber in der weit überwiegenden Mehrheit stimmt die Einschätzung. Man entwickelt einen Blick dafür.

Bei der Masse an Suchenden realisiere ich erstmals, wie wichtig Menschen ein Event ist. Das Ersehnte, wonach alle Ausschau halten, befindet sich in meinem Portemonnaie.

Und dann trifft mich ein Gedanke wie ein Blitz. Mir fällt kurz ein: Wer immer auch diese zwei Karten gleich kauft, hat echt keine Ahnung, was für ein Glück er hat. Wann platzt schon mal eine Nachnahmesendung und kommt so schnell zurück? Hätte ich nicht an dem Morgen die Post persönlich in Empfang genommen und der Postbote die Sendung wieder eingepackt, dann wäre das doch Altpapier gewesen!

Überall stehen Leute mit Bargeld herum, wedeln damit, suchen einfach verzweifelt nach Karten. Genau zwei Stück habe ich in der Tasche. Es stehen so viele Menschen herum, dass ich mich auf einen Bordstein stellen und Live-Auktion spielen könnte, wie auf einem Marktplatz.

Aber ich bin nicht wahnsinnig. Stattdessen suche ich mir genau aus, an wen ich verkaufe.

Bloß nicht an einen Reseller!

Recht und Moral

Ein junges Pärchen, beide vielleicht 25 Jahre alt, steht dort. Sie wirken beide sehr vertrauenswürdig, etwas schüchtern. Die verkaufen garantiert nicht weiter.

Ich gehe auf die zwei zu.

»*Ihr beiden sucht noch Karten?*«, spreche ich das Pärchen an.

»*Ja!*«, sagen sie nickend.

»*An welche Preisvorstellung habt ihr denn gedacht?*«, frage ich und ziehe mein Portemonnaie heraus.

Als ich die zwei Karten hervorhole, dauert es keine 30 Sekunden, da bildet sich eine Menschentraube um mich herum. Bestimmt 15 Leute in einem dicht gedrängten Personenkreis. Die Situation wirkt beklemmend, ja fast erdrückend.

»*Wollen Sie die verkaufen?*« »*Was ist das für eine Reihe?*« »*Sind die Karten echt?*«

Immer wieder prasseln nichtssagende Fragen aus der Menge auf mich ein. Ich befreie mich erst einmal aus der einengenden Menschentraube.

»*Komme gleich noch mal wieder!*«, sage ich kurz zu den beiden. Ich gehe weiter zu den etwa hundert Meter entfernt stehenden Tageskassen, um die Situation erst mal sacken zu lassen und mich etwas zu fangen. Die Katze ist also aus dem Sack. Die Meute weiß, dass jetzt zwei Karten zum Verkauf stehen. Ich bin offenbar einer der ganz wenigen dort, der überhaupt noch für eine Nachfrageseite von hunderten Personen etwas anzubieten hat.

Wie müssen sich die beiden jetzt vorkommen? So nah am Deal und dann hat die Menschenmenge den einzigen Hoffnungsschimmer vertrieben. Leute latschen mir sogar zu den Kassen nach, rufen mir immer wieder zu, ich solle Preise nennen. Sie sind von den Last-Minute-Combos.

Die wittern den großen Schnapp und wollen sie mir natürlich abluchsen. Bei dem Pärchen kann ich sicher sein, dass sie nicht weiterverkaufen.

Noch ist es etwa eine halbe Stunde bis zum Konzertbeginn.

Dann entscheide ich mich. Ich gehe wieder zu dem Paar hin.

»*Lasst uns mal ein bisschen Abseits stellen, ich möchte nicht, dass das alle mitbekommen*«, sage ich zu den beiden.

Wir stellen uns neben eine Mauer.

»*Also, für wie viel hattet ihr gedacht?*«, frage ich vorsichtig. Sie nennen das Doppelte dessen, was die Karten tatsächlich im Vorverkauf kosteten – bei einem dreistelligen Originalverkaufspreis wohlgemerkt. Bei eBay wären sie für diesen Preis niemals daran gekommen, er war so gesehen völlig unrealistisch und sie gingen wohl auch davon aus, dass ich mit dem Preis noch deutlich höher gehe und haben deshalb ein sehr zaghaftes Gebot abgegeben. Ich hätte sicher ohne weiteres noch auf dem Platz Leute suchen können, die weit mehr geboten und auch bezahlt hätten. Aber ich tue nichts von alldem.

»*Einverstanden*«, sage ich stattdessen.

»*Wie, echt jetzt?*«, fragt der Mann.

Tja, damit haben sie wohl nicht gerechnet. Beide lächeln.

Ich halte die Karten nun in der Hand, warte darauf, das Geld in Empfang nehmen zu können, da bildet sich prompt wieder um mich die Menschentraube. Ein typischer Reseller kommt hinzu, steckt seine Nase in den Personenkreis.

»*Ist schon verkauft?*«, fragt einer.

»*Ich verkaufe gerade an die beiden hier!*«, murmele ich.

Mann und Frau legen aus ihren Portemonnaies zusammen. »*Für wie viel? Ich biete mehr!*«, plappert der eine etwas gelangweilt vor sich hin, ohne dass er den Betrag überhaupt kennt.

Noch ein letztes Mal hatten die beiden wohl Angst, dass kurz vor dem Konzert doch noch der Fisch an der Angel entgleitet. Doch ich bleibe standhaft. Ein Vertrag ist ein Vertrag, eine Zusage ist eine Zusage.

Ich nehme das Bargeld entgegen, übergebe ihnen die Karten, der Personenkreis löst sich auf.

Dann fallen sich beide um den Hals. Und sie weinen. Aber kein Verdrücken eines Tränchens, sondern beide weinen richtig. Vor allem die Frau. Es sind noch zwanzig Minuten bis zum Konzert. Dann umarmt mich die Frau.

»*Danke, vielen vielen Dank! Sie wissen gar nicht, wie sehr wir uns das gewünscht haben!*«, schluchzt die junge Frau mit völlig verheultem Gesicht.

Irgendwie habe ich total einen Kloß im Hals. Die beiden eilen zum Eingang. Sie müssen noch durch die Personenkontrolle. Da es aber kurz vor Beginn ist, stehen in der Schlange nur noch eine handvoll Leute. Ich beobachte von weitem, wie die beiden die Karten ins Drehkreuz stecken und durchgehen.

Wieder fallen sich beide glücklich um den Hals, küssen sich. Vielleicht hatten sie insgeheim Sorge, dass die Tickets ungültig sein könnten. Die Anspannung fiel wohl mit dem Betreten des Stadioninneren ab.

Man sah den beiden die Gelöstheit, die Freude, die ganzen Emotionen richtig an. Ich schaue den beiden nach, bis ich sie aus den Augen verliere.

»*Dann viel Spaß*«, murmele ich leise vor mich hin.

Das Konzert hat längst begonnen, da sitze ich immer noch alleine draußen auf einem Stein, trinke eine Cola. Die ganze Arena und der Vorplatz sind in der Abendsonne in wunderschönes Licht getaucht. Dann laufen zwei Typen vorbei. Einer von denen hatte in dem Personenkreis herumgelungert, der um mich stand.

»*Schön blöd, hast die Karten viel zu billig verkauft. Hättest locker das Dreifache machen können*«, raunzt er.

Wirklich? Im Normalfall wären die Karten doch Papiermüll gewesen. Und nun hatte ich immer noch ein bisschen an den Karten verdient. So gesehen hatte ich doch riesiges Glück. Und ich hatte treffsicher genau die richtigen Käufer ausgewählt. Das machte ich diesmal nicht am Betrag fest, den ich erlöste, sondern an der Freude derer, die die Tickets bekamen. Die Reaktion der beiden hat mich an dem Abend und noch lange danach beschäftigt.

Wenn man Gefühlsausbrüche wie die der beiden direkt vor Augen hat, dann kann man sich nicht mehr in Ausreden flüchten. Am Schreibtisch vor dem Computer geht das. Da ist alles virtuell. Wenn man aber sieht, wie zwei Menschen vor Glück weinen und sich umarmen, dass sie an Karten gekommen sind, obwohl sie sogar noch einen deutlich höheren Preis dafür bezahlten, dann fragt man sich unweigerlich: Was tut man hier eigentlich?

Nie ging mir ein persönlicher Kundenkontakt näher, weil ich einfach die puren Emotionen hautnah spürte. Diese großen Gefühle sind ansteckend. Genauso wie man in einer Fankurve im Stadion von einer La-Ola-Welle mitgerissen wird.

Solche Momente lassen einen sehr nachdenklich werden, ob es nicht doch besser ist, aus dem Business auszusteigen.

Der Hype wird möglicherweise abflauen

Trotz des Erlebnisses habe ich mich aber noch nicht wirklich zu einem Rückzug durchgerungen. Einfach auszusteigen ist auch schwierig. Man ist in der Szene vernetzt, kennt viele Händler, bekommt immer wieder Karten zum Weiterverkauf angeboten und hat mit einigen Zwischenhändlern sogar Verträge oder mündliche Vereinbarungen. Die sind zwar juristisch wenig wert, aber ich halte mich an das Prinzip: Ein Vertrag ist ein Vertrag, eine Zusage eine Zusage. Diese Haltung hat dem jungen Pärchen einerseits zu Karten verholfen, andererseits erschwert sie mir auch den Ausstieg aus der Branche.

Aber der wird sicher irgendwann kommen. Denn der Markt regelt vieles von allein. Diesen Ausspruch hörte man oft in der Finanzkrise. Was sich an den Aktienmärkten wie eine Beruhigungspille anhört, ist beim Kartenhandel vermutlich zutreffend. Der Ticketschwarzmarkt befindet sich derzeit in der Hochphase und wird in den nächsten Jahren voraussichtlich stetig abnehmen.

Als zum Beispiel die ESC-Gewinnerin Lena Meyer-Landrut eine Solo-Tournee machte, mieteten die Veranstalter die größten Hallen Deutschlands an. Doch der Hype war längst abgeflaut. Die Ticketschwarzhändler hatten das schon kommen sehen und sich erst gar nicht groß um Karten bemüht. Denn der Vorverkauf ging äußerst schleppend. Am Schluss wurden die Tickets bei eBay verramscht. Sponsor Opel verloste welche.

Auch für Schalke 04 war der Viagogo-Deal wirtschaftlich gut. Denn die Bundesliga wird immer mehr von Retortenclubs durchsetzt, die als Spielbälle von Investoren gesehen werden. Neben TSG 1899 Hoffenheim und VfL Wolfsburg befindet sich mit RB Leipzig das nächste Investorenspielzeug im Rennen um die Bundesligaplätze.

Traditionellen Fußballfans ist diese Entwicklung ein Graus. Denn sie wissen: Eine Vielzahl von Anhängern bringen diese Vereine nicht mit. Bei der Begegnung Schalke 04 – FSV Mainz 05 mussten die wenigen Gästefans sogar auf neutrale Sitzplätze verfrachtet werden, weil die Fans aus Rheinland-Pfalz kaum 500 Plätze beanspruchten.

Die Anzahl an Events, die richtig hohe Preise erzielen, hat in den vergangenen Jahren stetig abgenommen. Man muss schon genau hinschauen und kann trotzdem selbst bei vermeintlich absolut sicheren Events einen hohen Verlust erleiden, wie man am Beispiel des Eurovision Song Contests sehen konnte.

Auf stark sinkende Ticketpreise können sich Fans auch schon mal zur Fußball-WM 2022 einstellen. Denn wenn solch exotische Austragungsorte in Ländern mit wenig Fußballkultur gewählt werden, dürften die Preise noch niedriger fallen als 2010 in Südafrika.

Wer also aus Europa unbedingt live in Katar dabei sein will, wird definitiv keine Schwierigkeiten haben, zu Originalpreisen an Karten zu kommen. Das ist eine Gewissheit.

Gelegenheitsschwarzhandel wird es immer geben, aber ob sich professioneller Schwarzhandel mit hohen An- und Abverkäufen noch lange halten wird, daran habe ich bei vielen Events meine Zweifel. Vielleicht werde ich aber auch unabhängig von der Marktentwicklung den Ausstieg finden.

8 Die interessantesten Schwarzmarktverkäufe

Der Schwarzhandel mit Eintrittskarten ist kein modernes Phänomen. Den gab es schon immer. Rund um die Welt sind die Massen an Darbietungen von Profisportlern oder -musikern außerordentlich interessiert. Auch das war schon immer so. Nicht nur Brot, sondern vor allem Spiele waren für das Volk bereits zur Römerzeit eine ideale Zufriedenstellung.

Das Zusammenspiel von Knappheit verfügbarer Karten und der festen Entschlossenheit der Fans, sich nicht mit dem Ausverkauf eines Events zufrieden zu geben, ist der Nährboden für den Schwarzmarkt. Mitunter treibt dies seltsame Blüten.

Schwarzmarkt-Ereignisse, die Geschichte schrieben

Eine der kuriosesten Begebenheiten im Zusammenhang mit Kartenschwarzhandel trug sich in den 1940er Jahren zu. Die 1868 in Pennsylvania (USA) geborene Florence Foster Jenkins war die Tochter eines reichen Industriellen. Als Kind erhielt sie Musikunterricht. Später wollte sie unbedingt Gesang studieren. Die Familie riet ihr jedoch wegen fehlenden Talents davon ab. 1909 starb Jenkins' Vater und hinterließ ihr ein so großes Vermögen, dass sich davon mühelos Lebensunterhalt und Gesangskarriere finanzieren ließen.

Talent konnte sie sich jedoch nicht kaufen. Innerhalb weniger Jahre wurde Florence Foster Jenkins in den Vereinigten Staaten als eine der schlechtesten Sängerinnen des Landes bekannt.

Ihre selbst organisierten Konzerte waren aber trotzdem sehr gut besucht, weil sie mittlerweile zu einem Comedy-Geheimtipp avancierten. Wer so richtig lachen wollte, der musste in ein Jenkins-Konzert gehen.

Doch Jenkins selbst nahm überhaupt nicht wahr, dass das Publikum sich hauptsächlich ihre Konzerte anhörte, um sich über sie lustig zu machen. Die »Sängerin« war von ihrem Talent absolut überzeugt. Jenkins glaubte seit ihrer Kindheit, dass sie eine Koloratursopranistin sei, wie sie die Welt noch nicht gehört hatte und nie wieder hören würde.

Live-Auftritte hielt sie einmal jährlich im Ritz-Carlton-Hotel in New York City. Nur wenige andere Konzerte gab sie zusätzlich. Das Musikrepertoire setzte sich aus schwierigsten Opernarien von Mozart, Verdi, Richard Strauss oder Liedern von Brahms zusammen.

Noch heute sind die »Konzert«-Mitschnitte von Jenkins aus den 40er Jahren beim Internet-Videoportal Youtube zu finden. Das Gekreische ist kaum zum Aushalten. Eines ihrer Lieblingsstücke war Mozarts Opernarie »*Der Hölle Rache kocht in meinem Herzen*«.

Von Jenkins gesungen bekam der Titel eine ganz neue Bedeutung.

Unglaublich, dass es Personen gab, die Jenkins zu jedem Preis live erleben wollten – entweder um sich an dem Abend kaputtzulachen oder aber weil sie masochistisch veranlagt waren. Da Jenkins nur sehr wenige Live-Konzerte gab, stiegen schon bei den gewöhnlichen Aufführungen die Preise.

Am 25. Oktober 1944 gelangte die sehr eigentümliche Karriere von Florence Foster Jenkins auf einem bizarren Höhepunkt an. Die »Operndiva« mietete extra die große Carnegie Hall an, um die klassischen Werke möglichst vor großem Publikum zu kreischen.

Kenner ahnten schon, dass Jenkins in diesem festlichen Rahmen zu ihrer Höchstform auflaufen würde. Das versprach einen unterhaltsamen Abend. Weil jeder sich totlachen wollte, zahlten Jenkins' »Fans« Höchstpreise. Alle 2 800 Eintrittskarten wurden in Windeseile abgesetzt, 2 000 weitere Personen fanden keinen Einlass mehr. Zwei Dollar kostete ein Ticket seinerzeit im Original, für das Zehnfache gingen sie auf dem Schwarzmarkt weg.

Besonders problematisch war jedoch, dass die Kartenpreisentwicklung die völlig verzerrte Selbstwahrnehmung der Frau noch befeuerte. Wenn das Publikum sich schon um Karten für den zehnfachen Preis fast prügelt, ja dann *muss* man einfach gut sein. Jenkins war auch eine extrem unterhaltsame Künstlerin, allerdings nur im Genre Comedy. Da sah sie sich aber gar nicht. Die völlig von ihren Sangeskünsten überzeugte Diva glaubte, das Publikum würde allein wegen ihrer guten musikalischen Darbietung in die Hallen strömen.

Die Presse rückte das schiefe Bild dann wieder gerade. Gerüchteweise hat sich Jenkins über die vernichtenden Kritiken der fiesen Schreiberlinge dann so sehr aufgeregt, dass sie vier Wochen nach diesem Konzert verstarb.

Knapp zehn Jahre später gab es in Europa hingegen ein wirklich großes Ereignis zu bestaunen, bei dem die Entwicklung des Zweitticketmarkts in jeder Hinsicht nachvollziehbar war. Als am Sonntag, dem 4. Juli 1954 das Fußball-Weltmeisterschaftsfinale Ungarn gegen Deutschland stattfand, wollten Zigtausende im Wankdorf-Stadion dabei sein, ohne zu wissen, dass hier einmal das »*Wunder von Bern*« geboren wird. Ungefähr 20 000 Deutsche hatten Karten ergattern können.

Allerdings blühte auch der Schwarzhandel. Ursprünglich kostete eine Stehplatz-Eintrittskarte sechs Schweizer Franken. Bereits im Vorfeld gab es Anbieter, die Tickets aber erst ab zehn Franken abgaben. Kurz vor Spielbeginn wurden bis zu 33 Franken für eine solche Karte gezahlt.

Abb. 27: Stehplatzkarte für das Finalspiel Ungarn-Deutschland – Aufpreis kurz vor Beginn 500 Prozent

Schon in der Vorrunde wurden bei den Spielen verschiedene Sicherheitsvorkehrungen getroffen, um den Schwarzhandel einzudämmen. Für das Spiel Ungarn gegen England am 23. Mai 1954 übernahm die Ungarische Nationalbank den Kartendruck, um Fälschungen und

Schwarzmarkthandel vorzubeugen. Für damalige Verhältnisse war der fünffache Preis eine enorme Summe.

Mit zunehmendem Wohlstand gibt es jedoch immer mehr Vermögende. Allein in Deutschland leben heute fast eine Million Personen mit einem Barvermögen von mehr als einer Million Euro auf dem Konto. Selbst ein Zehntel davon würde kaum in das größte Fußballstadion Europas passen. Es ist daher nur eine logische Folge, dass Tickets mit noch viel höheren Aufschlägen als zu damaligen Zeiten verkaufbar sind, wenn nur der Hype groß genug ist.

Die Schwarzmarktrekorde der Gegenwart

Hätten die Besucher vor so manchem Ereignis gewusst, welche Legende dort geboren wird, hätten sie sicher den letzten Hosenknopf für eine Eintrittskarte gegeben, um später erzählen zu können, live dabei gewesen zu sein. Das »*Wunder von Bern*« hat heute für die Menschen eine noch größere Bedeutung als damals. Eine Eintrittskarte wurde 2003 bei einer internationalen Auktion für 1 500 Euro versteigert.

Der Politologe Arthur Heinrich und der Historiker Joachim Fest bezeichnen das »*Wunder von Bern*« sogar als eigentliche Geburtsstunde der Bundesrepublik Deutschland.

Auch wenn dies sehr hoch gegriffen sein mag, ist das Spiel in jedem Fall eine Legende für die Ewigkeit.

Ähnliches gibt es im Musikgeschäft.

Die Beatles oder ABBA prägen musikalisch ein neues Zeitalter. Sie verkauften Millionen Platten, ihre Konzerte sind heute gleichfalls Legenden. Wenn solche Mega-Stars aufhören und ihren Abschied bekannt geben, will jeder Fan noch einmal Teil jener Legende sein, und die Idole live spielen sehen.

Auch die »Scorpions« sind so ein Fall. Sie wurden zu einer der erfolgreichsten deutschen Musikgruppen und erlangten weltweite Berühmtheit. Einer ihrer Songs ist sogar untrennbar mit der deutschen Wiedervereinigung verbunden.

Ende Januar 2010 kündigte die Band ihre letzte Tournee an. Der FOCUS schrieb: »*Scorpions wollen aufhören*«.

Sänger Klaus Meine hatte sich gegenüber der Presseagentur dpa damals klar ausgedrückt: »*Das Kapitel Scorpions wird nach der anstehenden dreijährigen Welttournee zugeklappt*«.[1]

Schon im Mai 2010 startete in Leipzig die Abschiedsweltreise. Branchenkollegen von mir hatten sich mit einigen dieser Tickets eingedeckt. Die verkauften sich ganz gut.

Die Preise waren für eine letzte Tournee relativ moderat. Abschiedskonzerte kann es theoretisch nur einmal geben. Genau drei Jahre später wendete sich aber das Blatt.«

»*Wir haben zweieinhalb Jahre Abschied genommen. Jetzt ist mal Schluss mit Abschied*«, äußerte Sänger Klaus Meine.

»*Die Rockband Scorpions verschiebt ihren Ruhestand*«, schrieb die Hannoversche Allgemeine.[2]

Das Musikmagazin »Metal Hammer« stellte wenig später dem Leadsänger eine interessante Frage: »*Ein Teil der sensationellen Zuschauerzahlen eurer Abschiedstournee war sicher auch darauf zurückzuführen, dass die Fans euch noch ein letztes Mal sehen wollten. Wird sich nicht so mancher Fan verarscht fühlen, wenn es mit den Scorpions nun weitergeht?*«

Meine antwortete: »*Ich hoffe nicht, denn verarschen wollen wir niemanden und haben das auch nie getan. Die Leute waren einfach schlecht informiert, wenn sie gedacht haben, dass wir endgültig mit allem aufhören. […] Ich weiß, dass auch einige Medien den Sachverhalt falsch dargestellt und geschrieben haben:* »*Die Scorpions lösen sich auf.*«

Hatte Meine nicht gesagt, das Kapitel Scorpions wird zugeklappt? Warum soll man auch den falschen Sachverhalt dementieren? Der Ansturm auf die Karten war so riesig, dass die Veranstalter kurzerhand drei Zusatzkonzerte organisierten.

Egal, dann war eben alles nur ein großes Missverständnis. Wie kommt man auch nur auf den abwegigen Gedanken, dass der Abschied lediglich den Hype so richtig anfeuern soll, damit die Konzerthallen proppenvoll sind?

Vielleicht weil es eine Vielzahl anderer prominenter Beispiele gibt. Barbra Streisand ist so eine Kandidatin.

Die Sängerin, Schauspielerin und Oscar-Gewinnerin befand sich im Jahr 2000 auf offizieller Abschiedstournee. Im März 2006 überlegte sie es sich anders.

Kein Wunder, wenn für jedes der 20 Konzerte rund zwei Millionen Dollar geboten werden. Aber irgendwo muss dieses Geld ja herkommen. Entweder die Veranstalter werben Sponsorenmittel ein oder sie lassen die Fans bluten. Das Streisand-Management entschied sich für das zweite. 1 500 Dollar kostete eine Eintrittskarte.

Von einem Rücktritt wollte Streisand danach nichts mehr wissen. 2010 kam sie nach Europa und ging auf Tournee. Die begann in Zürich, wo Tickets bis zu 2 000 Franken kosteten – ohne Schwarzmarktaufschläge versteht sich. Bei dem Konzert waren viele Fans aus Italien dabei. Dort wollte Streisand ursprünglich ihre Tournee beginnen, aber die Proteste waren wegen der hohen Eintrittspreise so heftig, dass sie dort gar nicht mehr auftrat. Wegen des gleichen Problems gab Streisand auch in Nizza kein Konzert.[3]

Die Supersängerin steht aber trotz Abschiedstournee nach wie vor auf der Bühne.

Im Juni 2013 gab Streisand Konzerte in Deutschland. In Köln wurden 1 500 Karten der ersten Kategorie für 563 Euro je Sitzplatz binnen Minuten verkauft.

Streisand macht das sehr geschickt. Seit 1963 hat sie nach eigener Aussage nur etwa einhundert große Konzerte gegeben. Diese exklusiven Live-Erlebnisse lässt sie ihre Fans teuer bezahlen. Als Barbra am 12. Juni 2013 in der Kölner Lanxess Arena und am 15. Juni 2013 in der Berliner O2-World auftrat, kosteten die Tickets im Vorverkauf im Durchschnitt 229 bis 342 Euro.

Die wenigsten Schwarzhändler investieren bei solchen Originalpreisen. Streisand hatte also schon den Hauptanteil für sich abgeschöpft. Bei eBay fielen die Preise entsprechend stark. Nicht selten gingen zwei Karten zum Preis von einer weg. Nur ganz wenige Auktionen endeten mit wenigen Euro Gewinn.

Auch bei Streisand war der Rücktritt angeblich ein Missverständnis.

»*Ich habe das auch nicht angekündigt. Ich habe nur gesagt, dass es sehr anstrengend ist, zwei Stunden lang auf die Bühne zu gehen und sich hübsch zu machen, High Heels zu tragen und 22 Lieder zu singen. Das ist sehr erschöpfend. Jedes Mal, wenn ich von der Bühne kam, habe ich gesagt, dass ich das nicht mehr machen wolle, aber man soll ja niemals nie sagen.*«

Niemand kann sicher sagen, wie viele Konzerte sich die über 70-Jährige noch antut.

Genau dieser Gedanke beschäftigt auch die Fans der Rolling Stones. Die Rock-Opas sind im selben Alter wie Streisand und offiziell auf großer Abschiedstournee. Das waren sie allerdings schon vor 40 Jahren. 1971 gaben die Stones ihre ersten offiziellen Abschiedskonzerte, doch sie kehrten immer wieder auf die Bühne zurück. Unzählige Male erwähnten »Insider«, dass es der letzte Auftritt sein könnte.

»*Die Rolling Stones geben ihr letztes Konzert*« ist mittlerweile zu einem Running Gag geworden. Auch 2010 und 2012 gaben der Band nahe stehende Personen eine Info an die Presse, dass sich die Rocklegenden endgültig zurückziehen wollen.

Irgendwann meinen die Stones es vielleicht ernst und dann ist es zu spät. Vielleicht machen sie einen symbolischen Schlussstrich und hören nach genau 50 Jahren auf? Also lieber noch mal das Konzert besuchen!

Da ist es nicht verwunderlich, dass Tickets für das 50-jährige Bühnenjubiläum am 25. und 29 November 2012 in London Schwarzmarktpreise von bis zu 15 400 britischen Pfund erreichten.

Alle 40 000 Tickets waren innerhalb weniger Minuten ausverkauft. Der Schwarzmarkt-Durchschnittspreis (!) lag immerhin noch bei 1 000 Pfund pro Ticket. Mick Jagger begrüßte – absichtlich oder unabsichtlich – die Zuhörer mit den Worten: »*Wie geht es euch auf den billigen Plätzen?*«

Der Rücktritt ist ein grandioses Geschäft. Und der Rücktritt vom Rücktritt lässt die Kassen erst so richtig klingeln. Wenn die Stars aber immer wieder ihren Abgang verschieben, mag das zwar für deren Kasse gut sein, für uns Schwarzhändler ist es aber ein unkalkulierbares Risiko. Man stelle sich nur vor, in der Öffentlichkeit entsteht der Eindruck, es sei das allerletzte Konzert, wir decken uns kräftig mit Tickets ein und dann dementiert ein Bandmitglied vor Beginn, dass der Rücktritt gar nicht so gemeint sei. Das kann die Preise ins Bodenlose stürzen lassen. Auch Zusatzkonzerte wie bei den Scorpions verwässern die Kalkulation.

Ob Missverständnis, Running Gag oder finanzielle Hintergründe – man kann sich als Fan oft nicht sicher sein, ob der Star wirklich Wort hält und tatsächlich seine letzte Vorstellung gibt. Und als Schwarzhändler kann man das dann natürlich auch nicht. Es ist ein extrem spekulativer Zock.

Wir sind aber Investoren und müssen Risiken genau abwägen. Schwammige Zustände können uns zehntausende Euro kosten. Das große Absahnen bleibt hier eigentlich nur Gelegenheitsdealern vorbehalten, die sich Karten für den Eigenbedarf gekauft haben, aber sie bei stark anziehenden Preisen lieber doch nicht selbst nutzen wollen.

»Will you be there?« – klar, koste es, was es wolle!

Manche Abschiede sind jedoch tatsächlich für immer. Unmissverständlich!
Wie zum Beispiel der letzte Auftritt des King of Pop.
Nachdem Michael Jackson am 25. Juni 2009 urplötzlich verstarb, waren die Angehörigen innerhalb Kürze gefordert, eine angemessene Trauerfeier zu organisieren, bei denen auch die Fans Gelegenheit hatten, Abschied zu nehmen. Medien und Vertreter von Musikkonzernen äußerten nach Jacksons Ableben, dass er in Anbetracht der unglaublich stark ansteigenden CD-Verkäufe tot finanziell mehr wert sei als lebendig. Schließlich hatte Jackson hohe Schulden. Denn die Abverkäufe von CDs und Merchandising liefen vorher nicht so glänzend.

Die Preise für die Trauerfeier im Staples Center von Los Angeles sprengten jedoch alle Dimensionen. 17 500 Sitzplätze bot die Halle, 11 000 Karten standen nur zur Verfügung, denen standen 1,6 Millionen Bewerber gegenüber. Im Internet machten einige Schwarzhändler das Geschäft ihres Lebens und verkauften ihre Trauerfeier-Karte für bis zu 10 000 US-Dollar.

Allerdings stimmte die despektierliche Aussage über Jacksons »Wert« nur für das Merchandising. Die Schwarzmarkt-Tickets für jenes Eröffnungskonzert, das Michael Jackson in der O2-Arena in London geben wollte, ließen sich Fans bis zu 17 000 Euro kosten. Das Konzert fand logischerweise durch den Tod nie statt. Diese hohen Schwarzmarktpreise hätten sich aber niemals gehalten, denn die Organisatoren kündigten bis zu 50 Zusatzkonzerte an.

Auch bei Künstlern, die ihr ganzes Leben noch vor sich haben, schießen die Schwarzmarktpreise in exorbitante Regionen. Miley Cyrus als Hannah Montana mit den Jonas Brothers der *»Best of Both Worlds Tour«*

am 5. Januar 2008 in der Boardwalk Hall von Atlantic City ließen sich Fans über 3 000 Dollar pro Ticket auf dem Schwarzmarkt kosten. Beziehungsweise bezahlten das wohl die Eltern, denn es ist kaum anzunehmen, dass die jungen Miley-Fans über derart viel Taschengeld verfügen. Bei drei oder vier Personen muss man entweder sehr gut betucht sein oder auf die nächsten drei Familienurlaube verzichten.

Aber was sind denn schon ein paar tausend Euro? Es geht noch teurer. Sehr viel teurer!

Ein Led Zeppelin-Fan bezahlte 83 000 Pfund für zwei Tickets der Led Zeppelin Reunion. Die Tickets wurden im Rahmen der BBC Children‹s in Need-Auktion für einen karitativen Zweck versteigert. Jaja, für den guten Zweck ist Versteigern plötzlich erlaubt und wird als nobel betrachtet, obwohl es gleichsam Fanabzocke ist. Scheinheiligkeit ist das treffende Wort. Auch wenn viele Bieter den Aufpreis als Spende ansehen.

Gigantische 250 000 Pfund gaben Fans aus, um Aled Jones und Katie Melua live beim Konzert »*Revolution in Manchester*« zu hören. Auch hier wurden die Tickets für den guten Zweck auktioniert (Prince‹s Trust).

Werden Karten für Charity-Auktionen versteigert, sind das zwar keine Schwarzmarktverkäufe, weil bei den Käufern die Gemeinnützigkeit eine wesentliche Rolle spielt, aber es sind für uns wichtige Indikatoren. Sie zeigen, dass der Preisbereitschaft nahezu keine Grenzen gesetzt sind. Wenn Fans bis zu sechsstellige Beträge für das Erlebnis eines Konzerts oder eines Formel 1-Rennens ausgeben, dann stellt sich nicht die Frage, warum man sich ausgerechnet auf den Weiterverkauf innerhalb dieser Branche spezialisiert. Man muss sich vergegenwärtigen, dass für wenige Stunden Live-Erlebnis die Gegenwerte eines nagelneuen Porsche oder eines größeren Hauses gezahlt werden. Drogenhandel, Prostitution, Zigarettenschmuggel? Armseliger Kinderkram dagegen!

Besonders begehrt sind auch die Victoria‹s Secret Fashion Shows. Hier zahlen Fans schon mal bis zu 69 000 US-Dollar für zwei Top-Karten, allerdings inklusive Hinreise per First Class Flug und Limousinen-Fahrt.

Sagenhaft teuer können auch Boxkämpfe werden. Als 1997 Skandalnudel Mike Tyson seinen Kontrahenten Evander Holyfield im Schwergewicht herausforderte, kostete ein Ticket auf dem Schwarzmarkt im Durchschnitt umgerechnet 7 500 Euro. Stars wie Michael Douglas,

Whitney Houston, Sylvester Stallone oder Madonna reisten sogar mit Privatjets an, um diesen großen Kampf zu sehen. In Erinnerung blieb allen später, wie Tyson seinem Gegner ein Stück von dessen Ohr abbiss. Soll keiner hinterher sagen, den Zuschauern würde nichts für ihr Geld geboten.

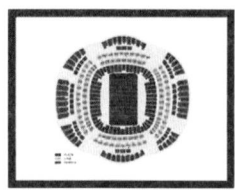

8 Super Bowl Tickets + 8 VIP Playboy Party Tickets - Sect 219 Row 2 -

Jan-24 19:30

$43,400.00
12 bids

Free shipping

View similar active items | Sell one like this

Abb. 28: Rekordsummen bei Superbowl-Ticketauktionen

Eine ähnliche Größenordnung entwickelte sich beim Tennis. Weil der Spieler Andy Murray Top-Leistungen brachte, setzte ein ungekannter Hype um das Tennis-Turnier 2009 in Wimbledon ein. Einzelne Tickets wechselten für 7 000 Euro den Besitzer. Ich kam damals zum Originalpreis an zwei Stück und machte damit meinen höchsten jemals erzielten prozentualen Gewinn. Deshalb fühle ich mich dem Tennisturnier sehr verbunden.

100 000 Pfund zahlte ein britischer Fan, der unbedingt zwei VIP-Pässe für den 2008 Santander British Grand Prix F1 in Silverstone haben wollte.

Zwei Saison-Karten für die Pittsburgh Steelers gingen bei eBay im November 2012 für 39 900 US-Dollar weg. Ebenso begehrt sind die Philadelphia Phillies Season Tickets – vier Stück für 29 000 US-Dollar. Generell sind Saisonkarten für American Football und Baseball auf dem Schwarzmarkt nur teuer zu bekommen. Alles unter 10 000 US-Dollar gilt da noch als preiswert.

Auch das NFL-Saisonfinale, der Super Bowl, zieht grundsätzlich viel mehr Zuschauer an, als Sitzplätze im Stadion zur Verfügung stehen. Hier fangen die Schwarzmarktpreise bei 1 000 US-Dollar an und steigen im Schnitt auf ungefähr 5 000 US-Dollar. 2007 bezahlte ein Fan sogar mal über 20 000 US-Dollar für ein Superbowl-Ticket.

Der Betrag wurde 2015 beim Super Bowl zwischen den New England Patriots und den Seattle Seahawks im University of Phoenix Stadium ebenfalls wieder erreicht. Zahlreiche eBay-Auktionen endeten zudem zwischen 10 000 und 17 000 US-Dollar.

Doch all die aufgezählten Dimensionen könnten in naher Zukunft noch weit überboten werden. Es steht ein weltweit beachtetes Ereignis bevor, für das die jemals höchsten Aufschläge bezahlt werden dürften. Es ist kein Boxkampf, kein Fußballfinale und kein Rockkonzert. Sondern eine Schiffsfahrt!

Abb. 29: Zehn Stunden Schiff fahren für eine Million US-Dollar

Der australische Superreiche Clive Palmer hat sich in den Kopf gesetzt, den berühmten Luxusliner »*Titanic*« originalgetreu nachzubauen. Das am 15. April 1912 bei seiner allerersten Transatlantikfahrt vor der Küste Neufundlands gesunkene legendäre Schiff wollten zwar schon viele als Nachbau rekonstruieren. Doch Palmer ist mit seinen Plänen extrem weit. Die Konstruktionsskizzen sind fertig, die Innenraum-Animationen ebenfalls. Palmer ist dafür bekannt, angekündigte Vorhaben umzusetzen. Sogar Nachfahren der damaligen Titanic-Erbauer sind beim Vorhaben involviert.

Den Bau soll voraussichtlich die chinesische Werft CSC Jinling Shipyards übernehmen.

»*Diesmal werden wir die Reise zu Ende bringen. Wir werden nach New York fahren*«, meint Palmer, der das Projekt als eine Herzensangelegenheit bezeichnete.[4] Kurz vor Fertigstellung wird die »Titanic II« von China nach Southampton überführt. Dort bekommt sie den letzten Schliff, um als erste Fahrt dieselbe Route zu nehmen, wie ihre Vorgängerin 1912. Laut den Planern ist die Fertigstellung auf das Jahr 2018 terminiert.

Die erste Fahrt wird etwas ganz Besonderes. Es kann nur eine allererste Transatlantikpassage geben. Und es kann auch nur eine bestimmte Personenanzahl an Bord gehen. Schon heute steht fest, dass das Schiff zu klein sein wird. Eine hohe fünfstellige Anzahl an Ticketanfragen liegt bereits vor. Die Interessenten kommen aus der ganzen Welt – den USA, Großbritannien, Asien und Südamerika.

16 Personen boten der Blue Star Line Pty. Ltd bis zu eine Million US-Dollar, um bei der Jungfernfahrt der neuen Titanic dabei sein zu können. Eine Million Dollar – für ein paar Stunden Schiff fahren!

Im Grunde knüpft die Entwicklung nahtlos an die Vorstellungen von damals an: Dazugehören, um den Nachfahren später zu erzählen, wie es war, live dabei gewesen zu sein, als die Titanic das erste Mal in See stach. Das Schiff soll laut Clive Palmer, genau wie vor über einhundert Jahren strikt nach Klassen getrennt sein. Palmer kündigte an, er wolle die Jungfernfahrt in der dritten Klasse miterleben, dort gehe es am spaßigsten zu.

Dabei hat die ganze Welt den Film von James Cameron gesehen. Doch sie lernt nicht aus der Geschichte, weder aus der realen noch der fiktiven. Denn die einzigen Gewinner in diesem Film sind jene beiden Pokerspieler, die kurz vor der Abfahrt in der Hafenkneipe von Southampton ihre Tickets als Spieleinsatz verloren haben.

Anmerkungen

Kapitel 1

1 »Im Würgegriff der Wettmafia«, Hamburger Abendblatt, 21. November 2009
2 »Alltours kauft Tickets von Billigfluglinien auf - Kritik an Dumpingpreisen«, Rheinische Post, 2. September 2006
3 »Fahrschein-Mafia«, AKTE 2010, SAT.1
4 »Deutsche Bahn: Betrüger fälschten massenhaft Wochenend-Tickets«, SPIEGEL, 11. Januar 2007
5 »Internet-Betrug mit Bahnfahrkarten aufgedeckt«, NDR, 12. November 2012

Kapitel 2

1 »Online-Überweisung: Die Kontonummer ist entscheidend«, Focus, 26. Mai 2008

Kapitel 3

1 »Bayern wirft Dauerkarten-Fan raus«, Christoph Baumer, BILD, 28. Februar 2015
2 »Online-Börse viagogo wird offizieller Ticketpartner des FC Schalke«, westline, 19. Dezember 2012
3 »Bundesliga: Schalke 04 kündigt Ticketbörse Viagogo fristlos«, SPIEGEL, 09. Juli 2013
4 »Nach S04 will auch der VfB Kooperation mit Viagogo beenden«, WAZ, 22. Juli 2013
5 »Ticket-Schwarzhandel: Bundesliga-Clubs rebellieren gegen eBay«, SPIEGEL, Mike Glindmeier, 7. März 2007
6 »Viagogo will HSV verklagen - Entschuldigung gefordert«, Hamburger Morgenpost, 1. Dezember 2013

7   RTL Nachtjournal, 23. Mai 2006
8   »Böses Nachspiel eines Sommermärchens«, welt.de, 12. Oktober 2014
9   GN 383 vom 14 April 2009: Regulations prohibiting the unauthorized promotion and resale of tickets to the 2010 FIFA World Cup South Africa, veröffentlicht in der Government Gazette No. 32123, unterzeichnet und ausgefertigt von Handels- und Industrieminister Mandisi Mpahlwa
10 http://www.suedafrika.net/suedafrika/gesellschaft/armut.html
11 »Proteste in Brasilien WM-Pokal geht in Flammen auf«, Frankfurt Allgemeine Zeitung, dpa, 21. Mai 2014
12 Kartenverkauf der FIFA Fussball - Weltmeisterschaft 2014 – Häufige Fragen, Version 1, de.fifa.com
13 »Fifa versinkt im Ticket-Skandal«, BILD, Marc Schmidt, 8. Juli 2014
14 »Schummelei mit WM-Tickets: Flitzer aus dem Rollstuhl«, SPIEGEL, Tim Kukral und Robin Hartmann, 12 .Juli 2014

Kapitel 4

1   »Trotz personalisierter Tickets: Wucherpreise für ausverkaufte Leipziger Rammstein-Konzerte«, Stefanie Büssing, 17. November 2011, Leipziger Volkszeitung
2   festivalisten.de, 26. September 2012
3   Facebook-Seite Böhse Onkelz (Offiziell)

Kapitel 5

1   »Lena gewinnt wieder den Grand Prix«, Hamburger Morgenpost, 28. April 2011

Kapitel 6

1   Pressemitteilung von Viagogo vom 21. Dezember 2007
2   »Zwei Tennis-Stars im Netz«, Handelsblatt, Thomas Knüwer und Hans-Peter Siebenhaar, 5. Februar 2009, bestätigt durch Pressezitat von Viagogo

Kapitel 7

1   »Holzhäuser für personalisierte Eintrittskarten«, fussball.com, 19. März 2010
2   »Bei Hauptversammlungen schlagen die Profikläger zu«, welt.de, 13. April 2012
3   »Verlosung: Luxus-Penthouse um 99 Euro«, www.oe24.at, 17. September 2012

Kapitel 8

1 »Scorpions wollen aufhören«, FOCUS, 24. Januar 2010
2 »Die Rockband Scorpions verschiebt ihren Ruhestand«, Hannoversche Allgemeine, 18. Januar 2013
3 »Honey, it's my first! «; Süddeutsche, 17. Mai 2010
4 »Millionär Clive Palmer will Titanic nachbauen«, SPIEGEL, 26. Februar 2013

Literatur

Bekämpfung des nicht autorisierten Ticketzweitmarkts in Frankreich, England und Deutschland, Dr. iur. Habil. Martin Stopper und Simon Karlin, LL M., München, causa sport 4/2014, Richard Boorberg Verlag

Analysis of the Secondary Sales Market for Tickets for Sporting, Cultural and other Events, Europe Economics, 14. September 2009

Grundlagen Volkswirtschaftslehre, Prof. Dr. Friedrich Wilke, 2005, Köln

Grafikverzeichnis

Seite 13, Abb.1: CeBIT-Auktion: Wim Bledon
Seite 29, Abb.2: DB-Lidl-Ticket: Wim Bledon
Seite 31, Abb.3: DB-Lidl-Ticket-Auktionen: Wim Bledon
Seite 40, Abb. 4: eBay-Formular für Ticketauktionen: Wim Bledon
Seite 46, Abb. 5: Fanaktion gegen Schwarzhändler: Mit freundlicher Genehmigung von kiezkicker.de
Seite 58, Abb. 6: Viagogo-Gebühren: Wim Bledon
Seite 78, Abb.7: Uli-Hoeneß-Cup-Karten: Wim Bledon
Seite 83, Abb. 8: Champions-League-Finale London: Wim Bledon
Seite 99, Abb.9: Viagogo kündigen: Mit freundlicher Genehmigung von schalker-block5.de
Seite 129, Abb. 10: DFB-Pokal-Ticketauktionen: Wim Bledon
Seite 133, Abb. 11: WM-Ticket 2006: Wim Bledon
Seite 161, Abb. 12: EM-Ticket-Auktion 2012: Wim Bledon

Seite 167, Abb. 13: WM 2014-Ticketauktionen: Wim Bledon
Seite 172, Abb. 14: Viagogo-Gebühren zur WM 2014: Wim Bledon
Seite 181, Abb. 15: Tomorrowland-Ticketauktion: Wim Bledon
Seite 183, Abb. 16: Böhse-Onkelz-Ticket: Wim Bledon
Seite 185, Abb. 17: Helene-Fischer-Ticketauktion: Wim Bledon
Seite 186, Abb. 18: Helene-Fischer-Ticketauktionen: Wim Bledon
Seite 188, Abb. 19: Udo-Jürgens-Ticketauktionen: Wim Bledon
Seite 212, Abb. 20: ESC 2011, Saalplan der Esprit-Arena: Wim Bledon
Seite 217, Abb. 21: Eurovision Song Contest 2011-Auktion: Wim Bledon
Seite 219, Abb. 22: Eurovision Song Contest 2011-Auktion: Wim Bledon
Seite 220, Abb. 23: Eurovision Song Contest 2011-Auktion: Wim Bledon
Seite 223, Abb. 24: viaNOgo schalkegegenviagogo.wordpress.com; Pressebilder
Seite 240, Abb. 25: WM-Ticket 2006: Wim Bledon
Seite 246, Abb. 26: Büroklammer und Ticket: Wim Bledon
Seite 279, Abb. 27: WM 1954-Ticket: Wim Bledon
Seite 286, Abb. 28: Superbowl-Ticket-Auktion
Seite 287, Abb. 29: Titanic at Southampton docks, prior to departure http://en.wikipedia.org/wiki/RMS_Titanic (Public Domain)

Personenregister

Abramowitsch, Roman 74
Agassi, André 225
Arnault, Bernard 225
Assis, Roberto 170
Baiano, Junior 170
Baker, Eric 224, 227
Ballack, Michael 125
Barucke, Fabio 170
Beckenbauer, Franz 94, 125, 131, 139
Bednarek, Ralf 111
Behr, Willi 138 f.
Berg, Andrea 185
Bhamjee, Ismael 142
Bicknell, Ed 200
Bieber, Justin 175
Bischoff, Volker 140
Blatter, Josef 169
Bryom, Jaime 148
Cameron, James 288
Cohen, Joe 110
Collins, Tim 200
Cyrus, Miley 175, 284
Döring, Patrick 157
Dunga 170
Eckl, Michael 101
Eichler, Wolfgang 147
Filbry, Klaus 117
Fischer, Helene 184 ff.
Fofana, Mohamadou Lamine 170
Garrett, David 189
Geraschtschenko, Wladimir 194
Gottschalk, Thomas 192
Grittner, Jens 135, 138
Haferkamp, Franke 137
Hieronymus, Holger 107
Hilke, Joachim 111
Hoeneß, Uli 75, 79, 237
Holyfield, Evander 285
Holzhäuser, Wolfgang 232, 237
Hütteroth, Ruth 111
Islam, Yusuf 176
Jackson, Michael 284
Jagger, Mick 283
Jairzinho 170
Jansen, Klaus 142
Jenkins, Florence Foster 277
Jobst, Alexander 96 f., 104 f.
Jones, Aled 285
Jordaan, Danny 152
Josten, Martin 232
Jürgens, Udo 186, 187 ff.
Klitschko, Vitali 195
Kloiber, Herbert 224
Kubicki, Wolfgang 157
Künast, Renate 157
Lang Lang 189
Madonna 176
Mane, Alfred 153 f.
Matthäus, Lothar 153 f.
McGough, Nathan 201
McGuinness, Paul 200
Mehnert, Stefan 176 f.
Meine, Klaus 281
Melua, Katie 285
Meyer-Landrut, Lena 210, 218, 221, 275

Murray, Andy 286
Mutter, Anne-Sophie 189
Neuer, Manuel 80 f.
Neymar 170
Niebaum, Gerd Dr. 89
Niebel, Dirk 157
Niersbach, Wolfgang 151, 233
Öner, Ahmet 195
Palmer, Clive 287 f.
Phillips, Randy 199 f.
Plum, Michael 120 f.
Raab, Stefan 221
Räker, Jan 110
Riesche, Simon 153
Roest, Steve 105 f., 160, 223
Rothschild, Jacob 225
Salm, Christiane zu 224
Samwer, Gebrüder 224
Sapina, Ante 25
Schippers, Stephan 122

Schmidt, Horst 135, 141
Schulenberg, Klaus Peter 138, 141
Seeler, Uwe 24
Solis, Odlianer 195
Stevens, Cat 176
Stewart, Rod 199
Stopper, Martin 131
Streisand, Barbra 281 f.
Tönnies, Clemens 100 f.
Torres, Carlos Alberto 170
Trapattoni, Giovanni 72
Treß, Thomas 92
Tyson, Mike 285
Valcke, Jerome 152
Verhuven, Willi 28
Watzke, Hans-Joachim 92
Whelan, Raymond 169
Zeppelin, Led 285
Zwanziger, Theo 149

Sachregister

§ 263 StGB (Betrug) 19, 32, 235
§ 267 StGB (Urkundenfälschung) 32, 235
§ 291 StGB (Wucher) 234
1. FC Kaiserslautern 113, 122 f.
1. FC Köln 122, 263
1. FC Nürnberg 122
1. FSV Mainz 05 68, 71, 113, 242, 275
7 km-Markt (Odessa) 160
Abmahnung 48, 84 ff., 98, 246 ff., 259
Aerosmith 200
Agassi Enterprises 225
Ajax Amsterdam 81
Aktien 14 ff., 184, 219, 258
Allgemeine Geschäftsbedingungen 9, 37, 101, 184, 214, 238 f., 256
Allianz-Arena 70, 77, 132, 237
Alltours 28
Arbeitersport 23, 68, 71, 233
Barausgleich 19
Bayer 04 Leverkusen 122 f., 232
Bayern München s. FC Bayern München
Bayreuther Festspiele 189
Becker/Haumann-Rechtsanwälte 84 f., 87 ff., 93 f., 251
Behindertentickets 166, 268
Besiktas Istanbul 81
Biathlon-WM 61
Billigflieger 27
Böhse Onkelz 182
Borussia Dortmund 60, 66, 68, 70, 72 f., 80 ff., 97, 114, 124, 179, 220, 225, 238, 244, 251 ff., 258
Borussia Mönchengladbach 112, 119 ff.,
Boxkämpfe 195, 285
Bröndby Kopenhagen 114 f.
Bundesgerichtshof 85, 98, 109, 237 ff., 251, 256 f.
Bundesliga 9 f., 21, 23 ff., 47, 65 ff., 79, 80, 98, 109, 122, 126, 205, 220, 223, 243, 252, 254,
bundesligakarten.de 109, 237, 242
Büroklammer-Versteigerung 244 ff.
CeBIT 10 ff., 30, 165
Champions League 47, 65, 71, 74 ff., 81 ff., 117, 123, 128, 215
Champions-League-Finale 20, 58, 241, 260
Commerzbank-Arena 113
CTS Eventim 138 ff., 143 f.
Dauerkarte 9, 65, 71 ff., 88, 92, 94, 108, 113 ff., 120, 122, 124, 223, 238, 243, 268
Deutsche Bahn 28 ff., 66
Deutsche Nationalmannschaft 124, 148, 160
Deutsche Telekom 15
DFB 91, 132 f., 138 ff., 141, 152, 233, 244
DFB-Pokal 45, 114, 120, 126 ff., 133, 241, 253
DFL 242, 244, 253
Dire Straits 200
eBay 10, 28, 30, 33-44, 47-58, 62, 65, 69, 76 ff., 84 ff., 91 f., 98, 117, 122,

126, 128, 154 f., 167 f., 175, 178, 182 ff., 188 f., 206, 214 ff., 219 f., 224, 227, 234, 236 f., 239, 243 ff., 247, 251, 253 f., 257 ff., 261, 271, 273, 275, 282, 286 f.
Ehrentickets 9, 155
Eintracht Braunschweig 124, 145, 251
Eintracht Frankfurt 60, 68, 112 ff., 117, 221, 264
Einzelschwarzhändler 9, 227
EM 2008 144 ff., 161
EM 2012 156 ff.
Ernst-Happel-Stadion 145
Esprit-Arena 211 f., 214, 219
Ethik 262, 268
Europäische Union 38, 260
Europameisterschaft 65, 126
Europapokal 65, 114, 123, 206
Eurovision Song Contest 2011 21, 210 ff., 222, 229, 276
Eventies 69, 71 f., 74, 268
FA (England) 84
Factoring 259
Fahrschein-Mafia 31
FanSale 143
FC Barcelona 78 f., 83
FC Bayern München 24, 66, 70 ff., 93, 97, 99, 107 f., 113 f., 120 ff., 127 ff., 190, 224, 230, 236 f., 252
FC Chelsea 74 f.
FC Schalke 04 41 f., 48, 67, 73, 95 ff., 120, 123, 139, 215, 221, 223, 253, 263 f., 275
FC St. Pauli 45 f., 108
FIFA 63, 132-137, 140 f., 143, 148 ff., 162 ff., 217
Finale dahoam 74, 78
Flugtickets 26, 28 f., 228
Fortuna Düsseldorf 67, 252
Galatasaray Istanbul 81
Gehirnamputierte Szene 46
Geldwäschegesetz 21
Gelegenheitsschwarzhändler 9, 96, 157, 166, 179, 265, 276

Ghostwriting 266
Google 24, 184, 218
Graf Ventures 225
Großbritannien 57, 261
Hamburger SV (HSV) 24, 68, 97, 107 ff., 117, 123, 237, 240, 242, 264
Handball-WM 2007 196
Hannah Montana 284
Hannover 96 239
Happy Mondays 201
Hartz IV 82, 175
Helene Fischer 184 f.
Hertha BSC Berlin 67, 237
Hype 7, 20 f., 26, 175, 196, 198, 206, 214 f., 218, 230, 268, 275, 280 f., 286
IAA 30
Incentive-Tickets 9, 155
Index Ventures 225
Internationales Olympisches Komitee 194
kalaydo.de 40, 43
Kanada 262
kijiji 40
kleinanzeigen.ebay.de 40, 42 f., 64
Kleine Gruppe 2.0 104 f.
Kleines Inhaberpapier 240, 253
Konzerte 22 ff., 66, 174 ff., 277 ff., 281 ff.
Kreditkartenbetrug 32
Lanxess-Arena 23, 195, 282
Last-Minute-Combos 45, 67 f., 117, 119, 130, 190, 272
Leerverkauf 17, 19 ff., 52, 61, 179, 231 f.
London National Gallery 197
Love Parade 180
Makler 57, 64
Manchester United 71, 74, 221
markt.de 40, 43, 69
Marktprinzip 236, 263
Match Services 148, 162, 169 f., 173
Milli Vanilli 23
Miss Germany-Wahl 192

Mitinhaberschaft 258
Moral 95, 158, 173, 228, 234 ff., 262 ff.
MSV Duisburg 72, 127
Namenspapier 241
Neujahrskonzert der Wiener Philharmoniker 189
New England Patriots 287
Norddeutscher Rundfunk (NDR) 210, 213 f.
Nordische Ski-WM 2011 196
O&P Event Marketing 141
O2 World Berlin 23, 56, 210, 282
Offizieller Ticketzweitmarkt 242
Oktoberfest 26, 190 f.
Olympiastadion Berlin 126 f., 130, 132
Olympische Sommerspiele 2008 194
Olympische Sommerspiele 2012 161, 193
Olympische Spiele 193
Operation Jules Rimet 169, 172
Ormus 135 ff., 142
PETA 158
Philadelphia Phillies 286
Pittsburgh Steelers 286
Porsche 17, 19
Premier League 69, 71
Profischwarzhändler 10, 35, 81, 131
Public Viewing 75, 144, 170, 215, 217
PZPN (Polen) 156
quoka.de 40, 43
Rammstein 56, 176 f.
RB Leipzig 275
Real Madrid 79, 81 ff., 236, 244
Relegationsspiele 125
Rendite 30, 81, 143, 226, 259
Rolling Stones 283
RSC Anderlecht 81
Schalke 04 s. FC Schalke 04
Schleichbezug 90, 238, 240
Schöne-Wochenend-Tickets 31
Schwarzhandel 8, 10, 25, 32 f., 47 f., 55, 67 f., 89, 95 f., 98, 116, 122, 143, 147, 155, 162, 169, 174, 187, 199,
202, 208, 222, 227, 234, 237 ff., 241, 245, 255 ff., 262 ff., 277, 279
Scorpions 280 f.
Seattle Seahawks 287
Seatwave 43, 93, 96, 109 ff., 226, 253 f.
Secondary Ticketing 199
Selbstjustiz 54, 118, 182 f., 258, 261
Seniorentickets 166
SEPA 38
Signal-Iduna-Park 70, 80, 132
Snow Patrol 175
Spekulation 17 f., 20, 25, 76, 111, 117, 124, 218, 228, 262 f.
Spielcasino 15, 47
St. Jakob-Park Basel 147
Stadionverbot 66, 252
Strafrecht 234 ff., 252, 261
StubHub 224
Stunksitzung 191
Super Bowl 286 f.
Take That 23, 59, 175, 241
Team-Serien-Ticket 135 f.
Termingeschäfte 16
The Great Ticket Scandal 63
Ticket Speculation Act 262
Ticketpersonalisierung 22, 75, 132 f., 141 f., 147, 176 f., 178, 180 f., 237, 240 ff.
Titanic 287 f.
Tomorrowland 180 ff.
tooor.de 136
Touts 201
TSG 1899 Hoffenheim 67, 73, 123, 127, 252
U2 200
Udo Jürgens 186 ff.
UEFA 63, 75, 84, 145 ff., 158 f., 217
Uli-Hoeneß-Cup 78 f.
Unterlassungserklärung 88, 91, 93, 98, 247 ff.
Urheberrechtsverletzung 85 f., 89, 246 ff.
Urkundenfälschung 32, 235

USA 135, 151, 199, 201, 259
Ventic 43, 222, 231 f.
Verlosung 81, 259 f.
VfB Stuttgart 105, 122, 128
VfL Wolfsburg 67, 73, 123, 127 f., 253
Viagogo 21, 25, 43 f., 55 ff., 78 f., 91, 93, 96-112, 117, 122, 171 f., 188, 196, 206, 213 f., 221-228, 231 ff., 243, 247, 275
viaNOgo 99 ff., 104, 106, 111, 223
Victoria's Secret Fashion Show 285
Volksparkstadion 107
Volkswagen-Aktien 17 ff.
Vuvuzela 151
Wacken 177 f.
Web-Disclaimer 245
Weltmeisterschaft 23, 65, 126, 140

Wembley-Stadion 83, 200
Werder Bremen 116 ff., 123
Wertpapiere 16 ff., 80, 104, 258
Weserstadion 117 f.
Wetten dass..? 192 f.
WM 1954 279 f.
WM 2002 65, 151
WM 2006 23, 35, 65, 73, 131 ff., 144, 242
WM 2010 148, 161, 217
WM 2014 162 ff.
WM 2022 276
WMTicketFinder 137
Wunder von Bern 279 f.
Youtube 46, 166, 278
ZDF 186, 192 f.
Zivilrecht 234, 236

Sachregister • **301**